भारत के संकटग्रस्त वन्य प्राणी

भारत के संकटग्रस्त वन्य प्राणी

गुणाकर मुळे

संपादन—शांति गुणाकर मुळे

राजकमल प्रकाशन

नयी दिल्ली पटना इलाहाबाद कोलकाता

ISBN : 978-81-267-2575-5

मूल्य : ₹ 600

पहला संस्करण : 2014

प्रकाशक : राजकमल प्रकाशन प्रा. लि.
1-बी, नेताजी सुभाष मार्ग, दरियागंज
नई दिल्ली-110 002

शाखाएँ : अशोक राजपथ, साइंस कॉलेज के सामने, पटना-800 006
पहली मंजिल, दरबारी बिल्डिंग, महात्मा गांधी मार्ग, इलाहाबाद-211 001
36 ए, शेक्सपियर सरणी, कोलकाता-700 017

वेबसाइट : www.rajkamalprakashan.com
ई-मेल : info@rajkamalprakashan.com

कवर व पेज डिजाइन : मुकेश कुमार

मुद्रक : बी.के. ऑफसेट
नवीन शाहदरा, दिल्ली-110 032

BHARAT KE SANKAT GRAST VANYA PRANI
by Gunakar Mule

मेरी नातिन खुशी कुकरेजा,
नाती फराज़-उर-रहमान ख़ान को
सस्नेह—

प्राक्कथन

मेरा बचपन एक छोटे-से गांव घासारा में बीता। जो बहुत सुंदर, हरा-भरा, ताल-तलैयों से भरपूर था। घासारा गांव उत्तर प्रदेश प्रांत, जिला इटावा में है।

गांव के नाम से ही पता चलता है कि गांव वन-संपदा से तथा वन्य जीवन से परिपूर्ण होगा। आज का तो मुझे पता नहीं, यह 65 साल पहले की बात है। जब में लगभग पांच-छह साल की थी।

गांव में हमने तोता-मैना, मुर्गी-मुर्गे, खरगोश, लंगूर, बंदर, मोर, भालू, हिरण, सारस, कछुआ, सांप, कबूतर, मेढक, पपीहा, भैंसा, लोमड़ी, तीतर-बटेर की लड़ाईयां देखी। हम बच्चे इसके पीछे-पीछे दौड़ा करते थे। एक सांप तो हमारे घर में ही रहा करता था। लकड़ी के बड़े बक्से के पीछे। इधर-उधर भी दिख जाता था। न कोई उससे डरता था न ही उसने कभी किसी को नुकसान ही पहुंचाया। उसकी आंखे रात को चमकती थी, खटका होते ही वह फन उठाकर खड़ा हो जाता था।

ताल-तलैया पर सारस, तरह-तरह की मछली, खिले हुए कमल के सुंदर फूल बड़े प्यारे लगते थे। रात को जुगनू चमकता हुआ दिखाई दे जाता तो पकड़ने के लिए दौड़ते।

महुआ, आंवला, जामुन, आम, इमली आदि के पेड़ों से हमारा गांव भरा पड़ा था। कभी-कभी शेर-चीत्ता भी आ जाया करते थे। उस समय बड़ा विचित्र माहौल होता था। शाम होते ही सारे लोग घरों में बंद हो जाते थे। यहां तक खिड़की भी नहीं खुलती थी। एक बार बाघ गांव में आ गया। वह जानवरों के बच्चों को शिकार बनाने लगा। एक दिन एक बच्चे को ही उठा ले गया।

फिर तो पूरा गांव उसको ढूंढ़ने और मारने के लिए तैयार हो गया। खोज कर गोली मार कर मार दिया गया। यह मैंने अपनी आंखों से देखा था···खाए हुए बच्चे का वह नजारा मैं अभी तक नहीं भूली।

1950 में दिल्ली आ गई उसके बाद यह पशु-पक्षी मैंने अपने बच्चों के साथ चिड़िया घर में ही देखे। जब हम पांडव नगर आए तो यह लगभग खाली था। खूब मोर आते थे और नाचते थे। हमारे घर में बड़े पेड़-पौधे हैं। पेड़ों पर तरह-तरह

आती है। कभी-कभी बंदर भी आ जाते थे।

सर्दियों के दिनों में मैं और मेरे पति (गुणाकर मुळे) धूप में बैठकर खाना खाया करते थे, तब हमारे पास गिलहरी दौड़ती हुई खाने के लिए आती। तब हम मुंडेर पर खाना रख देते तो वह अपने छोटे-छोटे हाथों से खाना-खाती और खुश होकर दौड़ लगाती।

पशु स्वभाव और मानव स्वभाव में अनेकों समानताएं होती हैं। मानव के समान पशुओं में भी सहयोग, संघर्ष तथा प्यार व वत्सल्य होता है। वह अपने बच्चों को बड़ा करता है। मनुष्य की भांति, पक्षियों व जानवरों में प्रतिशोध की भावना भी होती है। मेरे यहां सफेदे का पेड़ था। उसे सैफटी टैंक बनाने के लिए काटना पड़ा। उसके ऊपर कौआ का घौंसला था। वह गिर गया। कौआ ने मुझे बेहद परेशान किया। जब मैं बाहर निकलती मेरे ऊपर कांव-कांव करता हुआ चोंच मारने के लिए आ जाता। मुझे बांस लेकर काफी दिनों तक निकलना पड़ा, जब तक पेड़ की सारी सफाई नहीं हो गई, तब जाकर उसने मेरा पीछा छोड़ा।

संसार में मनुष्य सबसे बुद्धिमान और विकसित प्राणी है, जोकि प्राकृति की अलमोल रचना है। उसने अपने सुख व आराम के लिए प्रकृति में उपलब्ध वस्तुओं और साधनों का भरपूर उपयोग किया। इसके कारण प्रकृति का संतुलन ही बिगड़ गया। विशाल वन-क्षेत्र नष्ट हो गए। जिसके साथ वन्य जीव-जंतुओं की कमी होने लगी और जीव-जन्तुओं का जीवन संकट में पड़ गया। इनमें से कई जीव-जन्तु तो लुप्त हो गए और कई समाप्ति के कगार पर खड़े हैं। इस प्रकार हम ही प्रकृति के संतुलन को बिगाड़ने के लिए उत्तरदायी हैं।

प्रकृति की संरचना में सभी जीव-जन्तु प्रत्यक्ष या अप्रत्यक्ष रूप से एक-दूसरे पर निर्भर हैं। कृषि की उन्नति जंगलों और वन्य जीवों के बिना नहीं हो सकती। बाघ को सुरक्षित रखने के लिए हिरण, जंगली सुअर, बंदरों आदि को बचाना होगा। क्योंकि यह बाघ का भोजन हैं। और इन छोटे जानवरों के लिए घास, वृक्ष तथा झाड़ियों की व्यवस्था करनी होगी। इन्हीं वृक्षों और वनस्पतियों पर असंख्य पक्षी, कीट-पतंगे का जीवन निर्भर है। कोयल को बचाने के लिए कौओं की सुरक्षा करनी ही होगी, क्योंकि कोयल के अण्डों को कौआ ही सहता और बड़ा करता है।

वन-संपदा और वन्य-जीवन में हमारा देश समृद्ध है। यहां बाघ, चीता, चिंकारा, लकड़बग्घा, बारासिंगा, भेड़िया, तेंदुआ, उद-बिलाव, कस्तुरी मृग, कृष्ण मृग, हाथी, लाल पांडा, गौर, हिरण आदि अनेकों किस्म के जानवर हैं।

रही है। पीपल, केला, बढ़, आंवला आदि पेड़ों की पूजा की जाती है। उसी तरह बन्दर, हाथी, लंगूर, नाग की त्यौहारों पर पूजा की जाती है। मंदिरों में वास्तुशिल्प में वन्य-जीवन की अमिट छाप है। लोक-कल्पनाओं में सिंह, हाथी, बाघ, बैल, मोर, गरुड़, उल्लू, शेषनाग आदि हमारे देवताओं से अभिन्न रूप से जुड़े हुए हैं।

हमारा जीवन पर्यावरण और उचित परिवेश के बिना सुखदायी नहीं हो सकता। इसलिए पृथ्वी पर जीवन की सुरक्षा के लिए इकोलॉजी का संतुलन बनाए रखना आवश्यक है। प्रकृति के अंधाधुंध शोषण से पृथ्वी प्राण-विहीन हो जायेगी। किसी भी प्राणी को तभी बचाया जा सकता है, जब मनुष्य अपनी संहारक प्रवृति को त्याग कर संरक्षण की प्रवृति को अपनाएं। उसकी इस अज्ञानता के कारण चार सौ सालों में 36 स्तनपायी प्राणी पृथ्वी से सदा के लिए लुप्त हो चुके हैं। 94 नस्लों के पक्षी भी नहीं बचे। सुंदर वन में से एक सींग वाला गेंडा भी खत्म हो गया। चीता पहले ही लुप्त हो गया था। भारत में इस समय जो प्राणी जीवन-मरण की स्थिति में हैं—हिम तेंदुआ, देशी भेड़िया, कच्छ के रण में जंगली गधे, धारीदार लकडबग्घा, सुनहरी चील, गुलाबी गरदन वाली बत्तख, सोहन चिड़िया, स्याह गोह, कस्तूरी मृग, पांडा आदि विलुप्त हो रहे हैं।

वन्य संपदा और वन्य-जीवन को बचाए रखने के लिए जन सामान्य में जागरूकता अनिवार्य है। इसके बिना सरकार के प्रयास भी पूरे सफल नहीं हो सकते। भारत की वन संपदा और वन्य जीवन की परिस्थिति को समझते हुए श्री गुणाकर मुळे जी ने 'भारत के संकट ग्रस्त वन्य प्राणी पुस्तक लिखी।

इस पुस्तक में पहला अध्याय विषय-प्रवेश, लोमड़ी, बिल्लियां, चीतल, चिंकारा, लाल पांडा, हिमालयी व नीलगिरि थार, दिल्ली का राज्य पक्षी गौरैया, भारत के राष्ट्रीय उद्यान और अभयारण्य तथा वन्य संरक्षण एक्ट 1972, हिन्दी-अंग्रेजी, सहायक ग्रंथ सूची तथा रंगीन चित्र मैंने तैयार किए। इस पुस्तक को तैयार करने में, इसे यह रूप देने में मेरे कम्प्यूटर—सहायक श्री मुकेश कुमार का विशेष योगदान रहा।

मुझे आशा है कि सभी पाठक—बच्चे और बड़े इस पुस्तक 'भारत के संकटग्रस्त वन्य प्राणी' से व्यापक ज्ञान हासिल करेंगे। यह पुस्तक भी हमारी दूसरी पुस्तकों की तरह उपयोगी सिद्ध होगी।

—शांति गुणाकर मुळे

'अमरावती', सी-210, पांडव नगर
दिल्ली-110092
4 जनवरी 2013

अनुक्रमणिका

अध्याय-1

विषय-प्रवेश

वन्य जीवन से वन्य संरक्षण तक का सफर

सारे ब्रह्मांड में पृथ्वी ही ऐसा ग्रह है जहां जीवन है। इसमें छोटे पौधों से लेकर बड़े वृक्ष तथा जीवों में सूक्ष्म अमीवा से लेकर ह्वेल जैसे भीमकाय प्राणी हैं। पृथ्वी पर लगभग दस लाख जीवधारी हैं। जिनमें से मनुष्य प्रमुख व बुद्धिमान प्राणी है।

पृथ्वी पर जीवन की उत्पत्ति तथा विकास का इतिहास लगभग साढ़े चार अरब साल पुराना है। इस लंबी यात्रा में लगातार परिवर्तित होती पर्यावरणीय परिस्थिति के अनुसार कई जीव-जन्तुओं का विनाश होता रहा और नई-नई जातियों की उत्पत्ति होती रही। जैव विकास अफ्रीका में हुआ। उसके बाद सबसे अधिक जैव विकास भारत में हुआ। इसका कारण हमारे देश में वन्य जीवन के लिए विभिन्न क्षेत्रों में अच्छा-शुद्ध वातावरण है। विश्व की विभिन्न जातियों में से 35 प्रतिशत जीव जातियां हमारे देश में पाई जाती हैं।

चित्र 1.1 : गैंडा

चित्र 1.2 : याक

भारत का वन्य जीवन विश्व के सबसे समृद्ध वन्य जीवनों में से है। इसके प्राणियों और वनस्पतियों में आश्चर्य जनक विविधतता है। यह हमारी राष्ट्रीय विरासत है। जिसकी रक्षा हमें अपने खातिर और भावी पीढ़ियों के लिए करनी चाहिए। हमारे देश में सफेद हाथी और शेर होते हैं, लेकिन बहुत कम संख्या में, पहले यह राजाओं के यहां पाले जाते थे। लेकिन अब चिड़ियाघरों में ही दिखाई देते हैं। मैमन श्रेणी में शेर, सिंह, गैंडा, तेंदुआ,

चित्र 1.3 : रटेल

चित्र 1.4 : गिद्ध

याक, चिंकारा, नीलगाय, जंगली सुअर, ताहर, बंदर, जंगली बिल्लियां, लकड़बग्घा, रीछ, मृग, हिरण आदि होते हैं।

हमारे देश में वन्य पक्षियों की संख्या लगभग दो हजार से ज्यादा पाई जाती है। जिनमें बत्तखें, गिद्ध, मोर, हुकवा, गौरेया, कोयल, मैना, तीतर, बटेर, चीले, नीलकंठ, मैना, गरुड़, तोते, उल्लू, कठफुड़वा, बगुले आदि मुख्य पक्षी हैं।

चित्र 1.5 : हिमालयन काला भालू

भारत में तरह-तरह के सर्प, घड़ियाल, मगरमच्छ, कछुवे, गिरगिट, गोह आदि। हमारे देश में सांपों की लगभग 250 जातियां पाई जाती हैं।

भारत वर्ष संसार के उन गिने-चुने देशों में से है, जो, मैमन जाति के प्राणियों के जबर्दश्त अड्डे हैं। मनुष्य ही नहीं पशुओं की दृष्टि से भी भारत बड़ा धनी देश है। हमारे देश के वन, वन्य पशुओं की खान है। और उन्हें

चित्र 1.6 : सफेद शेर

इन वनों में पर्याप्त भोजन और निवास की सुविधाएं प्राप्त है। यही वजह है कि हमारे देश में तरह-तरह के पशु-पक्षी पाए जाते हैं।

हमारे देश के वन्य पशु कुछ आदिम निवासी हैं जो यहां जन्में हैं, फूले-फले हैं। कुछ पषु जिनके पूर्वज बाहर से आए हैं जैसे यूरोप, इथेपिया, अफ्रीका और मलाया आदि देशों से।

चित्र 1.7 : भेड़िया

चित्र 1.8 : पहाड़ी बकरी

हिमालय में पाए जाने वाले पशु-समाज की नश्ल तिब्बत, चीन आदि पशुओं से समानता रखती है। रेगिस्तानी पशुओं की नस्ल मिली-जुली है

गंगा के कछार के पशुओं की नस्ल शुद्ध भारतीय है। दक्षिणी इलाके के पशुओं में मिलावटी नस्ल की छाप हैं। हमारे देश में आखेट एक प्रमुख मन-बहलावा का तरीका रहा है। हजारों जंगली पशु शिकारियों के हाथों मारे जाते रहे हैं। यही नहीं चमड़े, खालों, पशुओं के दांतों, हाथी दातों के लिए इन्हे अपने प्राणों से हाथ धोना पड़ता है। जंगलों के कटने से इनके रहने का स्थान भी संकुचित हो गया है। फिर भी बहुत-सी मूल्यवान जातियां अभी-भी हमारे देश में हैं जो हमारे गर्व का कारण बनी हुई है।

सामाजिक, आर्थिक तथा वैज्ञानिक प्रगति के नाम पर मानव ने प्रकृति का शोषण करके प्राकृतिक वातावरण को असंतुलन बनाया है। अंधाधुंध बनों का विनाश और अनियंत्रित शिकार के चलते, वन्य जीवों का तेजी से विनाश हुआ, जिससे कुछ जातियां विलुप्त हो गई है और कुछ विनाश के कगार पर खड़ी हैं।

वन्य प्राणियों और वन्य पक्षियों के विनाश का कारण जनसंख्या की वृद्धि है। इस आबादी के आवास, कृषि और विकास कार्यों के लिए जंगलों को बेदर्दी से सफाया किया गया। जिससे वन्य जीवों के रहने के लिए स्थान ही नहीं बचा। आज मनुष्य धन-वैभव पाने के लिए कोई भी कुकर्म करने को तैयार हो जाता

चित्र 1.9 : भरल

है। वन्य जीवों की खालों को कीमती जीवों की हड्डियों को, हाथी दांत की प्राप्ति के लिए हाथियों को मार डालता है, इसीलिए मृग, लोमड़ी, बाघ, चीता, मगरमच्छ, सांभर, हिम तेंदुआ, गेंडे आदि विलुप्त होने की कगार पर हैं। उद्योगों से निकले विषैले धुएं से वायु मंडल दूषित हो रहा है, जिसमें सारे जीव-जगत को विनाश की संभावना बढ़ रही है। अवैध शिकार के कारण हमारे जीव-जन्तु विलुप्त प्रायः होते जा रहे हैं। कभी-कभी हिंसक पशुओं को मारना आवश्यक भी हो जाता है। उन्हें अगर न मारा जाए तो मनुष्य के लिए खतरा बन जाते हैं। मगर इन्हें खूब समझदारी के साथ आवश्यक होने पर ही मारना चाहिए। शिकार भी ऐसे ढंग से करना

चित्र 1.10 : लाल पांडा

चित्र 1.11 : चीता

चाहिए कि शिकारी पशु का वंश-खत्म न हो, उनकी संख्या में अत्यधिक कमी न आने पाए।

भारतीय चीता अब नहीं रहा, अन्य जंगली जानवरों का भविष्य भी धुंधला है। अगर हम जंगली जानवरों की रक्षा नहीं करेंगे तो वह भी विलुप्त हो जायेंगे। अपने जंगलों को बचाए रखना और वन्य प्राणी सम्पत्ति को बचाना कोई व्यर्थ और अनावश्यक बात नहीं बल्कि अपने अस्तित्व के लिए आवश्यक विनियोजन है।

हमारे देश में प्राचीन काल से वन्य प्राणियों के संरक्षण की भावना रही है। हमारी सभ्यता और संस्कृति में वन्य प्राणियों के प्रति प्रेम-भाव रहा है। इसलिए हमारे समाज में वन्य जीवों को पूज्य माना जाता है। वन्य जीवों तथा पक्षियों को मुद्राओं और भवनों पर भी चित्रित किया जाता रहा है। यह परम्परा आज भी कायम है।

हमारे देश में वनों तथा वन्य जीवों के संरक्षण के लिए कुछ अधिनियम बनाए गए हैं। राष्ट्रीय उद्यान और अभयारणों का सरकारीकरण करके उन्हें संचालित तथा नियंत्रित किया जा रहा है। लेकिन कानून बना देने से वन्य प्राणियों का संरक्षण नहीं हो जाता। प्रत्येक व्यक्ति को सोचना होगा, अगर इनका विनाश नहीं रोका गया तो मानव का विनाश भी असंभव नहीं। इसलिए हमें वन-विनाश अवैध शिकार

चित्र 1.12 : लोरिस

को रोकना होगा। वन्य-संपदा से संबंधित कानूनों का पालन न करने वालों को कठोर दंड देने की व्यवस्था करनी होगी। वन्य जीवों के संरक्षण का हमारा प्रयास भविष्य में तभी फलीभूत हो सकेगा।

अभी हाल में ही आसाम में कई गैंडे और मोर बाढ़ में बह गए। सरकार वन्य-जीवों के लिए वन संगठन संस्था बनाएगी। इनमें गैर-सरकारी संगठन को भी सामिल किया जाएगा। वन्य-जीवों की सुरक्षा के लिए बड़े नियम बनाए जायेंगे।

जंगली जीव निरोधः-

आसाम सरकार जंगली जीवन और गैंडा के शिकार व सुरक्षा पर सफेद पत्र लायेगी।

अध्याय-2

1. फिर दौड़ेगा भारत की धरती पर चीता

अफ्रीका के वन्य जीवों के बारे में 'डिस्कवरी' चैनल अपना प्रसिद्ध टी. वी. कार्यक्रम प्रस्तुत कर रहा था। हाथी, जिराफ, सिंह, हिरन, चीता आदि के जीवन से संबंधित दिलचस्प और रोमांचक दृश्य प्रस्तुत किए जा रहे थे। उनमें एक दृश्य था–एक चीता तेजी से छलांगें भरकर एक काले हिरन का पीछा करता है और जल्दी ही उसे धर दबोचता है।

"ओह! कितना तेज दौड़ता है यह जानवर।"- मेरा बेटा अंशु बोल उठा।

"यह चीता है–संसार का सबसे तेज दौड़ने वाला स्तनपायी जानवर। शिकार का पीछा करते हुए यह सामान्यतः 100 किलोमीटर प्रति घंटे की रफ्तार से दौड़ लेता है।"–मैंने अंशु को बताया।

"याद आता है कि इस जानवर को मैंने कहीं देखा है। हाँ, चिड़ियाघर में देखा है।"

चित्र 2.1 : चीता : जंगल का राजकुमार

"नहीं, जिसे तुम चीता समझ रहे हो वह तेंदुआ होगा, जिसे अंग्रेजी में 'लेपर्ड' कहते हैं। चीता अब भारत में कहीं नहीं है, चिड़ियाघरों में भी नहीं। किसी समय हमारे देश में हजारों चीते थे। सब खत्म हो गए। सब मार दिए गए। जंगल में जीवित आखिरी चीता आंध्र प्रदेश के चित्तूर जिले में मार्च 1952 में मारा गया था। उसके बाद चिड़ियाघरों के लिए बाहर से जो जीते आयात किए गए वे सभी कुछ साल बाद मर गए। दिल्ली के चिड़ियाघर में आखिरी चीता जनवरी 1995 में मरा।"—मैंने अंशु को जानकारी दी।

"यह तो बहुत बुरा हुआ। अब इस 'स्पीड चैंपियन' को अपने देश में हम कभी नहीं देख पाएंगे।"

"एकदम ऐसी बात नहीं है। एक नई तकनीक से भारत में चीते को पुनः पैदा किया जा सकता है। इस तकनीक का नाम है—'क्लोनिंग'। हैदराबाद के कोशिकीय एवं आणविक जीव-विज्ञान केंद्र (सी. सी. एम. बी.) के निदेशक डा. लालजी सिंह का दावा है, "सब कुछ अनुकूल रहा, तो अगले पाँच वर्षों में हम भारत में चीते का क्लोन तैयार कर लेंगे।" बेटे को मैंने बताया। मैंने उसे यह भी बताया कि चीते का क्लोन तैयार करने के लिए नर और मादा, दोनों का होना जरूरी नहीं है।

सुनकर अंशु चकित रह गया। वह 'क्लोनिंग' के बारे में जानने के लिए लालायित हो उठा। मगर मैं चाहता था कि वह पहले चीते के बारे में महत्व की कुछ बातें जान ले। आप भी जान लीजिए।

चित्र 2.2 : काले हिरनों से जुती गाड़ी पर सवार शिकारी चीता (मुगल चित्रांकन)

सिंह, बाघ, तेंदुआ आदि की तरह चीता भी बिल्ली वंश का एक प्राणी है। चीते को दूर से देखने पर तेंदुए का भ्रम हो सकता है। शरीर की बनावट की दृष्टि से यह कुत्ते और बिल्ली का मेल लगता है। चीता करीब डेढ़ मीटर लंबा और एक मीटर ऊंचा होता है। इसका वजन 60 किलोग्राम के आसपास होता है। चीते के शरीर का ऊपरी भाग हलके पीले रंग का होता है और नीचे का भाग सफेद रंग का। इसके सारे बदन पर गहरे काले चटाक होते हैं। चीते के पहचान की मुख्य निशानी है—इसकी आंखों के अंदर के कोनों से निकलकर ऊपर के होंठ पर समाप्त होने वाली काली चमकीली धारियां।

चीते की पूंछ मोटी, काफी लंबी और सिरे पर झब्बेदार होती है। पैरों में सख्त गद्दियां होती हैं और नाखून कुछ अंदर की ओर मुड़े हुए होते हैं। पूरे बदन की तुलना में सिर छोटा होता है। आंखें बड़ी और तेज होती हैं। शरीर का ढांचा सुगढ़ और चाल आकर्षक होती है। इसका मुख्य भक्ष्य हिरन है, मगर कभी-कभी खरगोश जैसे छोटे प्राणियों को भी खा लेता है। शिकार ज्यादातर दिन में ही करता है और रात को यह सोता है। शिकार करने का तरीका कभी बिल्ली जैसा होता है, तो कभी कुत्ते जैसा। लगभग आधा किलोमीटर तक यह बहुत तेज गति से दौड़ लेता है, कभी-कभी तो 100 किलोमीटर प्रति घंटे से भी कुछ अधिक। यह घने घास के मैदानों में रहना पसंद करता है।

मनुष्य बहुत प्राचीन काल से चीते को पालतू बनाकर शिकार के लिए इसका उपयोग करता आ रहा है। प्राचीन मिस्र, यूनान और ईरान में शिकार के लिए चीते का खूब इस्तेमाल होता था। मूलतः यह अफ्रीका का प्राणी है और प्राचीन काल में ही पश्चिम एशिया के देशों से आगे बढ़कर पश्चिमोत्तर के दर्रों से भारत पहुँच गया था और फिर धीरे-धीरे सारे भारत में फैल गया। 'चीता' शब्द संस्कृत के 'चित्रक' से बना है और इसे अंग्रेजी भाषा में भी अपना लिया गया है। इसका वैज्ञानिक नाम 'ॲसिनोनिक्स जुबेतुस' है।

अभी उन्नीसवीं सदी के मध्य तक भारत में चीते काफी तादाद में मौजूद थे; देश के कई क्षेत्रों में इनके झुंड के झुंड देखे जा सकते थे। मुगलों को चीते द्वारा शिकार खेलने का बहुत शौक था। जानकारी मिलती है कि बादशाह अकबर (1556-1605 ई.) ने 1000 चीते पाल रखे थे। जहांगीर को भी चीते तथा अन्य कई किस्म के पशु-पक्षी पालने और उनका अध्ययन करने का शौक था।

शिकार के लिए चीते का वैसा ही उपयोग किया जाता था, जैसा कि बाज पक्षी का। आंखों पर पट्टी बांधकर उसे शिकार के पास ले जाया जाता था। जंजीर और पट्टी खोल देने पर चीता हिरन के पीछे भागता था और उसे जल्दी ही पकड़

लेता था। शिकार को वहीं पर मारकर उसके कुछ अंग चीते को खिलाकर उसे संतुष्ट कर दिया जाता था।

शिकार के लिए वयस्क चीतों का उपयोग होता था। पालतू चीते के मर जाने पर नया वयस्क चीता पकड़कर उसे प्रशिक्षित किया जाता था। बंदी अवस्था में चीते बड़ी मुश्किल से ही प्रजनन कर पाते हैं। इन सब कारणों से भारत में चीतों की संख्या घटती गई। घास के मैदानों का सफाया होते जाने से भी इनका जीवन संकटमय बन गया था। भारत में अंग्रेज आए, तो बंदूकों द्वारा चीतों का तेजी से संहार होने लगा। सन् 1900 ई. तक भारत में चीता दुर्लभ हो गया था।

फिर भी बचे हुए इक्के-दुक्के चीतों का शिकार देश में जारी रहा। बीसवीं सदी के आरंभिक 20 वर्षों में उत्तर प्रदेश में छह चीते मारे गए। सन् 1925 में मध्य प्रदेश के रीवा जिले में चार चीतों का शिकार हुआ। फिर 1948 के जाड़ों में छत्तीसगढ़ में बस्तर के भूतपूर्व कोरेआ रियासत में तीन चीते मारे गए। शिकारी ने इन्हें भूल से तेंदुए समझकर शूट किया था। ये भारत में जंगली अवस्था में पाए जाने वाले संभवतः अंतिम चीते थे। यह भी जानकारी मिलती है कि जंगल में जीवित अंतिम चीता आंध्र प्रदेश के चित्तूर जिले में 1952 ई. में मारा गया।

आजादी मिलने के बाद भारत के चार चिड़ियाघरों के लिए विदेशों से कुछ चीते प्राप्त किए गए, परंतु कुछ साल बाद एक-एक करके वे सब मर गए। अब भारत में चीते का कहीं कोई नामोनिशान नहीं है।

अफ्रीका के सूखे वनों में और घास के मैदानों में अब भी चीते बहुतायत में मिलते हैं। बताया जाता है कि वहां अब भी करीब 10,000 चीते बचे हुए हैं। परंतु वैज्ञानिकों का मत है कि अफ्रीकी चीतों की नस्ल भारत से लुप्त हुए चीतों की नस्ल से थोड़ी भिन्न है। पता चलता है कि ईरान के पूर्वी भाग में अब भी दस-बीस चीते मौजूद हैं। ये ईरानी चीते भारतीय नस्ल के चीतों जैसे ही हैं।

चित्र 2.3 : काले हिरन का शिकार करता चीता

चीते जैसे शानदार जानवर का भारत से गायब हो जाना सचमुच ही बड़े खेद की बात है। विदेशी चिड़ियाघरों में करीब 300 चीते आज भी पल रहे हैं, परंतु हमारे देश के किसी भी चिड़ियाघर में अब एक भी चीता नहीं है। चिड़ियाघर में चीते का प्रजनन बहुत कठिन है। कृत्रिम उपायों से चीते के प्रजनन में इक्की-दुक्की सफलताएँ ही मिल पाई हैं। तब क्या उपाय हैं कि भारत में चीते को फिर से चलता फिरता देखा जा सके?

उपाय है—क्लोनिंग की नई वैज्ञानिक तकनीक। 'क्लोन' का अर्थ है— 'हमशक्ल जीव'। किसी जीव का क्लोन यानी ठीक उसी तरह का दूसरा जीव पैदा करने के लिए नर और मादा के संयोग की आवश्यकता नहीं होती। अन्य शब्दों में, क्लोन पैदा करने के लिए नर या पिता की भूमिका अनिवार्य नहीं है।

क्लोनिंग एक नई तकनीक है। इंग्लैंड के जीवविज्ञानी इयान विल्मुट ने क्लोनिंग की तकनीक द्वारा पहली बार 1997 ई. में एक भेड़ की कोशिका से 'डॉली' नामक मेमने को पैदा करने में सफलता प्राप्त की थी। उसके बाद क्लोनिंग के कई प्रयोग हुए हैं। इंग्लैंड के वैज्ञानिकों को सूअर का क्लोन प्राप्त करने में और जापान के वैज्ञानिकों को गाय का क्लोन बनाने में सफलताएँ मिली हैं। वैज्ञानिकों को अब यकीन हो गया है कि भेड़, गाय, चीता आदि जैसे स्तनपायी प्राणियों के (मनुष्य के भी) क्लोन तैयार किए जा सकते हैं, हालांकि इसमें अभी अनेक कठिनाइयाँ हैं।

चित्र 2.4 : भेड़ की कोशिका से पैदा हुआ 'डॉली' नामक मेमना

सभी प्राणियों का शरीर छोटी-छोटी कोशिकाओं से बना होता है। मनुष्य के शरीर में अनुमानतः दस हजार अरब कोशिकाएं होती हैं। हर कोशिका में एक केंद्रक (न्यूक्लियस) होता है। केंद्रक में गुण-सूत्र (क्रोमोसोम) होते हैं, जो आनुवंशिक गुणों के वाहक हैं। गुणसूत्र न्यूक्लिक अम्ल (एसिड) और प्रोटीन से बने होते हैं। मनुष्य की कोशिका में गुणसूत्रों के 23 जोड़े यानी कुल 46 गुणसूत्र मौजूद होते हैं। न्यूक्लिक अम्ल दो प्रकार के होते हैं—डी. एन. ए. और आर. एन. ए.। सन्तान में पहुंचने वाली सभी आनुवंशिक सूचनाएं डी. एन. ए. के घटकों (जीनों) में मौजूद रहती हैं।

प्रजनन में नर और मादा से प्राप्त होने वाली विशिष्ट कोशिकाएं, जिन्हें जननिक कोशिकाएं कहते हैं, भाग लेती हैं। माता और पिता के पक्ष की जब दो अर्धसूत्री जननिक कोशिकाएं आपस में संयोजित होती हैं, तो उनके मेल से बनने वाली नई कोशिका में पूरे 46 गुणसूत्र होते हैं। इस प्रक्रिया को निषेचन कहते हैं और जो रचना बनती है उसे युग्मनज। यही युग्मनज गर्भ में, समय के साथ विभाजित और विकसित होते हुए, अंततः नए जीव के रूप में जन्म लेता है। इस तरह एक कोशिका से अरबों कोशिकाओं वाले मनुष्य-शरीर का निर्माण होता है। इससे सहज स्पष्ट होता है कि हर कोशिका में जीव-निर्माण के लिए सारी सूचनाएँ मौजूद रहती हैं। दूसरे जीवों के बारे में भी ऐसा ही है।

प्रश्न उठता है—जब हर कोशिका में एक ही तरह के गुणसूत्र विद्यमान रहते हैं, तो फिर प्रजनन के लिए जननिक कोशिका की ही क्या आवश्यकता है? क्या शरीर की किसी भी कोशिका से जीव-निर्माण नहीं किया जा सकता?

इसी प्रयास में क्लोनिंग की तकनीक विकसित की गई और इसका उपयोग करके पहली बार भेड़ की एक कोशिका से 'डॉली' नामक मेमने को पैदा किया था। हैदराबाद की सी. सी. एम. बी. प्रयोगशाला के वैज्ञानिक डा. लालजी सिंह और उनके सहयोगी क्लोनिंग की इसी तकनीक के जरिए भारत में पुनः चीते को पैदा करने के प्रयास में जुटे हुए हैं। आइए, देखते हैं कि चीते का क्लोन किस तरह पैदा किया जाएगा।

चीते की क्लोनिंग के लिए पहली अत्यावश्यक वस्तु है उसकी कोशिकाएं। मगर भारत में अब एक भी चीता उपलब्ध नहीं है। हां, ईरान में अब भी कुछ चीते मौजूद हैं। वहाँ से चीतों का एक जोड़ा प्राप्त करने के प्रयास किए जा रहे हैं। अन्यथा वहां से चीते के कुछ ऊतक (कोशिकाएं) प्राप्त किए जाएंगे। वहाँ से न मिलने पर चीते की कोशिकाएं अफ्रीका से भी हासिल की जा सकती हैं।

चीते से काफी समानता रखने वाले तेंदुए हमारे यहां विद्यमान हैं। दोनों ही बिल्ली वंश के वन्य प्राणी हैं। क्लोनिंग के लिए सबसे पहले एक वयस्क नर या मादा चीते (क) की कोशिका ली जाएगी, मगर वह उसकी जननिक कोशिका नहीं होगी। फिर उस कोशिका से केंद्रक को अलग किया जाएगा। दूसरी ओर, एक मादा तेंदुए (ख) की अनिषेचित डिंब (अनफर्टिलाइज्ड एग)—कोशिका को लेकर उसमें से केंद्रक को बाहर निकाल दिया जाएगा। तदनंतर चीते की कोशिका के केंद्रक को तेंदुए की केंद्रक-रहित कोशिका में स्थापित किया जाएगा। अन्य शब्दों में, दोनों का संलयन यानी मेल होगा। यह बड़ा नाजुक दौर होता है। संलयन के लिए प्रायः हलके-से विद्युत स्पंद का प्रयोग किया जाता है। दूसरे भी कुछ तरीके हैं।

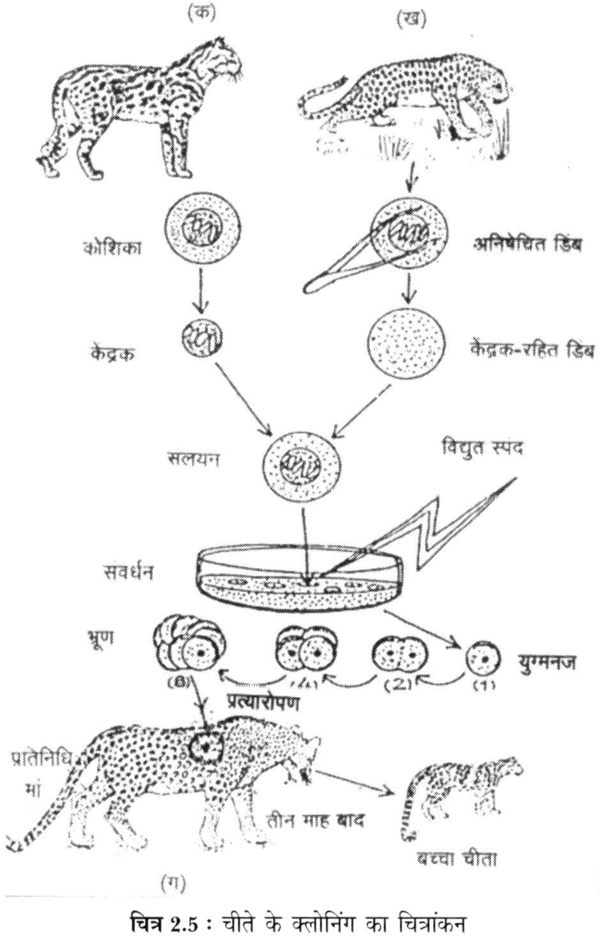

चित्र 2.5 : चीते के क्लोनिंग का चित्रांकन

फिर उस संयुक्त कोशिका का पोषक द्रव्यों में विकास और विभाजन शुरू हो जाता है, यानी उसके युग्मनज (जोड़े) बनने लगते हैं—एक से दो, दो से चार, चार से आठ। फिर उस बहुकोशिका वाले भ्रूण को मादा तेंदुए (ग) के गर्भ में प्रतिरोपित कर दिया जाएगा। यदि भ्रूण का ठीक-ठाक विकास होता जाता है, तो करीब तीन महीने बाद वह प्रतिनिधि (सेरोगेट) माँ चीते के बच्चे को जन्म देगी। इस पूरी प्रक्रिया में बुनियादी चीज है चीते की कोशिका का केंद्रक और उसमें निहित गुणसूत्र, जो आनुवंशिक गुणों के वास्तविक वाहक होते हैं। इसलिए मादा तेंदुआ जिस बच्चे को जन्म देगी वह चीते की प्रतिकृति होगा, उसका 'क्लोन' होगा।

यहां महत्व की एक बात को ठीक से समझ लेना जरूरी है। जिस कोशिका से केंद्रक लिया जाता है वह नर या मादा में से किसी भी एक की हो सकती है। मगर क्लोनिंग के लिए केंद्रक को मादा की डिंब कोशिका में ही स्थापित करना अत्यावश्यक है। इससे नर की आवश्यकता पर प्रश्नचिह्न लग जाता है।

क्लोन में बड़ी कठिनाई से ही सफलता मिलती है। इआन विल्मुट ने भेड़ के क्लोन के लिए 277 स्तन कोशिकाओं और अंडों (डिंबों) पर प्रयोग किए थे, परंतु केवल 29 ही भ्रूणों में विकसित हो पाए। प्रत्यारोपण के बाद उनमें से 13 भेड़ों ने गर्भ धारण किया, परंतु उनमें से केवल एक (डॉली) ने ही जन्म लिया। बाकी सब भ्रूण गर्भ में ही मर गए।

चीते के क्लोन में और भी कई तरह की कठिनाइयां सामने आएंगी। मगर प्रयास अवश्य किए जाने चाहिए। तमाम कठिनाइयों के बावजूद हम आशा रखते हैं कि चीते को क्लोन करने के सी. सी. एम. बी. के प्रयास सफल रहेंगे और हम भारत की धरती पर इस शानदार प्राणी को पुनः दौड़ते हुए देख सकेंगे।

डा. लालजी सिंह हमारे देश के जाने-माने जीवविज्ञानी हैं। उन्होंने हर प्राणी की पृथक पहचान के लिए 'डी. एन. ए. फिंगर प्रिंटिंग' की एक स्वतंत्र तकनीक विकसित की है। वन्य प्राणियों की नस्लों को पहचानने के लिए यह तकनीक बड़ी कारगर सिद्ध हो रही है। सी. सी. एम. बी. (हैदराबाद) में वन्य जीवों की सुरक्षा के लिए एक स्वतंत्र प्रयोगशाला स्थापित की गई है। वहां जीवों की 'जीन बैंक' तैयार हो रही है; सिंह, बाघ आदि जैसे संकटग्रस्त और लुप्तप्राय प्राणियों की सुरक्षा के लिए जीव-वैज्ञानिक उपाय खोज रहे हैं। प्रकृति और वन्यजीव-संपदा की सुरक्षा का अर्थ है, मानव-जीवन की सुरक्षा।

चित्र 2.6 : दुर्लभ जीवों को बचाने के लिए डी.एन.ए. तकनीक की सी.सी.एम.बी. (हैदराबाद) की प्रयोगशाला

2. वनराज सिंह

नाम उसका रणधीर था। उम्र चौदह साल। करीब दस दिनों से वह बीमार था। उसे दस्त हो रहे थे। बाद में पता चला कि वह किसी संक्रामक रोग का शिकार हो गया है। इलाज चल रहा था। उसने खाना-पीना छोड़ दिया था। उसे बेहोशी का इंजेक्शन दिया गया था। बोतलों से पानी और लवण-घोल (सेलाइन) उसके शरीर में पहुंचाया जा रहा था। मगर उसे बचाया नहीं जा सका।

रणधीर के मरने पर उसके शव की जांच-पड़ताल की गई। पता चला कि उसके फेफड़े में इंफेक्शन और पेट तथा जिगर में फोड़े हो गए थे। डॉक्टर का मत था कि आसपास की प्रदूषित वायु रणधीर की मौत का एक महत्वपूर्ण कारण हो सकती है।

चित्र 2.7 : वनराज सिंह

घटना हैदराबाद के नेहरू चिड़ियाघर की है। रणधीर वहां पाले गए एक सिंह का नाम था। उसी चिड़ियाघर में भारतीय और अफ्रीकी सिंह-सिंहनी के जोड़े से रणधीर का जन्म हुआ था। वहीं पर उसकी दो जुड़वां बहनें भी पल रही हैं, जिनके नाम हैं—माया और छाया।

इस दुःखद घटना का मैं स्वयं साक्षी हूं। मैं हैदराबाद के प्रख्यात सी.सी.एम.बी. संस्थान द्वारा संकटग्रस्त वन्य प्राणियों की रक्षा के लिए स्थापित की जा रही प्रयोगशाला के बारे में विस्तृत जानकारी प्राप्त करने के लिए वहां गया था। तब संस्थान के एक वैज्ञानिक को साथ लेकर नेहरू चिड़ियाघर भी देखने गया था। बेहोश करके इलाज किए जा रहे रणधीर को एकदम नजदीक से देखा था। उसके तीन-चार दिन बाद ही उस बीमार सिंह की मौत का समाचार मिला, तो मुझे बड़ा दुःख हुआ।

वन्य प्राणियों की सुरक्षा के लिए देश में कई अभयारण्य स्थापित किए गए हैं, परंतु बाघ, गैंड़ा, हाथी या काले हिरन या अन्य लुप्त होते जा रहे जीव के चोरी-छिपे मारे जाने के समाचार आए दिन सुनने या पढ़ने को मिल जाते हैं। चिड़ियाघरों में भी इन वन्य प्राणियों को अब पूरी तरह सुरक्षित नहीं माना जा सकता। रणधीर की मौत के सिर्फ पंद्रह दिन पहले ही हैदराबाद के उसी चिड़ियाघर में 18 साल के एक बाघ की मौत हो गई थी।

सिंह हमारे देश का एक विशिष्ट वन्य प्राणी है। सिंह को प्राचीन काल से ही 'वनराज' माना जाता रहा है। भारत के राष्ट्रीय चिह्न में सिंहों की जो आकृति है वह सारनाथ (वाराणसी) स्थित सम्राट अशोक के स्तंभ का शीर्षभाग है। गुप्त सम्राटों के सिक्कों पर सिंह की आकृति और 'सिंहविक्रमः' (सिंह की तरह शक्तिशाली) तथा 'सिंहनिहंता' (सिंह का शिकारी) जैसे विरुद अंकित हैं। सिंह देवी दुर्गा का वाहन है। अभी कुछ दशक पहले तक सिंह को ही भारत का राष्ट्रीय पशु माना जाता था। मगर 1972 ई. में यह सम्मान बाघ को मिला। वजह यह थी कि

चित्र 2.8 : चंद्रगुप्त द्वितीय (375-412 ई.) की 'सिंहनिहन्ता' प्रकार की स्वर्णमुद्रा का अंकन

बाघ देश के कई राज्यों में पाया जाता है, जबकि सिंह अब केवल एक ही राज्य (गुजरात) में मिलते हैं।

सिंह शब्द संस्कृत के 'हिंस्र' शब्द का बदला हुआ रूप है। यह 'हिंस्र' शब्द 'हिंस्' धातु से बना है, जिसका अर्थ है हिंसा करनेवाला या खूँखार इसलिए सिंह का अर्थ है एक हिंसक प्राणी, जो अत्यंत पराक्रमी भी होता है। नर सिंह की गरदन पर बड़े-बड़े बाल होते हैं, जिन्हें अयाल या केसर कहते हैं। इन केशों के कारण ही सिंह को 'केसरी' भी कहते हैं।

आज हमारे देश में पुरुषों के नामों के साथ 'सिंह' शब्द का खूब इस्तेमाल होता है, विशेषकर उत्तर भारत में। मगर प्राचीन भारत में ऐसा नहीं था। महाभारत और रामायण में नामों के अंत में 'सिंह' शब्द का प्रयोग नहीं है। नाम के साथ सिंह शब्द का प्रयोग ईसा की दूसरी-तीसरी सदी से होने लगा है। अमरकोश (ईसा की पांचवीं सदी) में बुद्ध को 'शाक्यसिंह' कहा गया है। राजपूत और मुगल काल में नामों के साथ सिंह जोड़ने का रिवाज ज्यादा बढ़ा। पंजाब के सिक्खों और उत्तर प्रदेश के क्षत्रियों में सिंहांत नाम लिखने का अब भी प्रचलन है। बंगाल और बिहार में यही शब्द 'सिनहा' (या 'सिन्हा') बन गया। अब देश की कई अन्य जातियां भी अपने नामों के साथ सिंह शब्द का प्रयोग करती हैं।

सिंह को प्राचीन काल से ही 'वनराज' यानी 'जंगल का राजा' माना जाता रहा है। मगर उसे यह उपाधि क्यों दी गई? क्या इसलिए कि वह सबसे शक्तिशाली हिंस्र पशु है? नहीं। बाघ संभवतः सिंह से अधिक शक्तिशाली है। बाघ द्वारा सिंह को मारे जाने के उदाहरण तो मिलते हैं, किंतु सिंह द्वारा बाघ को मारे जाने के नहीं। क्या सिंह सबसे फुरतीला वन्य प्राणी है? नहीं। इस मामले में तेंदुआ सिंह से आगे है (सबसे तेज दौड़ने वाला चीता अब हमारे देश से गायब हो गया है)। सिंह सबसे भारी-भरकम शिकारी प्राणी भी नहीं है। भारतीय नर सिंह का वजन 210 से 250 किलोग्राम तक होता है। तुलना में बाघ का वजन 300 किलोग्राम तक पहुंचता है।

फिर भी सिंह को ही 'जंगल का राजा' माना जाता है, और यह उचित ही है। सिंह को यह पदवी उसकी ताकत के कारण नहीं, बल्कि उसकी शाही आदतों के कारण मिली है। सिंह घास के खुले मैदान में रहता है। वह शिकार के लिए घात लगाकर नहीं बैठता। वह भयंकर गर्जना करके खुलकर हमला करता है। वह अकेला नहीं, बल्कि अपने पूरे परिवार को साथ लेकर घूमता है। सिंह उदार स्वभाव का प्राणी है। वह भूखा न हो तो शिकार नहीं करता। बाघ मारकर छिपाए गए अपने शिकार के पास दबे पांव लुक-छिपकर जाता है। सिंह ऐसी

सावधानी नहीं बरतता। वह सूर्यास्त के बाद अपने शावकों को साथ लेकर भक्ष्य के पास पहुंचता है। इसलिए सिंह को मारना आसान है।

सिंह एक काफी निरीह वन्य प्राणी है। खुले मैदान में आदमी को देखने की आदत हो जाने के कारण वह मनुष्य को देखकर भयभीत नहीं होता। उसे आसानी से पालतू बनाया जा सकता है। यही कारण है कि सर्कस में बाघ की अपेक्षा सिंह को अधिक पसंद किया जाता है। वस्तुतः अपनी राजसी आदतों के कारण ही सिंह ने अपना नाश कर लिया है।

चित्र 2.9 : सिंह के शिकार का एक मुगलकालीन चित्र

दुनिया में सिंह की अब केवल दो नस्लें पाई जाती हैं। एक अफ्रीका का सिंह; दूसरा एशिया या भारत का सिंह। एशिया का सिंह अब केवल गुजरात के गीर वन में पाया जाता है। दोनों नस्लों के सिंहों की आदतें लगभग एक-सी हैं, परंतु शरीर की बनावट में थोड़ा भेद है। अफ्रीकी सिंह भव्य चेहरे वाला, थोड़ा अधिक ऊंचा और घने अयाल वाला होता है।

प्राणिविदों का मत है कि बाघ पूर्वोत्तर दिशा से भारत में आए थे, परंतु सिंह सीरिया और ईरान से होते हुए बलूचिस्तान के रास्ते से भारत में पहुंचे—आज से करीब 6000 साल पहले। धीरे-धीरे ये पंजाब से लेकर बिहार-उड़ीसा तक समूचे उत्तर भारत में फैल गए। मगर ये नर्मदा नदी के दक्षिण में नहीं पहुंच सके। श्रीलंका में बाघ और सिंह, दोनों ही नहीं पाए जाते।

पुराने जमाने में सिंह पश्चिम एशिया से लेकर भारत तक बड़ी संख्या में मौजूद थे। ये यूरोप में भी पाए जाते थे। प्राकृतिक आवास छिन जाने के कारण धीरे-धीरे इनका लोप होता गया। अभी दो सौ साल पहले तक समूचे उत्तर भारत में सिंहों

चित्र 2.10 : जूनागढ़ के नवाब द्वारा 1929 में जारी किया गया सिंह की छवि वाला डाक-टिकट

को देखा जा सकता था। किंतु कृषिभूमि का विस्तार और मनुष्य के नए-नए क्रिया-कलापों के कारण सिंहों की आवासभूमि सिकुड़ती चली गई। सन् 1884 तक इनका दायरा काठियावाड़ (गुजरात) के गीर वन तक सीमित हो गया। उसके बाद शेष भारत में सिंह के पाए जाने के बारे में जानकारी नहीं मिलती।

गीर वन में भी सिंहों की संख्या ज्यादा नहीं थी। उस समय की जूनागढ़ रियासत के सरकारी अनुमान के अनुसार 1893 ई. में वहां 31 से अधिक सिंह नहीं थे। सिंहों के विनाश की गंभीरता को महसूस करके जूनागढ़ के नवाब ने इसके शिकार पर प्रतिबंध लगा दिया। धीरे-धीरे गीर वन में सिंहों की संख्या बढ़ने लगी। सन् 1905 में वहां इनकी संख्या लगभग 100 पर पहुंच गई। सिंह के संरक्षण के लिए आम आदमी को जागरूक करने के उद्देश्य से जूनागढ़ के नवाब ने 1929 ई. में सिंह की छवि वाला एक डाक टिकट जारी किया था। सन् 1968 में सिंहों की संख्या में अचानक गिरावट आ गई। परंतु अब गीर वन में इनकी संख्या बढ़कर लगभग 325 पर पहुंच गई है।

भारतीय सिंह का आवास-क्षेत्र गुजरात के गीर वन तक सीमित रह गया है और इनकी संख्या भी काफी घट गई है, इसलिए इस शाही वन्य प्राणी की सुरक्षा के कारगर उपाय हमें खोजने ही होंगे। इसके लिए जरूरी है कि सिंह के बारे में थोड़ी-बहुत प्रामाणिक जानकारी सबको, विशेषकर किशोरों को, अवश्य होनी चाहिए।

बाघ और तेंदुए की तरह सिंह भी बिल्ली वंश का प्राणी है। भारतीय सिंह की लंबाई (नाक से पूंछ के सिरे तक) तीन मीटर से अधिक नहीं होती। नर सिंह का वजन 250 किलोग्राम तक हो सकता है। मादाएं कुछ छोटी और हलकी होती हैं। उनमें अयाल भी नहीं होते। सिंह मांस खाने वाला प्राणी है, इसलिए उसके

पंजों और दांतों की बनावट विशेष प्रकार की होती है। उसकी जीभ पर नुकीले कांटों वाली रेती (रेगमाल) जैसे अंकुर उभरे रहते हैं। पंजे साफ करने या घाव चाटने में इसका उपयोग होता है।

सिंह के पैरों के तलवे गद्दीदार होते हैं। नाखून (कुल अठारह—अगले पंजों में पांच-पांच और पिछले पंजों में चार-चार) खोल में बंद रहते हैं, मगर हमला करते समय सिंह उन्हें बाहर निकाल लेता है। नाखूनों के खोलों में मांस सड़ता रहता है, इसलिए वे प्रायः विषाक्त बन जाते हैं। सिंह उन्हें पेड़ों के तनों के साथ रगड़कर साफ करता रहता है। सिंहों के पदचिह्नों का अध्ययन करके उसके बारे में कई बातों की जानकारी मिल जाती है; जैसे, वह नर है या मादा, तरुण है या बूढ़ा आदि। बताया जाता है कि किन्हीं भी दो सिंहों के अगले पैर की छाप एक-जैसी नहीं होती। इसलिए पदचिह्नों से ही क्षेत्र-विशेष के सिंहों की गणना की जाती है। सिंह की आयु-मर्यादा 25 से 30 साल तक होती है।

सिंह पारिवारिक जीवन को पसंद करने वाला एक स्नेही प्राणी है। गीर सिंह के लेहड़े (परिवार) में मादाएं और बच्चे मिलकर 15 से 20 तक सदस्य होते हैं। लगभग 100 दिन के गर्भ के बाद मादा एक समय से 2 या 3 (कभी-कभी पांच) शावकों को जन्म देती हैं। बच्चों के जन्म के बाद नर बाघ परिवार को छोड़कर अलग हो जाता है। मगर नर सिंह ऐसा नहीं करता। वह अपने बच्चों के लिए भोजन जुटाता है, उनकी रक्षा करता है। बच्चों के पालन-पोषण और प्रशिक्षण की जिम्मेदारी माँ की होती है। देखने में आया है कि कई कारणों से आधे बच्चे साल पूरा करने के पहले ही मर जाते हैं।

सिंह को काफी अधिक भोजन चाहिए। एक तरुण सिंह एक बार में तीस-पैंतीस किलोग्राम मांस खा सकता है, मगर चिड़ियाघर में उन्हें इतना गोश्त नहीं मिलता। गीर वन के सिंह चीतल, नीलगाय, सांभर, सूअर आदि जंगली जीवों का शिकार करके अपना पेट पालते हैं। वे आदतन आदमखोर नहीं बनते। परंतु पालतू सिंह मनुष्य का मांस खा लेते हैं। प्राचीन रोम में अपराधियों को भूखे सिंहों के कटघरों में फेंक दिया जाता था।

सिंहों की खालों और सिरों को विजय-चिह्न के रूप में सजाने का रिवाज रहा है। आज भी सिंह की खाल की विदेशों में बहुत मांग है। उसके नाखून बहुत कीमती माने जाते हैं। उन्हें सोने के पत्तर में मढ़कर माला बना लेते हैं और शुभ समझकर गले में पहनते हैं। उसी तरह, सिंह की वड़ हड्डी (गरदन और छाती के बीच की एक छोटी हड्डी) को भाग्यदायी माना जाता है और विदेश में उसकी भारी कीमत मिलती है। इन सब कारणों से भी सिंह जैसा शाही वन्य प्राणी अब विलोप

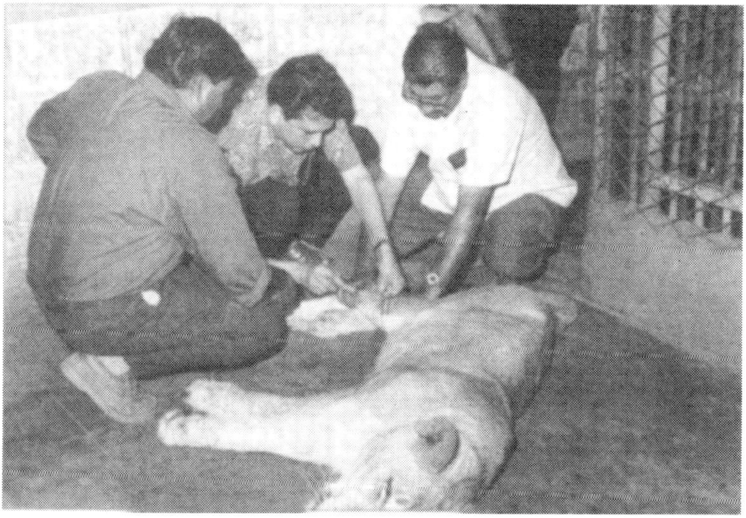

चित्र 2.11 : सी.सी.एम.बी. (हैदराबाद) संस्थान के निदेशक डा. लालजी सिंह और उनके साथी बेहोश किए गए सिंह के रक्त का नमूना प्राप्त कर रहे हैं।

की अवस्था पर पहुंच गया हैं। कहीं ऐसा न हो कि केवल पुरुषों के नामों में ही 'सिंह' शेष रहें और चीते की तरह वनराज सिंह भी भारत से सदा के लिए लुप्त हो जाए।

3. भारत का राष्ट्रीय पशु बाघ : सफेद बाघ

बाघ हमारा राष्ट्रीय पशु है। इसके शिकार को कानून द्वारा रोक दिया गया है। बाघ की खाल के निर्यात पर पाबंदी लगाई गई है। इनकी सुरक्षा के लिए 'बाघ परियोजना' बनी है। देश में कई अभयारण्य स्थापित किए गए हैं। फिर भी, प्रतिवर्ष सैकड़ों बाघ मारे जा रहे हैं। बाघों की खालें बरामद किए जाने के समाचार आए दिन पढ़ने को मिलते हैं।

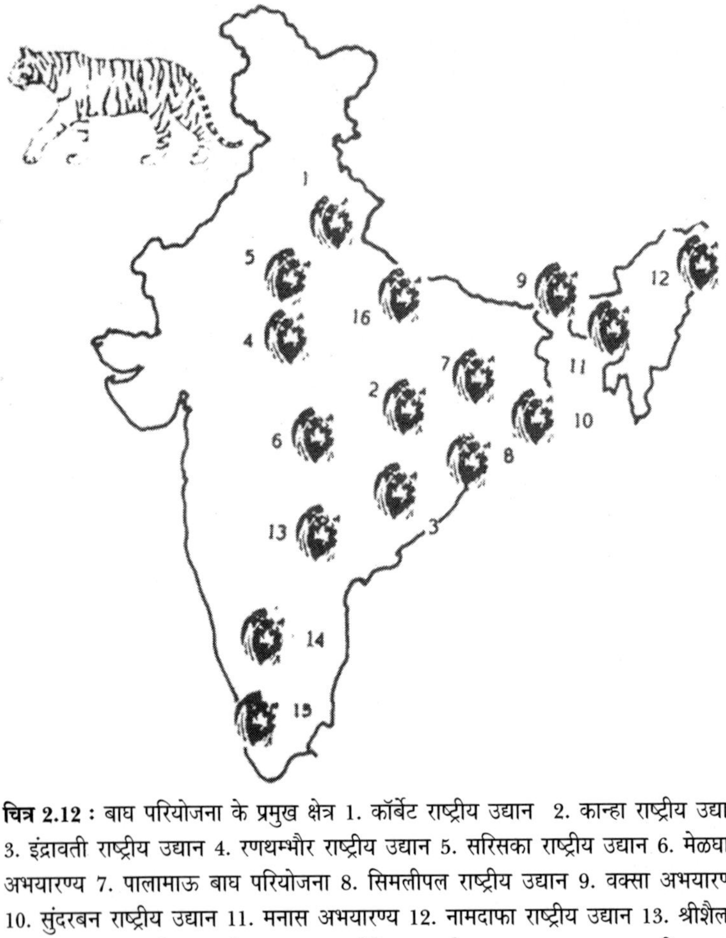

चित्र 2.12 : बाघ परियोजना के प्रमुख क्षेत्र 1. कॉर्बेट राष्ट्रीय उद्यान 2. कान्हा राष्ट्रीय उद्यान 3. इंद्रावती राष्ट्रीय उद्यान 4. रणथम्भौर राष्ट्रीय उद्यान 5. सरिसका राष्ट्रीय उद्यान 6. मेळघाट अभयारण्य 7. पालामाऊ बाघ परियोजना 8. सिमलीपल राष्ट्रीय उद्यान 9. वक्सा अभयारण्य 10. सुंदरबन राष्ट्रीय उद्यान 11. मनास अभयारण्य 12. नामदाफा राष्ट्रीय उद्यान 13. श्रीशैलम अभयारण्य 14. बादीपुर राष्ट्रीय उद्यान 15. पेरियार राष्ट्रीय उद्यान 16. दूधवा राष्ट्रीय उद्यान

चिड़ियाघरों में भी बाघ सुरक्षित नहीं हैं। अभी कुछ साल पहले (2000 ई.) भुवनेश्वर के नंदनकानन चिड़ियाघर में कई बाघों की मौत हुई थी। इन सब स्थितियों के चलते बाघ का अस्तित्व खतरे में पड़ता जा रहा है। कहीं ऐसा न हो कि चीते की तरह बाघ भी भारत से सदा के लिए लुप्त हो जाए।

पिछले करीब सौ वर्षों में अंधाधुंध शिकार किए जाने के कारण, भारत में बाघों की संख्या तेजी से घटती गई। सन् 1900 ई. के आसपास भारत में लगभग 40,000 बाघ थे। सन् 1964 में इनकी संख्या 4000 रह गई थी। फिर 1972 ई. में सारे देश में बाघों की आबादी की वैज्ञानिक तरीके से गणना की गई, तो पता चला कि भारत में केवल 1827 बाघ ही शेष बचे हैं।

जब लगा कि बाघ भारत से लुप्त हो जाने की स्थिति पर पहुंच गए हैं, तो इन्हें बचाने के लिए 1972 ई. में एक अभियान शुरू हुआ। इस अभियान को 'बाघ परियोजना' का नाम दिया गया। देश के कई स्थानों पर अभयारण्य स्थापित किए गए। अभयारण्य का अर्थ है, जंगल की एक ऐसी विस्तृत जगह जिसमें रहने वाले जानवरों को आसपास की आबादी और अन्य खतरों से भली भांति सुरक्षित रखा जाता है। ये अभयारण्य अब पर्यटन-स्थल बन गए हैं। इनमें अब हाथियों पर बैठकर सैर-सपाटे करने के साथ-साथ बाघ के भी दर्शन किए जा सकते हैं। देश में अब 23 अभयारण्य हैं। इनके अलावा कुछ अन्य सुरक्षित क्षेत्रों और वनों में भी बाघ पाए जाते हैं।

मगर अभयारण्यों में भी बाघ पूर्णतः सुरक्षित नहीं हैं। बाघों की खालों, हड्डियों, दांतों और नाखूनों की तस्करी जारी है। जंगल काटे जाने के कारण बाघ के लिए प्राकृतिक आवास नहीं बच पा रहे हैं और न ही उनके शिकार के लिए काफी जानवर बचे हैं। दुनिया में बाघों की जो प्रजातियां बची हैं उनमें भारतीय प्रजाति के बाघों की संख्या सबसे ज्यादा है। 'बाघ परियोजना' लागू होने के बाद देश में बाघों की संख्या धीरे-धीरे बढ़कर लगभग 4000 पर पहुंच गई थी। लेकिन लगता है कि अब बाघ पर पुनः खतरा मंडरा रहा है और इनकी संख्या घटती जा रही है।

बाघ, जिसे शेर भी कहते हैं, हमारे देश का एक विशिष्ट वन्य प्राणी है। भारतीय इतिहास और संस्कृति से बाघ का गहरा सरोकार रहा है। अतः इस राष्ट्रीय पशु के अस्तित्व को कायम रखने के लिए हमें सभी संभव प्रयास करने होंगे। इसके लिए सबसे जरूरी है बाघ के बारे में सही जानकारी होना, विशेषकर नई तरुण पीढ़ी को।

सिंह, चीता और तेंदुए की तरह बाघ भी बिल्ली वंश का प्राणी है। बाघ की तुलना में बिल्ली बहुत छोटी होती है, परंतु दोनों में अनेक बातें समान हैं—फुरतीला

शरीर, मांसल पंजे, मूंछ के सीधे सफेद बाल और खुरदरी जीभ। दोनों के ही आंखें, कान और नाक तीक्ष्ण होते हैं। दोनों ही चोर पैरों से आगे बढ़ते हैं और रात में शिकार करके दिन में सोते हैं। इन्हीं समानताओं के कारण बिल्ली को 'बाघ की मौसी' कहा जाता है।

लोककथा है कि बिल्ली ने बाघ को सभी विद्याएं सिखाईं, परंतु पेड़ पर चढ़ना नहीं सिखाया। मगर यह लोककथा पूर्णतः सत्य नहीं है। बाघ को चीते की तरह भले ही पेड़ पर चढ़ना न आता हो, परंतु प्रसंग आया तो वह वैसा भी कर सकता है। बचपन में अपने गांव में मैंने बाघ को सिंदी (ताड़ की एक जाति) के करीब पांच मीटर ऊंचे पेड़ पर चढ़ते देखा था। मेरा गांव मेळघाट (अमरावती जिला, महाराष्ट्र) के व्याघ्र अभयारण्य से ज्यादा दूर नहीं है। एक बाघ भटककर गांव में पहुंच गया था। लोग ढोल और बर्तन बजाकर उसे भगाने लगे, तो वह डरकर सिंदी के एक पेड़ पर चढ़ गया और उसकी फांदियों में जाकर फंस गया। तब गांव के पटवारी ने अपनी बंदूक से उसे मार डाला। नदी में बाढ़ आने पर बाघ प्रायः पेड़ पर बैठा दिखाई देता है।

बाघ मूलतः पूर्वोत्तर एशिया (संभवतः मंचूरिया) का प्राणी है। बाद में वहां के मौसम में बदलाव आया, तो बाघ पश्चिमी और दक्षिणी देशों में फैलता गया। पश्चिम की ओर आगे बढ़ते हुए यह मध्य एशिया, कस्पियन सागर क्षेत्र, तुर्की, उत्तरी ईरान और अफगानिस्तान में पहुंचा। अपनी दक्षिणी यात्रा में यह कोरिया, चीन, म्यांमार, भारत, मलेशिया, विएतनाम, स्याम, जावा, सुमात्रा और बाली पहुंचा। भारत में बाघ का प्रवेश पूर्व की ओर से म्यांमार से हुआ और यह धीरे-धीरे सारे देश में फैल गया। मगर यह श्रीलंका में नहीं पहुंच पाया; श्रीलंका द्वीप उसके पहले ही भारत से अलग हो गया था।

बाघ वस्तुतः एशिया का प्राणी है। अफ्रीका में सिंह और तेंदुए तो हैं, परंतु बाघ नहीं हैं। उत्तर व दक्षिण अमरीका, आस्ट्रेलिया और यूरोप में भी बाघ नहीं हैं। बाघ जहां भी गया वहां की भौगोलिक परिस्थितियों के अनुसार उसने अपने रंगरूप और स्वभाव में परिवर्तन कर लिया।

जीव-विज्ञानियों ने बाघ को आठ प्रजातियों में विभाजित किया है—साइबेरियाई, चीनी, हिंदचीनी, बाली, सुमात्राई, जावी, कैस्पियन और भारतीय। साइबेरियाई बाघ आकार में सबसे बड़ा है। इसकी खाल के लंबे रोएं कड़ी सर्दी से इसकी रक्षा करते हैं। परंतु अब 100 के आसपास ही साइबेरियाई बाघ शेष बचे हैं। चीनी बाघ आकार में छोटे होते हैं। इनकी संख्या भी अब बहुत कम रह गई है। सुमात्राई बाघ भी लुप्तप्राय स्थिति में हैं। बाली, जावा और कैस्पियन क्षेत्र के बाघ लुप्त हो चुके हैं।

सबसे अधिक संख्या में भारतीय प्रजाति के बाघ ही शेष बचे हैं। संसार के साठ प्रतिशत बाघ अब भारत में हैं।

बाघ को अंग्रेजी में 'टाइगर' कहते हैं। ईरानी (पारसी) भाषा का एक शब्द है 'टिगरी', जिसका अर्थ है 'तीर'। इसी से टाइग्रिस नदी (इराक) और टाइगर (बाघ) शब्द बने हैं, चूंकि दोनों ही तीर की तरह चलने वाले होते हैं।

चित्र 2.13 : बाघ

सबसे पहले अंग्रेजों का बाघ से सामना बंगाल में हुआ, तो उन्होंने इसकी सुंदरता पर मोहित होकर इसे 'रॉयल बेंगाल टाइगर' का नाम दिया। वैसे, भारतीय प्रजाति के बाघ का वैज्ञानिक नाम 'पांथेरा टाइग्रिस' है। सिंधु सभ्यता (लगभग 2500 ई. पू.) के लोग बाघ से भलीभांति परिचित थे। उनकी कई मुहरों पर बाघ का अंकन देखने को मिलता है। धीरे-धीरे इस क्षेत्र के बांस और ऊंची घास वाले जंगल समाप्त हो गए, तो बाघों की संख्या भी घटती गई। इस क्षेत्र का अंतिम बाघ 1886 ई. में मारा गया था। अब पाकिस्तान में बाघ नहीं है।

बाघ का रंगरूप बड़ा आकर्षक होता है। उसकी छोटे बाल वाली भूरे रंग की खाल पर टूटी काली धारियां होती हैं। ये धारियां लुकने-छिपने में उसकी मदद करती हैं। नर बाघ अपनी एक मीटर लंबी पूंछ समेत लगभग तीन मीटर लंबा होता है। बाघिन की लंबाई बाघ से एक-तिहाई कम होती है। नर की ऊंचाई अधिक से अधिक 105 सेंटीमीटर और वजन लगभग 190 किलोग्राम होता है। बाघ की औसत आयु 20 साल होती है।

बाघिन करीब 100 दिनों तक गर्भ धारण करती है और एक समय में सामान्यतः तीन या चार शावक देती है। मगर औसतन दो शावक ही जवान होने तक जीवित रह पाते हैं। बाघ के बच्चे भोजन के लिए पांच या छह माह की आयु

तक अपनी मां पर निर्भर रहते हैं। सात महीने के होने पर वे खुद अपना शिकार मार सकते हैं, मगर दो वर्ष की आयु तक मां के साथ ही रहते हैं। इस दौरान बाघिन उन्हें शिकार करना सिखलाती है।

चित्र 2.14 : बाघ और बाघिन के भिन्न पदचिह्न

बाघ की सुनने की शक्ति बहुत तीव्र होती है। दिन के समय बाघ प्रायः सोता रहता है और रात को शिकार करता है। रात के समय उसे अच्छी तरह दिखाई देता है। वह हिरन, चौसिंगा, जंगली सूअर और साही जैसे जानवरों को मारता है। बाढ़ के समय बाघ मछली और कछुआ भी खा लेता है। कभी-कभी वह जंगली सांड और भैंस को भी मारता है। वह उनकी पीठ पर छलांग मारकर उनकी गर्दन तोड़ देता है। भोजन की कमी होने पर बाघ पालतू पशु भी उठाकर ले जाता है। कभी-कभी बाघ अपने बच्चे को भी खा लेता है। परंतु भूख न हो तो वह बिना कारण किसी प्राणी को नहीं मारता। उसे महीने में तीन-चार बार शिकार करना पड़ता है। बाघ एक समय में पच्चीस से तीस किलो मांस खाता है।

बाघ वस्तुतः शांतिप्रिय प्राणी है। वह रोशनी और भीड़-भाड़ से दूर रहता है। वह बिना किसी कारण के आदमी पर हमला नहीं करता। शिकार करने में असमर्थ, बूढ़ा या जख्मी बाघ ही आदमी पर हमला कर सकता है, और आदमखोर बन जाता है। जख्मी बाघ बड़ा खूंखार बन जाता है। बाघ या तो शिकारी का निशाना ठीक न लगने से जख्मी होता है या फिर साही के कांटे से।

बाघ के अगले पंजे में पांच और पिछले पंजे में चार उंगलियां होती हैं। उसके अगले पैर पिछले पैरों की अपेक्षा कुछ छोटे होते हैं। बाघ को उसके पैरों के निशानों से खोजने में मदद मिलती है। उसके आगे के पैर का ठप्पा बड़ा और भारी होता है। पैरों के ठप्पों से बाघ के आकार और उसके नर या मादा होने का ज्ञान होता है। विशेषज्ञों का मत है कि किन्हीं भी दो बाघों के पंजों के निशान एक-जैसे नहीं होते। इसी तरह अन्य सूचनाओं के आधार पर एक क्षेत्र में मौजूद बाघों की गणना की जाती है।

भारत में सफेद बाघ भी पाए जाते रहे हैं। सन् 1900 और 1950 के बीच रींवा के आसपास के जंगलों में कम से कम आठ बार सफेद बाघ देखे गए थे।

चित्र 2.15 : सफेद बाघ

फिर 1951 में रींवा के महाराजा ने एक बाघिन का शिकार करके उसके चार शावकों को पकड़ा। उनमें से एक नर शावक सफेद रंग का था। उसे 'मोहन' नाम देकर पाला-पोसा गया। बड़ा होने पर बाघिनों से उसका मेल किया गया, तो कुछ सफेद शावक पैदा हुए। अब मोहन के वंशज देश-विदेश के कई चिड़ियाघरों में पहुंच गए हैं। इनका रंग एकदम सफेद न होकर हल्का पीलापन लिए हुए होता है और बदन पर गहरे कत्थई रंग की पट्टियां होती हैं।

बाघों के शिकार का इतिहास बहुत पुराना है। मगर पंद्रहवी सदी तक बाघों की संख्या में बहुत कमी नहीं हुई थी, क्योंकि उस समय तक लोग तलवार और भाले से ही शिकार करते थे। मुगल बादशाहों को भी बाघ के शिकार का शौक था। मगर उनके समय में भी बाघों की आबादी ज्यादा घटी नहीं।

लेकिन जब अंग्रेज आए और शिकार में बंदूक का व्यापक उपयोग होने लगा, तो बेचारे बाघ का खातमा होते जाना तय हो गया। अंग्रेज अफसरों को ही नहीं, भारतीय राजा-महाराजाओं को भी बाघों के शिकार का शौक हो गया। कई अंग्रेजों ने दावा किया है कि भारत में अपनी नौकरी के दौरान उन्होंने 100 से भी अधिक बाघों का शिकार किया है। कई ने तो 300 का भी दावा दिया है। सरगुजा के महाराजा का तो कहना था कि सबसे अधिक 1150 बाघ मारने का रिकार्ड उनके नाम से दर्ज होना चाहिए।

जंगलों का सफाया होना भी बाघों के विनाश का कारण बना। जंगल काटे जाने के कारण बाघ के कुदरती आवास नहीं बचे। इस तरह बाघ के शिकार के जानवर कम होते गए। बाघ को मारना अधिक आसान हो गया।

आजादी के बाद देश को कई सारी कठिनाइयों का सामना करना पड़ा। बाघों की ओर किसी का ध्यान नहीं गया, इसलिए इनकी संख्या घटती चली गई। सन् 1972 में 'बाघ परियोजना' बनी, तभी देश में कई स्थानों पर अभयारण्य स्थापित हुए। फिर भी बाघ पूर्णतः सुरक्षित नहीं हैं। चोरी-छिपे इनका शिकार होता रहता है। इस तरह बाघों पर नया खतरा मंडरा रहा है। हमें भारत से बाघ के विलुप्त न होने देने के कारगर उपाय खोजने ही होंगे। राष्ट्रीय पशु को विलुप्त होने से बचाना एक राष्ट्रीय चुनौती है।

4. तेंदुआ

ग्यारह साल पहले (2001 ई.) की केवल तीन महीनों की अवधि में ये चार समाचार दिल्ली के अखबारों में पढ़ने को मिले–

- अप्रैल (तीसरा सप्ताह) : लखनऊ और कानपुर में एक साथ मारे गए छापों में बाघ की एक और तेंदुए की 24 खालें पकड़ी गईं। दो नेपाली और दो भारतीय आदमी इन खालों को नेपाल ले जाने वाले थे।
- 26 अप्रैल : पुलिस ने दिल्ली में यमुना पुल के पास विकास मार्ग पर एक मारुति जिप्सी कार से 11 खालें बरामद कीं, जिनमें छह तेंदुओं की और पांच बाघों की हैं। इनमें से पांच खालें मढ़ाए हुए सिरों के साथ हैं। प्रत्येक खाल के लिए दो लाख रुपए का सौदा हुआ था।
- 26 मई : दिल्ली पुलिस ने चार आदमियों को पकड़कर उनके पास से एक तेंदुए की खाल, दो हाथी दांत और अष्टधातु की एक बुद्ध-मूर्ति बरामद की। पता चला कि हाथीदांत कॉर्बेट राष्ट्रीय उद्यान (उत्तरांचल) के पास के किरतपुर गांव से और तेंदुए की खाल दूधवा राष्ट्रीय उद्यान (उत्तर प्रदेश) के नजदीक के एक स्थान से प्राप्त की गई थी।
- 23 जून : दक्षिण दिल्ली में पुलिस ने एक व्यक्ति के पास से तेंदुए की दो खालें पकड़ीं। अंतर्राष्ट्रीय बाजार में इनका मूल्य तीन से पांच लाख रुपए तक हो सकता है।

तेंदुओं की खाल सुंदर चकत्तों और मुलायम रोओं वाली होती है, इसलिए प्राचीन काल से ही बड़ी संख्या में इनका शिकार किया जाता रहा है। इन खालों को आसनों पर बिछाया जाता था, दीवारों पर टांगा जाता था। आज इनसे कोट, जैकेट, हैंड बैग आदि बनाए जाते हैं। पश्चिम के देशों में इन खालों की बड़ी मांग है। तेंदुए की चरबी का कुछ रोगों के इलाज में भी उपयोग होता है। किसान भी तेंदुए को जहर खिलाकर मार डालते हैं, क्योंकि वे उनके पालतू पशु खा जाते हैं। तेंदुए द्वारा बच्चों को उठा ले जाने के किस्से जंगलों से घिरे गांवों में अक्सर सुनने को मिल जाते हैं। यही सब कारण हैं कि आज भी तेंदुओं को चोरी-छिपे मारा जाता है। विशेषज्ञों का मत है कि वन्य जीवों में बाघों की तुलना में तेंदुए तीन-चार गुना अधिक मारे जाते हैं।

तेंदुआ संरक्षित प्राणी है। इसको मारना दंडनीय अपराध है। फिर भी देश में हर साल औसतन दो-ढाई सौ तेंदुए मारे जाते हैं। चूंकि पुराने जमाने से ही

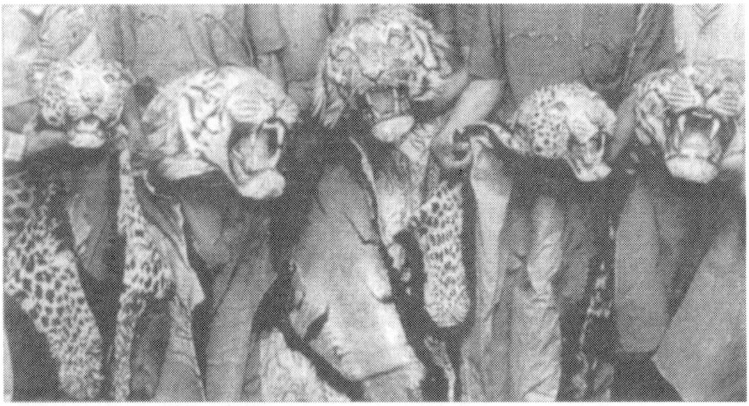

चित्र 2.16 : दिल्ली पुलिस द्वारा बरामद की गई बाघ और तेंदुए की खालें (अप्रैल 2001)

आदिवासी वन्य जानवरों का शिकार करते आ रहे हैं, इसलिए आरंभ में व्यापारी उन्हीं से यह काम करवाते रहे। उन्हीं में से कुछ लोग इनकी खालों को कमाते थे। फिर इन खालों से कोट, पर्स आदि बनाए जाते थे। दिल्ली खालों के व्यापार का एक प्रमुख अड्डा है।

इस समय भारत में तेंदुओं की संख्या सात हजार के आसपास है। सौ साल पहले देश में इससे दस गुना तेंदुए रहे होंगे। ये कश्मीर से कन्याकुमारी तक सारे देश में पाए जाते हैं। उत्तरांचल, उत्तर प्रदेश, हिमाचल प्रदेश, मध्य प्रदेश और महाराष्ट्र में इनकी संख्या अधिक है। जहां कहीं झाड़ियां हैं, वहीं पर तेंदुए रह लेते हैं। ये अपने को सहज ही जलवायु के अनुकूल बना लेते हैं और इनकी जन्मदर भी ज्यादा है, इसलिए लुप्त होने से बचे हुए हैं। मगर इधर के वर्षों में इनकी संख्या कुछ घटी है।

तेंदुआ बिल्ली वंश का प्राणी है। पालतू बिल्ली और तेंदुए की बनावट में काफी साम्य है। बिल्ली की तरह तेंदुए का सिर भी गोल और नाक छोटी व चपटी होती है। विशेषज्ञों का मत है कि बिल्ली वंश के अन्य प्राणियों (बाघ, सिंह आदि) की अपेक्षा तेंदुआ संभवतः पहले अस्तित्व में आया है—करीब दो करोड़ साल पहले। तेंदुए की उत्पत्ति साइबेरिया में हुई। वहां से यह यूरोप, अफ्रीका और एशिया में फैला। असम के रास्ते से यह भारत में आया। अपने मूल स्थान साइबेरिया में तेंदुए की नस्ल अब समाप्त हो गई है। यूरोप में भी अब तेंदुए नहीं मिलते। आस्ट्रेलिया और न्यूजीलैंड में भी तेंदुए नहीं हैं। तेंदुए का जो एक भाईबंद अमरीका में मिलता

है वह 'जेगुआर' कहलाता है। अफ्रीका और एशिया में तेंदुए की कुल 14 नस्लें हैं, जिनमें से चार भारतीय उपमहाद्वीप में पाई जाती हैं।

चित्र 2.17 : खूबसूरत तेंदुआ

तेंदुए को 'गुलदार' भी कहते हैं। 'गुल' का अर्थ है 'फूल'। इसके बदन पर फूल-बूटों जैसी चित्तियां होती हैं, इसीलिए यह गुलदार नाम। संस्कृत में इसका पुराना नाम 'द्वीपी' है। अंग्रेजी में तेंदुए को 'लेपर्ड' अथवा 'पैंथर' कहते हैं। इसका वैज्ञानिक नाम 'पांथेरा पार्दुस' है।

तेंदुए की खाल पीले-सुनहले रंग की होती है और उस पर काले चकत्ते होते हैं। पेट और पैरों का भीतरी भाग सफेद होता है। वैसे, अलग-अलग प्रदेशों के तेंदुओं के रंगों और चकत्तों में काफी अंतर पाया जाता है। अपने चकत्तों के कारण तेंदुआ जंगल में आसानी से छिप जाता है और दूसरे प्राणियों को जल्दी नजर नहीं आता। नर तेंदुए की औसत लंबाई, पूंछ सहित, 215 सेंटीमीटर तक होती है। मादा की लंबाई कुछ कम, यानी करीब 175 सेंटीमीटर तक होती है। भारतीय नर तेंदुए का औसत भार 70 किलोग्राम, तो मादा का 40 किलोग्राम होता है। कंधे तक तेंदुए की ऊंचाई लगभग 70 सेंटीमीटर होती है।

तेंदुए के पंजे मांसल और गद्दीदार होते हैं। अगले पैरों में पांच-पांच और पिछले पैरों में चार-चार तीखे नाखून होते हैं। उसके इन अठारह नाखूनों को तेज धार वाले अठारह चाकू ही समझना चाहिए। चलते समय तेंदुआ इन्हें अपने मांसल पंजों में छिपाए रखता है और शिकार के समय बाहर निकाल लेता है। वह इन नाखूनों को पेड़ पर घिसकर इन्हें धारदार बनाए रखता है। तेंदुआ इस

चित्र 2.18 : हिम तेंदुआ

तरह चलता है कि पिछले पैर अगले पैरों द्वारा बनाए गए पदचिह्नों पर पड़ते हैं।

चित्र 2.20 : काला तेंदुआ

तेंदुए की आंखों की पुतलियां गोलाकार होती हैं और तेज प्रकाश में चिनगारी की तरह चमकती हैं। वह तेज प्रकाश से डरता है। इसलिए वह थोड़ा अंधेरा होने पर ही शिकार के लिए निकलता है। वह बाघ और सिंह की तरह गर्जना नहीं करता, बल्कि खर्र-खर्र आवाज करता है, जो लकड़ी पर आरा चलाने-जैसी प्रतीत होती है। नर को बुलाने के लिए मादा ऐसी ही आवाज करती है।

तेंदुए सभी ऋतुओं में प्रजनन करते हैं। बंदी अवस्था में मादा करीब 90 दिन तक गर्भ धारण करती है और एक बार में 2 से 4 बच्चे देती है। जन्म के लगभग 20 दिन बाद बच्चों की आंखें खुलती हैं। प्रमुखतः मादा ही अपने बच्चों को संभालती है। उन्हें शांत व निर्जन स्थान पर रखकर वह उनका पालन-पोषण करती है और किसी को भी नजदीक नहीं आने देती। तेंदुए की आयु 15 से 25 वर्ष तक होती है।

बिल्ली की तरह तेंदुआ भी पेड़ों पर और घरों के छप्परों पर चढ़ सकता है। अपने मारे हुए शिकार को वह अक्सर पेड़ों की शाखाओं में छिपाकर रखता है। उसे पानी से भय लगता है। बाघ की तरह तेंदुए की श्रवण-शक्ति बहुत तेज होती है। उसके बाद क्रम आता है दृष्टि और गंध का। अपने बदन को सिकुड़ने की कला में तेंदुआ माहिर है। मौका आने पर वह छोटी-से-छोटी जगह पर दुबककर बैठ सकता है। दिल्ली के चिड़ियाघर का 'भोला' नामक एक तेंदुआ सिर्फ 15 सेंटीमीटर अंतर वाली लोहे की सरियों में से निकलकर भागा था।

चित्र 2.21 : बादली तेंदुआ

तेंदुआ प्रायः हर चीज खा लेता है। वह हर प्रकार के हिरन, छोटे जेबरे, सूअर, चूहे, खरगोश और जमीन पर चलने वाले पक्षियों को खा जाता है। परंतु कुत्ते का मांस उसे विशेष रूप से प्रिय है। कभी-कभी तो वह सोए हुए आदमी की खाट के नीचे से भी कुत्ते को सफाई से उठा ले जाता है। सिंह और बाघ की तुलना में तेंदुए के रंग-रूप में छिपाव की क्षमता ज्यादा है, इसलिए वह उनसे बेहतर शिकारी है। वह शिकार पर तेजी से झपट्टा मारकर सबसे पहले गरदन पकड़ता है। तेंदुए की एक और खास चाल यह है कि वह पेड़ की डाली पर लेटकर नीचे से शिकार के गुजरने का इंतजार करता है और शिकार के आते ही ऊपर से कूदकर उसे मार डालता है।

शिकार यदि जमीन पर मारा गया, तो तेंदुआ उसको पेड़ की ऊपरी डालियों तक घसीटकर ले जाता है। इस तरह वह बचा हुआ भोजन आगे खाने के लिए छिपाकर रख सकता है। संग्रह की इसी आदत के कारण तेंदुआ, भूख न होने पर भी, शिकार करता है। बाघ की तरह ही उसकी जीभ का ऊपरी हिस्सा मखमल की तरह मुलायम होता है। मचान पर बैठा हुआ शिकारी अपने को तेंदुए से सुरक्षित नहीं मान सकता। तेंदुआ हाथी पर भी हमला कर सकता है।

धूर्तता के मामले में कोई भी अन्य वन्य प्राणी तेंदुए की बराबरी नहीं कर सकता। चालाकी में तो यह बाघ (शेर) के भी कान काटता है। अनुभवी शिकारी कहते भी हैं : 'शेर यदि सेर है, तो तेंदुआ सवा सेर'। जख्मी तेंदुआ आदमखोर बन जाता है। तब यह और भी अधिक धूर्त, चालाक और फुर्तीला बन जाता है। जख्मी तेंदुए को साक्षात् यमराज ही समझिए। जख्मी तेंदुए की तलाश में बहुत-से शिकारियों ने अपने प्राण गंवाए हैं।

आज से करीब 80 साल पहले गढ़वाल के रुद्रप्रयाग इलाके के एक आदमखोर तेंदुए ने पूरे आठ साल तक शिकारियों को चकमा देते हुए कुल मिलाकर 125 लोगों को खा लिया था। इसे मायावी जानवर माना जाने लगा था और देश-विदेश के अखबारों में इसकी बड़ी चर्चा होने लगी थी। तब प्रसिद्ध शिकारी जिम कॉर्बेट कई महीनों के प्रयास के बाद इसे मारने में सफल हुए थे। कॉर्बेट ने इस तेंदुए के बारे में एक पुस्तक भी लिखी है–'रुद्रप्रयाग का नरभक्षी तेंदुआ'।

अपने देश में तेंदुए के और तीन प्रकार पाए जाते हैं। एक है–हिम तेंदुआ। यह कश्मीर से भूटान तक हिमालय के ऊपरी हिमक्षेत्र में साढ़े तीन-चार हजार मीटर की ऊंचाई पर पाया जाता है। यह देशी तेंदुए से कुछ छोटा होता है, परंतु इसकी पूंछ लंबी होती है। इसका रंग मटमैला सफेद होता है और उस पर अस्पष्ट

काले चकत्ते होते हैं। इस रंग के कारण यह चट्टानी प्रदेश में अपने को छिपा ले सकता है। हिम तेंदुए के बच्चे आसानी से पल जाते हैं।

हिम तेंदुए की खाल गुदगुदी और बाल लंबे तथा बहुत ही मुलायम होते हैं। बहुत पहले इसे तेरह दुर्लभ प्राणियों की सूची में रखा गया था, परंतु खूबसूरत फर की लालच में अब भी चोरी-छिपे इसका शिकार होता रहता है। प्रकृति ने हिम तेंदुए को विशेष रूप से सुंदर बनाया है। यह लुप्त होता जीव है। इसकी रक्षा होनी ही चाहिए।

देशी तेंदुए का एक और भाईबंद है—काला तेंदुआ। यह हिमालय के पूर्वी भाग, असम, सिक्किम और नेपाल के अलावा दक्षिण भारत के नीलगिरि प्रदेश में भी मिलता है। इसका सारा शरीर काले या मटमैले खाकी रंग का होता है, फिर भी इसके सिर, हाथ-पैर और पूंछ पर गहरे काले चकत्तों को पहचाना जा सकता है। यह घने जंगलों में अधिकतर पेड़ों पर रहता है। काला तेंदुआ बड़ा खतरनाक होता है और इसे पालतू बनाना संभव नहीं है।

तेंदुए का एक और प्रकार है—बादली तेंदुआ। बदन पर बादलों-जैसे पट्टे फैले होने के कारण इसे एक बहुत सुंदर वन्य प्राणी माना जाता है। इसका शरीर और पूंछ तो लंबे होते हैं, परंतु टांगें कुछ छोटी होती हैं। यह नेपाल और पूर्वोत्तर भारत की पर्वत-श्रेणियों में लगभग 2000 मीटर की ऊंचाई तक पाया जाता है। इसके बदन के बादली पट्टों के कारण यह जंगल में आसानी से नजर नहीं आता। अधिकतर पेड़ों पर रहने के कारण यह मुख्यतः बंदरों, गिलहरियों और पक्षियों का शिकार करता है। बादली तेंदुआ आसानी से पल जाता है। इसकी खाल बहुत सुंदर होती है, इसलिए इसका खूब शिकार किया जाता रहा है। इस तरह खूबसूरती का शिकार होता है तेंदुआ। मगर 1972 के भारतीय वन्य जीव (संरक्षण) कानून के अंतर्गत बादली तेंदुआ एक संरक्षित प्राणी है। बादली तेंदुआ प्रकृति का एक बहुत ही खूबसूरत तोहफा है। हर हालत में इसकी रक्षा होनी चाहिए।

5. बिल्लियां

हिंदी में बिल्ली, संस्कृत में बिल्ली को मार्जार, विडाल, अंग्रेजी में कैट (Cat) और लैटिन में फेलिस काउस गिलदेनस्तेदित कहते हैं। घरों में पाली जाने वाली बिल्लियों की सुंदर किस्में होती हैं।

कस्तूरी बिल्ली

चित्र 2.22 : कस्तूरी बिल्ली (बिडाल)

केवल कस्तूरी मृग ही नहीं, और भी कुछ प्राणी कस्तूरी पैदा करते हैं। ऐसा ही एक प्राणी है–कस्तूरी बिल्ली (बिडाल), जिसका वैज्ञानिक नाम है 'वायवेरिक्यूला इंडिका'। इसके जननेंद्रिय के पास कस्तूरी-ग्रंथि होती है। उससे बनने वाली कस्तूरी प्राप्त करने के लिए इस प्राणी को पाला भी जाता है। इस कस्तूरी का उपयोग प्रायः सुगंधित सुपारी और तंबाकू तैयार करने के लिए होता है। पीले-भूरे बदन पर काले ठपकों वाला करीब आधा मीटर (पूंछ सहित 90 सेंमी.) लंबा यह बिडाल श्रीलंका, म्यांमार, मलाया, दक्षिण चीन और समूचे भारत में पाया जाता है। इसका भार तीन से चार किलोग्राम होता है। यह चूहे, गिलहरियां, कीड़े, फल, सब्जियां आदि खाता है।

मच्छीमार बिल्ली (फेलिस विवैरिना)

मच्छीमार बिल्ली को बाघ दशा भी कहते हैं। यह खूंखार शिकारी बिल्ली है। इसे अंग्रेजी में फिशिंग केट कहते हैं। मच्छीमार बिल्ली को मच्छी बिलाड़ भी कहते हैं।

चित्र 2.23 : कस्तूरी बिल्ली (बिडाल)

मच्छीमार बिल्ली बड़ी बिल्ली परिवार के जीव हैं, मच्छीमार बिल्ली अपनी

क्रूरता और हिंसक व्यवहार के कारण कुख्यात है। मच्छीमार बिल्ली भारत में हिमालय में 5,000 फुट की ऊँचाई पर पहाड़ियों की तलहटी के दलदलों में, उत्तर-प्रदेश, मालावार तट में मंगलौर से कन्याकुमारी, चीन, जावा, पाकिस्तान और बंगलादेश आदि देशों में पाई जाती हैं। ये बंगाल के सुंदरवन, उड़ीसा की चिल्का झील के आस-पास, उत्तर प्रदेश और पंजाब में होती हैं। मच्छीमार बिल्ली घनी झाड़ियों और घासवाले भागों में मिलती हैं। वह जंगलों में ऐसे स्थानों पर आवास बनाती हैं जहां छोटे-बड़े जल स्रोत हो, यह समुद्र के किनारे जहां ज्वार-भाटे के समय समुद्री जीवों को प्राप्त कर सकें।

मच्छीमार बिल्ली देखने में घरेलू बिल्ली जैसी होती है। इसकी कंधों तक ऊंचाई पैंतीस सेंटीमीटर से चालीस सेंटीटीर तक होती है। वजन दस कि. ग्राम तक होता है। इसका रंग स्लेटी और कत्थईपन लिए हुए धूसर होता है। इसके शरीर पर धब्बे और चित्तियां होती है, चीते की तरह इधर-उधर न होकर एक रेखा में होती हैं। गालों का रंग धूसरपन लिए हुए सफेद होता है।

मच्छीमार बिल्ली का शरीर गठा हुआ और शक्तिशाली होता है। इसके पैर चीते के पंजें की तरह आंशिक रूप से ढके रहते हैं।

इसके पैरों की उंगलियों के मध्य विकसित झिल्लियां होती हैं, इसी कारण यह पानी में बिना जाए पानी की जीवों को सरलता से पकड़ लेती हैं।

मच्छीमार बिल्ली मांसहारी होती है, यह मछली, कछुआ, केकड़ा आदि खाती है। यह कुशल शिकारी बिल्ली है यह कुत्तों, खरगोश और पक्षियों का शिकार करती है।

मच्छीमार बिल्ली का प्रजनन तेंदुआ बिल्ली की तरह से होता है। यह एक समय में दो से चार बच्चों को जन्म देती है और उनका पालन-पोषण करती है। मच्छीमार बिल्ली की खाल बड़ी शानदार होती है। इसी खाल के लिए इसका शिकार किया जाता है। इनकी खाल से जूते, पर्स और कोट तैयार किए जाते हैं। ये एशिया के कुछ छोटे भाग में पाई जाती हे। इसलिए इसकी सुरक्षा आवश्यक है। संरक्षण के लिए विशेष प्रयास आवश्यक है, नहीं तो यह चीते की तरह विलुप्त हो जाएगी।

तेंदुआ बिल्ली (लेपर्ड कैट)

तेंदुआ बिल्ली अपने बौनेपन, रंग और निशानेबाजी के कारण तेंदुआ की तरह दिखाई देती है। यह आकार में छोटी और इसकी टांगें लम्बी होती हैं। यह है। यह ऊपर से चित्तकबरी होती हैं और नीचे से सफेद। इसके गर्दन और कंधे पर चित्तकबरी धारियां होती है और छोटे तेंदुआ की तरह दिखती है।

तेंदुआ बिल्ली कश्मीर के जंगलों में और भारत के दक्षिणी प्रांतों में पाई जाती है। यह रात्रि के समय अपना शिकार करती हैं। यह छोटे पक्षी तथा जानवरों का शिकार करती हैं। कभी-कभी गांव के मुर्गीखाने के मुर्गों का शिकार भी करती है। इसकी प्रजनन क्रिया घरेलू बिल्ली की तरह होती है। इसे जंग के रंग की बिल्ली भी कहा जाता है। ये गुजरात के पश्चिमी हिस्से और कश्मीर में मिलती है। इसके शरीर पर धब्बे और लाईने होती है। यह खुले हरे घास वाले मैदानों, झाड़ियों और जंगल में देखी जा सकती है।

चित्र 2.24 : सुनहरी बिल्ली

सुनहरी बिल्ली (गोल्डन कैट)

सुनहरी बिल्ली दूसरी छोटी बिल्ली के अपेक्षा बड़ी होती हैं। इसके शरीर पर कोई धब्बे नहीं होते। यह भूरे सुनहरी रंग की होती है। इनका रंग चमकीला होता है। इसके चेहरे पर समस्तर घब्बे होते हैं। आंखों के नीचे लाईन बनी होती है, जो आंख और कानों को बीच के भाग पर होती है।

सुनहरी बिल्ली भारत में सिक्किम, आसाम, नेपाल, हिमालय के क्षेत्र में तथा वर्मा में पाई जाती है। इसके अलावा सुनहरी बिल्ली दक्षिणी-पूर्वी एशिया में मिलती है। यह गाय और भैंस के बच्चों का शिकार करती है। यह पशुशाला में घुसकर भेड़, बकरी और छोटे हिरण का शिकार करती है।

जंगली बिल्ली (फौरस्ट कैट)

जंगली बिल्ली पूरे भारत में पाई जाती है। जंगली बिल्ली की टांगे लम्बी और पूंछ छोटी होती है। जंगली बिल्ली की खाल भूरे रेत की तरह व पीलापन लिए भूरा रंग जैसा होता है। यह हिमालय की तराई में पाई जाती है। यह छोटी होती है और इसका वजन भी कम होता है। यह मरूस्थल इलाके में भी होती है। इसका रंग रेतीला होता है।

यह खुले जंगलों, हरे-भरे मैदानी प्रदेश तथा नदी के किनारे रहना पसंद करती है। यह निडर होती हैं। इसलिए अपना शिकार दिन में करती हैं। इसका सुझाव साधारण होता है। जंगली बिल्ली मोरों को भी मार देती हैं।

रेगिस्तानी बिल्ली (डेजर्ट कैट)

रेगिस्तानी बिल्ली को उसके रंग से पहचाना जाता है। यह हल्के पीले रंग की होती है। इसकी पूछ का आखिरी भाग काला होता है। इसके गले, शरीर पर काले निशान होते हैं। यह सफेद होती है। इसके कान जंगली बिल्ली की तरह होते हैं। देखने में घरेलू बिल्ली की तरह होती हैं। इसके कान फीके पीले रंग के और कान बालो वाले होते हैं। रेगिस्तानी बिल्ली मध्य भारत के शुष्क भागों में राजस्थान के मरूस्थल में, भरतपुर तथा भारत के पश्चिमी इलाके में मिलती हैं। रेगिस्तानी बिल्ली गांव की बिल्लियों के साथ भी रहती हैं। यह छोटे पक्षियों, कीड़े-मकोड़ों, चूहों तथा खेतों की चिड़िया को खाती हैं। जानवरों को नहीं। यह अकेली रहती हैं या फिर मां बच्चों के साथ दिखाई देती है। भेड़िया तथा जंगली कुत्ते इनके दुश्मन होते हैं।

चित्र 2.25 : रेगिस्तानी बिल्ली

स्याहगोह बिल्ली (कैराकल कैट)

स्याहगोल बिल्ली चित्ता बिल्ली बन बिलाव की तरह दिखाई देती हैं। इसके सिर और कान बड़े होते हैं। शरीर छोटा होता है और इसकी पूछ बड़ी होती है। इसकी खाल मुलायम, भूरे लाल रंग का होती है। यह मध्य भारत : कच्छ, उत्तर प्रदेश, पंजाब, राजस्थान प्रायद्वीप के शुष्क भागों में पाई जाती है। यह झाड़ियों और जंगल में रहती है। पक्षी, छोटे जानवर और हिरण का शिकार करती है।

चिता बिल्ली बनबिलाव (बाइल्ड कैट)

चित्ता बिल्ली बनबिलाव स्याहगोह बिल्ली की बहन लगती है। यह बिल्ली विचित्र प्रकार की होती है। इसके मुंह, कान पर बड़े-बड़े बाल होते हैं। जो इसके चेहरे को चारों-ओर से ढक लेते हैं। इसकी चमड़ी स्याहगोह बिल्ली से मोटी होती है। इसका रंग भूरा पीलेपन लिए होता है।

गिलगिट

गह सिंधु घाटी के इलाके में मिलती हैं। लद्दाक, तिब्बत, कश्मीर, असम तथा दक्षिण भारत में मिलती है। यह लम्बी घास वाले ऊंचे इलाके में रहती है। यह पक्षियों, हिरण, भेंड, बकरी और आदमियों पर भी हमला करती हैं। इनको प्रायः हम देख नहीं पाते।

पाल्लस बिल्ली

पाल्लस बिल्ली घरेलू बिल्ली से भी छोटी होती है। यह छोटी और चौड़ी होती है। इसके माथे के पास छोटे कान होते हैं। और पूंछ लम्बी होती है। यह चित्ता बिल्ली की तरह छोटी होती है। इसका चेहरा भूरे रंग का होता है और शरीर का दूसरा भाग चांदी की तरह या गहरे भूरे रंग का होता है। इसकी पूंछ पर छल्ले बने होते हैं। छाती और उदर की चमड़ी मोटी होती है। जो वर्फ से उसकी रक्षा करती है। इसका स्थान लद्दाख और तिब्बत है। इसका भोजन पक्षी व छोटे कीड़े-मकोड़े हैं।

ये बिल्लियां अब कम ही दिखाई देती है। बिल्लियां भी प्रायः लुप्त होती जा रही हैं। क्योंकि इनकी खालों को चीजों बनाने में प्रयोग किया जाता है और इनका मांस चावल के साथ पका कर खाया जाता है। इनका संरक्षण भी अब आवश्यक हो गया है।

अध्याय-3

1. हाथी

पुरानी कथा है। छह अंधे आदमी थे। उन्हें एक हाथी के चहुं ओर खड़ा करके पूछा गया–"बताओ, यह क्या चीज है।" प्रत्येक ने उस हाथी के अलग-अलग अंग को स्पर्श किया और अपनी सोच के अनुसार उसका वर्णन किया। एक अंधे ने हाथी की बगल में हाथ फेरकर कहा कि यह तो दीवार है। दूसरे ने उसके कान को टटोलकर कहा कि यह तो पंखा है। तीसरे ने उसके पैर को पकड़कर कहा कि यह खंभा है। चौथे ने उसकी सूंड़ को अजगर बताया। पांचवें ने उसके लंबे दांत छूकर कहा कि यह भाला है। छठे अंधे ने हाथी की पूंछ पकड़ी और कहा कि यह तो रस्सी है।

आदमी और हाथी का संबंध बहुत पुराना है। आदमी ने हाथी को पालतू बनाकर उससे कई तरह के काम लिए हैं। फिर भी हममें से बहुत-से लोग नहीं जानते कि जंगल में इस पशु का जीवन वस्तुतः किस तरह का होता है। और यह जानने वाले लोग तो और भी कम हैं कि इस अद्भुत पशु को अब विनाश से किस तरह बचाया जा सकता है।

जो वन्य पशु मानव-समाज और संस्कृति के साथ सबसे ज्यादा घुल-मिल गया है, वह है हाथी। हाथी सर्कस में हमारा मनोरंजन करता है, चिड़ियाघर में दिल बहलाता है, जंगलों में लकड़ी ढोता है। यह जुलूसों, शादियों आदि के काम आता है। यह मंदिरों और साधु-संतों के मठों की शोभा बढ़ाता है।

भारतीय साहित्य, स्थापत्य, चित्रकला और मूर्तिकला में हाथी को हमेशा ही महत्वपूर्ण स्थान मिला है। एक पौराणिक कथा के अनुसार इंद्र के हाथी का नाम ऐरावत था, जो समुद्र-मंथन में प्राप्त हुआ था। एक पुराण-कथा यह भी है कि पृथ्वी चार बड़े हाथियों की पीठ पर टिकी हुई है। अश्वत्थामा नामक हाथी (द्रोणाचार्य के पुत्र का नाम भी अश्वत्थामा था) के कारण महाभारत युद्ध का सारा स्वरूप ही बदल गया था। हाथी विष्णु और लक्ष्मी को भी प्रिय था। शिव और पार्वती के पुत्र गणेश का सिर हाथी का है, इसलिए वह गजानन कहलाते हैं। गणेश विघ्नहर्ता है। पुस्तक, पत्र, बही आदि किसी भी लेख के आरंभ

में 'श्रीगणेशाय नमः' लिखने की प्रथा काफी पुरानी है।

सिंधु सभ्यता (लगभग 2500 ई. पू.) के स्थलों से प्राप्त अनेक मुहरों पर हाथी का अंकन है, जिससे पता चलता है कि आज से चार-पांच हजार साल पहले भी हाथी को पालतू बनाया जाता था। भारतीय संस्कृति में प्राचीनकाल से ही हाथी को शक्ति का प्रतीक माना जाता रहा है। बुद्ध के जन्म के पहले उनकी माता ने स्वप्न देखा था कि उनके गर्भ में सफेद हाथी ने प्रवेश किया है (सफेद हाथी बहुत कम देखने में आए हैं)। सम्राट अशोक (ईसा पूर्व तीसरी सदी) ने कालसी (देहरादून) के अपने ब्राह्मी लेखों के पास की चट्टान पर हाथी की आकृति खुदवाई और उसके पैरों के बीच में 'गजतमे' (श्रेष्ठ हाथी, यानी बुद्ध) शब्द खुदवाया। अशोक के धौली (भुवनेश्वर) के लेखों के पास भी चट्टान में हाथी खोदा गया है।

चित्र 3.1 : सिंधु सभ्यता की मुहर पर हाथी का अंकन

हाथी सदियों तक सैनिक शक्ति का एक महत्वपूर्ण अंग रहा है और इसने एक चलते-फिरते दुर्ग की भूमिका अदा की है। भारतीय नरेश पुरु (पोरस) ने हाथी पर सवार होकर सिकंदर के साथ युद्ध किया था। चंद्रगुप्त मौर्य ने सेल्यूकस निकेटर को 500 हाथी भेंट किए थे। मुगलकाल के युद्धों में हाथियों का बड़े पैमाने पर इस्तेमाल हुआ है। अकबर और जहांगीर के पास कई हजार हाथी थे। एक तरफ मनोरंजन के लिए हाथियों को आपस में लड़ाया जाता था, तो दूसरी तरफ इनसे अपराधियों को रौंदकर मार डालने का भी काम लिया जाता था।

वर्तमान हाथी का विकास पिछले लगभग पचास लाख सालों से होता आ रहा है। विकासक्रम के दौर में इनकी कई जातियां लुप्त हो गई हैं। लुप्त हुई एक जाति थी—ऊनी मैमथ। इनके बदन पर लंबे काले बाल थे और इनके वर्तुलाकार दांत चार-पांच मीटर लंबे थे। इन दांतों से वे बर्फ को हटाकर जमीन से चारा प्राप्त करते

थे। करीब बीस हजार साल पहले की गुफाओं में पत्थर युग के मानव द्वारा बनाए गए ऊनी मैमथ के चित्र मिले हैं। साइबेरिया से इनके काफी सुरक्षित कई अवशेष भी मिले हैं। मानव द्वारा बड़े पैमाने पर मारे जाने के कारण ऊनी मैमथ करीब 10,000 साल पहले धरती से सदा के लिए लुप्त हो गए।

आज धरती पर हाथी की प्रमुखतः दो जातियां हैं : (1) अफ्रीकी हाथी, और (2) एशियाई या भारतीय हाथी। भारतीय हाथी भारत के अलावा श्रीलंका, म्यांमार, थाईलैंड, सुमात्रा आदि देशों में भी पाया जाता है। भारत में हाथी केरल, कर्नाटक, तमिलनाडु, उड़ीसा, बिहार, बंगाल, उत्तर प्रदेश, अरुणाचल प्रदेश, मिजोरम, नागालैंड और त्रिपुरा में पाए जाते हैं। पाकिस्तान में हाथी नहीं हैं। आज भारत में इनकी कुल संख्या 30,000 के आसपास है।

आदमी ने सबसे पहले कब और कहां हाथी को पालतू बनाया, इसके बारे में हमें कोई स्पष्ट जानकारी नहीं मिलती। विशेष बात यह है कि अधिकतर जंगली हाथियों को पकड़कर ही उन्हें पालतू बनाया जाता रहा। इनकी एक पालतू प्रजाति विकसित करने के प्रयास नहीं हुए। इस मामले में हाथी एक विशेष वन्य प्राणी है। जंगली हाथी को पकड़कर उसे पालतू बनाया जाए, तो वह ज्यादा आज्ञाकारी बनता है। यह बात विचित्र किंतु सत्य है।

चित्र 3.2 : राजघाट (वाराणसी) से प्राप्त मिट्टी के एक प्राचीन फलक पर अंकित मेले (सर्कस) का दृश्य, जिसमें चार हाथी एक रथारूढ़ हाथी को खींच रहे हैं।

हाथी सत्तर-अस्सी साल तक जीवित रहता है। जंगल में रहने वाले हाथियों की उम्र पालतू हाथियों की तुलना में अधिक होती है। हथिनी का गर्भकाल 19 से 22 महीनों तक रहता है और वह 15 से 60 साल की उम्र तक बच्चे दे सकती है। हथिनी का बच्चा जल्दी ही अपनी मां के साथ जंगल की सैर करने लग जाता है। हथिनी अपने बच्चे को बहुत प्यार और हिफाजत से रखती है। हाथियों की ऊंचाई ढाई-तीन मीटर तक होती है। बड़े हाथी का वजन 3500 किलोग्राम तक होता है। हाथी अमांसाहारी प्राणी है। एक जवान हाथी को प्रतिदिन 250 किलोग्राम से अधिक चारा (वट, पीपल आदि पेड़ों की डालें, बांस और अन्य घास-पत्ते) चाहिए। उसे प्रतिदिन लगभग 200 लीटर पानी की आवश्यकता होती है। हाथी की सूंघने की शक्ति तेज होती है, परंतु देखने की शक्ति उतनी ही मंद होती है।

हाथी के खाने के दांत और होते हैं, दिखाने के और। आगे निकले हुए लंबे दांत को ही 'हाथीदांत' कहते हैं। इन बहुमूल्य हाथीदांतों के कारण इन्हें बड़ी तादाद में मारा जाता रहा है, आधुनिक काल में तो और भी अधिक। सौभाग्य से भारतीय हथिनी के लंबे दांत नहीं होते। केवल नर हाथी के दांत होते हैं। पूर्वोत्तर भारत के कुछ प्रतिशत नर हाथी भी 'दंतैल' नहीं होते। हाथी के लंबे दांत के नोक वाले हिस्से को नाखून-जैसा साल-ब-साल काटते हैं। यह ठोस होता है। मगर इसका पीछे का भाग पोला रहता है। उसे काटने से हाथी को भयंकर पीड़ा होती है।

हाथी के अगले पांवों में पांच नाखून और पिछले पांवों में चार नाखून होते हैं। एक घंटे में हाथी मजे में पांच किलोमीटर की यात्रा कर ले सकता है। और, हाथी बिगड़ जाए, तो 40 किलोमीटर प्रति घंटे की रफ्तार से दौड़कर हमला कर सकता है। हाथी अच्छे तैराक होते हैं। वैसे, हाथी एक शांत और आलसी प्रकृति का प्राणी है। सामान्यतः हाथी खड़ा ही रहता है और खड़े-खड़े ही सोता भी है, कभी-कभी घोरता भी है। अपने खंभों-जैसे पैरों पर खड़ा रहने में उसे कष्ट नहीं होता। अन्य पशुओं की तरह वह जमीन पर कभी-कदा ही लेटता है। अक्सर देखा गया है कि हाथी मरकर भी खड़ा ही है!

हाथी-समूह में मादा (हथिनी) का महत्व सबसे अधिक होता है। हथिनी ही झुंड की मुखिया होती है। वह प्रायः सबसे वयोवृद्ध, सबसे बड़ी और सबसे होशियार होती है। उसके झुंड में दो-तीन मादाएं और कुछ बच्चे होते हैं। बच्चों को समूह के बीच में रखकर झुंड घेरा बनाकर चलता है। जब नर हाथी जवान होने लगते हैं, तो उन्हें झुंड से बाहर कर दिया जाता है। जवान नर हाथी प्रायः आजाद जीवन बिताता है। जब कोई मादा गर्भ धारण करने के लिए तैयार होती है, तभी लगभग एक-दो सप्ताह के लिए हाथी-हथिनी का सहवास रहता है।

चित्र 3.3 : ऊनी मैमथ–आज के हाथी का विलुप्त पूर्वज

नर हाथी मस्त हो जाने पर पूरे जंगल को अपनी चिंघाड़ों से गुंजा देता है। जब हाथी पूरी तरह जवानी पर आता है तो उसकी कनपटी से काले तेल-जैसा एक तरल पदार्थ बहने लगता है। इसे 'मद' कहते हैं। पालतू और जंगली हाथी, दोनों ही मद झरने के समय पागल हो उठते हैं। ऐसे हाथी को 'मदमाता हाथी' कहते हैं।

हाथी एक बुद्धिमान जानवर है। वह अनुशासन को बहुत मानता है। महावत की आज्ञा को सिर झुकाकर स्वीकार करता है। भलीभांति प्रशिक्षित हाथी करीब 40 आदेशों के शब्दों का पालन कर सकता है। देखा गया है कि वह अपने बदन के उन अंगों को लकड़ी लेकर खुजलाता है जहां उसकी सूंड नहीं पहुंच सकती। हाथी की याददाश्त भी बहुत तेज होती है। एक सच्ची घटना है कि एक प्रशिक्षित हाथी जंगल में भाग गया। चार साल बाद उसे पकड़ा गया तो वह उन 40 आदेशों में से एक भी नहीं भूला था जो पालतू बनाते समय उसे सिखाए गए थे!

जंगल में प्रमुखतः दो तरीकों से हाथियों को पकड़ा जाता था। एक तरीका यह था कि बड़े-बड़े गड्ढे बनाकर उन्हें ढक दिया जाता था। हाथी उस पर चलकर धड़ाम से नीचे गिर पड़ता था। फिर उसे जंजीरों से बांधते थे और घर लाकर उसे अंकुश मार-मारकर सीधा करते थे, अनुशासन सिखाते थे, पालतू बना लेते थे।

हाथी पकड़ने का एक अन्य तरीका अभी कुछ दशक पहले तक कर्नाटक में प्रचलित रहा है। जंगल में एक लंबा-चौड़ा घेरा बनाकर उसे मजबूत लकड़ियों या तार से पूरी तरह घेर देते हैं। उसमें एक चौड़ा रास्ता खुला छोड़ देते हैं। फिर बहुत-से आदमी ढोल बजाते हुए हाथियों के झुंड को उस घेरे में पहुंचा देते हैं। फिर हाथी पकड़ने वाले व्यक्ति पालतू हाथियों पर सवार होकर उस घेरे में पहुंचते हैं और जंगली हाथियों को जंजीरों से बांध देते हैं। फिर उन्हें हथसारों में लाकर पालतू बनाया जाता है। हाथी पकड़ने की इस क्रिया को 'खेदा' कहते हैं। 'खेदा' शब्द 'खड्डा' से बना है।

हाथी ही वस्तुतः जंगल का राजा है। बाघ या तेंदुआ शायद ही कभी हाथी पर हमला करने की हिम्मत करता हो। हां, बाघ हाथी के अकेले पड़े बच्चे का शिकार कर सकता है। हाथी मच्छर-जैसे छोटे जीवों से बहुत परेशान रहता है। कीटों और मच्छरों से मुक्ति पाने के लिए वह अपने बदन पर धूल फेंकता है, पानी में नहाता है। छोटे चूहे हाथी की सूंड में घुसकर उसके प्राण तक ले सकते हैं। प्राचीन काल में हमारे देश में हाथी के रोगों के बारे में पुस्तकें (हस्ति आयुर्वेद) लिखी गई थीं।

चित्र 3.4 : पानी पीकर लौट रहे तीन जंगली हाथी

लेकिन आज हाथी का सबसे बड़ा शत्रु है—मानव। हाथी की हत्या पर कानूनी पाबंदी है, इसे संकटग्रस्त प्राणी घोषित किया गया है। फिर भी, कीमती हाथीदांत के लिए इनकी हत्या के समाचार आए दिन अखबारों में पढ़ने को मिल जाते हैं। अभयारण्यों में भी हाथी सुरक्षित नहीं हैं। वहां भी चोरी-छिपे इनकी हत्या होती रहती है। असम और उत्तरांचल में रेलपथ अभयारण्यों में से गुजरते हैं। यहां हाथी अक्सर रेलगाड़ी से कटकर मर जाते हैं।

हाथी पिछले करीब पांच हजार वर्षों से मानव-समाज की सेवा करता आ रहा है। इसने राजा-महाराजाओं और साधुओं तथा गरीबों की समान रूप से सेवा की है। इसने एक तरफ युद्धों में विजय दिलाई है, तो दूसरी तरफ हमारे मंदिरों और उत्सवों की शोभा भी बढ़ाई है। एक तरफ इसने सर्कसों में हमारा मनोरंजन किया है, तो दूसरी तरफ इसकी हमने पूजा भी की है। जंगल का कोई भी अन्य जीवित प्राणी मानव से इतना घुला-मिला नहीं, जितना कि हाथी। गज-गाथा बहुत बड़ी है। जिस देश में गणेश की पूजा होती है, वहां हाथी का अस्तित्व हमेशा कायम रहना चाहिए। इस तरह हाथी हमारा चिर साथी है।

2. गैंडा

उसका नाम ढाबू था। आयु थी 31 साल। बीस साल पहले उसे असम से यहां दिल्ली लाया गया। रोज सैकड़ों लोग उसका दर्शन करते थे। मगर अठारह महीने पहले एक दिन सुबह अचानक उसकी मृत्यु हो गई। उसके शव की प्रारंभिक परीक्षा की गई तो पता चला कि किसी संक्रामक रोग से उसकी अंतड़ियां खराब हो गई थीं। उसे बेहद पीड़ा हो रही थी। अंत में दीवार पर सिर मार-मारकर उसने जान दे दी।

ढाबू की एक संगिनी थी। नाम था मोहिनी। उम्र थी 20 साल। उसे भी अंतड़ियों का संक्रामक रोग हो गया था। वह खड़ी नहीं रह पा रही थी। उस दिन सुबह ढाबू की मृत्यु हो गई, तो डाक्टर और उनके सहयोगी मोहिनी को बचाने में जुट गए। उसे लवण-जल (सेलाइन) दिया गया। लेकिन कोई लाभ नहीं हुआ। उसी दिन सायंकाल को मोहिनी भी चल बसी।

ढाबू और मोहिनी किसी पुरुष और स्त्री के नाम नहीं हैं। ये क्रमशः नर-गैंडा और मादा-गैंडा के नाम हैं। दिल्ली के चिड़ियाघर में कुल चार गैंडे थे। ढाबू और मोहिनी के मर जाने के बाद अब वहां दो ही गैंडे बचे हैं—अठारह साल की अयोध्या और चौदह साल की महेश्वरी। ये दोनों ही मोहिनी की संतानें हैं।

चित्र 3.5 : दिल्ली के चिड़ियाघर में मोहिनी नामक गैंडा का मरने से पहले चल रहा इलाज

स्पष्ट है कि चिड़ियाघरों में भी वन्य प्राणियों का जीवन सुरक्षित नहीं है। दिल्ली के चिड़ियाघर की ही एक और घटना से इस बात की पुष्टि होती है। सन् 1987 के एक दिन की बात है। बच्चे को जन्म देती हुई एक गैंडी मर गई। दिल्ली चिड़ियाघर के पास से ही प्रतिदिन कई दर्जन

रेलगाड़ियां गुजरती हैं। गैंडी की मौत के कारणों की जांच-पड़ताल करने के बाद चिड़ियाघर के निदेशक ने बताया कि प्रसव के समय पास से ही एक रेलगाड़ी धरती को धड़धड़ कंपाती हुई गुजर रही थी। प्रसव की पीड़ा झेल रही गैंडी रेलगाड़ी की तेज आवाज को सहन नहीं कर सकी। दिमागी तनाव से वह मर गई।

अपने प्राकृतिक आवास में भी गैंडे कभी सुरक्षित नहीं रहे। वजह यह है कि प्राचीन काल से यह विश्वास प्रचलित रहा कि गैंडे के शरीर का प्रत्येक भाग–खासकर इसका सींग–विभिन्न रोगों की रामबाण औषधि है। एशिया के कई देशों में माना जाता रहा, आज भी माना जाता है, कि गैंडे के सींग से बने पात्र में यदि विष भी डाला जाए तो वह बेअसर हो जाता है। इसलिए एशिया के बहुत-से बादशाह इसके सींग के प्यालों का प्रयोग किया करते थे। इसके सींग का चूरण अनेक रोगों की दवा माना जाता रहा है। इसका मांस भी खाया जाता है। पुराने जमाने में गैंडे की खाल से ढाल बनाई जाती थी।

गैंडे के सींग में चमत्कारी गुण होने के विश्वास के कारण इन्हें प्राचीन काल से ही बड़ी संख्या में मारा जाता रहा है। आज इसे मारना, इसके सींग को या अन्य किसी अंग को पास में रखना या उसका कारोबार करना दंडनीय अपराध है। फिर भी इसे चोरी-छिपे मारा जाता है और इसके सींग को गैर-कानूनी तरीकों से बेचा जाता है। चोर-बाजार में गैंडे के एक किलोग्राम सींग की कीमत कई लाख रुपए है। गैंडे का सींग सोने से भी मंहगा होता है।

चित्र 3.6 : गैंडा

एक समय था जब गैंडा संसार के अधिकांश हिस्सों में पाया जाता था। लेकिन अमरीका, यूरोप और उत्तर एशिया से इसका पूर्णतः लोप हो गया है। सारी दुनिया में अब गैंडे की केवल पांच जातियां पाई जाती हैं। इनमें तीन जातियां दक्षिण एशिया में और दो जातियां अफ्रीका में हैं। एशियाई तीन जातियां हैं : (1) एक सींग वाला भारतीय गैंडा, जो असम, पश्चिम बंगाल और नेपाल में मिलता है; (2) जावा का गैंडा; और (3) दो सींग वाला सुमात्रा का गैंडा, जो स्याम और मलाया में भी पाया जाता है। अफ्रीकी गैंडे की दो जातियां हैं : (1) अफ्रीका का दो सींग वाला काला गैंडा; और (2) अफ्रीका का दो सींग वाला सफेद गैंडा।

इन पांच जातियों में सबसे बड़ा अफ्रीका का सफेद गैंडा है। फिर भारतीय गैंडे का नंबर आता है और उसके बाद अफ्रीका के काले गैंडे का। इनके बाद क्रमशः जावा और सुमात्रा के गैंडे के स्थान हैं। अभी सौ साल पहले तक जावा और सुमात्रा की जाति वाले गैंडे भारत में भी पाए जाते थे। एक सींग वाले भारतीय जाति के जो गैंडे बचे हैं उनकी कुल संख्या अब 2000 के आसपास होगी।

चित्र 3.7 : एक सींग वाला भारतीय गैंडा

किसी समय लगभग समूचे उत्तर भारत में गैंडे पाए जाते थे। चंडीगढ़ के नजदीक के पिंजौर स्थान से चार लाख साल पहले के गैंडे के जीवाश्म (पत्थर बने अवशेष) मिले हैं। ऐसे ही जीवाश्म गुजरात के भावनगर जिले से भी मिले हैं। करीब दस हजार साल पहले के गुफाचित्रों में भी गैंडा चित्रित है। घोड़ामांगर (मिर्ज़ापुर जिला, उत्तर प्रदेश) गांव के पास की एक गुफा में गैंडे के शिकार का चित्रांकन है। उसमें एकसाथ कई आदमियों को एक सींग वाले गैंडे पर भालों से आक्रमण करते हुए दिखाया गया है। गैंडे ने उनमें से एक आदमी को अपने सींग से ऊपर उछाल दिया है।

सिंधु सभ्यता (2600-1750 ई. पू.) के लोग गैंडे से भलीभांति परिचित थे। मोहेंजोदड़ो से ऐसी कई मुहरें मिली हैं जिन पर गैंडा अंकित है। वहां से मिट्टी के बने गैंडे का एक खिलौना भी मिला है। महाराष्ट्र के अहमदनगर जिले के दायमाबाद स्थान से चार छोटे पहियों की गाड़ी पर खड़े किए गए गैंडे की कांसे की एक मूर्ति मिली है, जो करीब चार हजार साल पुरानी है। लगता है कि सिंधु सभ्यता के लोग गैंडे को एक मंगलकारी पशु मानते थे।

चित्र 3.8 : घोड़ामांगर (मिर्जापुर जिला) की प्रागैतिहासिक गुफा में गैंडे के शिकार का चित्रांकन

प्राचीन काल से ही गैंडे का शिकार किया जाता रहा है। कवि कालिदास (लगभग 400 ई.) ने अपने 'रघुवंश' में राजा दशरथ द्वारा क्षरप्र (खुरपा) फेंककर गैंडे का शिकार किए जाने का वर्णन किया है। लेकिन गुप्त वंश के राजा इस शिकार में तलवार का प्रयोग करते थे। कुमारगुप्त-प्रथम (414-55 ई.) का सोने का एक ऐसा सिक्का मिला है जिस पर उसे तलवार से गैंडे का शिकार करते हुए दिखाया गया है। राजा घोड़े पर सवार है और

चित्र 3.10 : कुमारगुप्त-प्रथम का सोने का सिक्का, जिस पर उसे तलवार से गैंडे का शिकार करते हुए दिखाया गया है।

तलवार से गैंडे पर प्रहार कर रहा है। सिक्के पर जो लेख (भर्त्ता खड्गत्राता कुमारगुप्तो जयत्यनिशं) है उसमें 'खड्ग' शब्द का अर्थ तलवार तथा गैंडा, दोनों होता है। एक अर्थ है—कुमारगुप्त तलवार से रक्षा करता है। दूसरा अर्थ है—कुमारगुप्त गैंडे के आतंक से बचाता है।

उन्नीसवीं सदी के मध्य तक उत्तर भारत के कई भागों में गैंडे देखने को मिल जाते थे। बाबर ने 16 फरवरी, 1519 को सिंधु नदी के पास के जिस जंगल में गैंडे का शिकार किया था वह 'कर्ग-खाना' (गैंडों का घर) कहलाता था। पता चलता है कि अकबर के समय में, सत्रहवीं सदी में, गैंडा दिल्ली के आसपास भी देखने को मिल जाता था। अबुल फजल ने 'आईन-ए-अकबरी' में लिखा है कि गैंडे की खाल इतनी मजबूत होती है कि इसको तीर नहीं बींध सकता। इससे छाती की रक्षा के लिए कवच, ढालें तथा इसी प्रकार की अन्य चीजें बनाई जाती हैं।

अंग्रेजों के शासन में गैंडा और अन्य वन्य प्राणियों के शिकार में खूब वृद्धि हुई। राजे-रजवाड़े बंदूक का उपयोग करके सैकड़ों की संख्या में गैंडों को मारने लगे। तीस साल की अवधि में कूच बिहार के महाराजा ने बंगाल और असम में 207 गैंडे मारे थे। नेपाल के राणाओं ने भी बड़ी संख्या में गैंडों का वध किया। बडोदरा के महाराजा को अखाड़े में गैंडों को लड़ाने का शौक था।

भारत में गैंडे अब प्रमुखतः असम के काजीरंगा राष्ट्रीय अभयारण्य में ही पाए जाते हैं। सन् 1908 में वहां मात्र 12 गैंडे बचे हुए थे। जनवरी 1973 में इसे राष्ट्रीय अभयारण्य घोषित किया गया। अब वहां गैंडों की संख्या 1600 तक पहुंच गई है। असम के जंगलों में और उत्तरी बंगाल में भी यत्र-तत्र गैंडे पाए जाते हैं। इनके शिकार पर पाबंदी लगी हुई है। फिर भी चोरी-छिपे इनकी हत्याएं होती रहती हैं। मुख्य वजह है, चोर-बाजार में गैंडे के सींग की बेशुमार कीमत।

प्राचीन संस्कृत साहित्य में गैंडे के लिए अधिकतर 'खड्ग' शब्द का प्रयोग हुआ है। 'खड्ग' का अर्थ है—तलवार। गैंडे की नाक पर उगने वाले सींग की आकृति तलवार की तरह होती है, इसीलिए उसे यह नाम मिला है। गैंडे की खाल पर गुमटी जैसे उभार पड़े होते हैं, इसलिए उसे 'गंड' या 'गंडक' भी कहा जाता था। इसी से गैंडा शब्द बना है। भारतीय गैंडे का जीव-वैज्ञानिक नाम है—ह्निनोसेरोस यूनिकॉर्निस, जिसका अर्थ हुआ ऐसा प्राणी जिसकी नाक पर एक सींग है। यूनानी भाषा में ह्निनोस् का अर्थ नाक और केरोस् का अर्थ सींग है।

गैंडा विशाल आकार का खुरदार स्तनपायी प्राणी है, जिसका घोड़े से दूर का रिश्ता है। हाथी के बाद धरती पर विचरने वाला यही सबसे बड़ा प्राणी है। गैंडे का भार 2000 से 3000 किलोग्राम तक होता है। कंधे पर इसकी ऊंचाई लगभग

चित्र 3.9 : सिंधु सभ्यता की मुहरें, जिन पर गैंडा अंकित है

दो मीटर और थूंथनी से पूंछ के सिरे तक लंबाई लगभग सवा तीन मीटर होती है। गैंडे के पैर छोटे, गठीले और खंभे जैसे होते हैं। प्रत्येक पैर में खुरनुमा नाखून वाली तीन उंगलियां होती हैं। टांगों के ऊपर के शरीर पर ढाल जैसी मजबूत खाल की तहें होती हैं। खाल बहुत मोटी और काले-सलेटी रंग की होती है। शरीर के कंधों और पिछले भागों में खाल पर बहुत-सी गोल-गोल गांठें-सी उभरी होती हैं।

गैंडे की खाल करीब पौने दो सेंटीमीटर मोटी होती है। बंदूक की साधारण गोली भी इसके चमड़े को छेद नहीं सकती। गोली जब इसकी कनपटी पर लगती है तभी कारगर होती है।

गैंडे का विशेष अंग है उसका सींग। मगर गैंडों के सींग उस तरह की हड्डियों के नहीं होते जैसे कि गाय-बैल या भैंस के होते हैं। दरअसल, यह सींग नहीं, बल्कि आपस में कसकर चिपके हुए बालों का समूह है। यह सींग मस्तक की हड्डी से जुड़ा हुआ नहीं होता। यह मांस के अंदर तक ही गया होता है। सींग की लंबाई 30 से 40 सेंटीमीटर तक होती है। यह आजीवन बढ़ता रहता है और टूट जाने पर एक बरस के बाद वहां पुनः नया सींग उगना शुरू हो जाता है। दुनिया के अनेक देशों की प्राचीन कथाओं में एक सींग वाले अनोखे पशु के बारे में जानकारी मिलती है। इसे एकश्रृंग (यूनिकॉर्न) कहते थे। सिंधु सभ्यता की कई मुहरों पर एकश्रृंग का अंकन है। एकश्रृंग संभवतः भारतीय गैंडा ही रहा है।

गैंडे की निगाह कमजोर होती है। परंतु उसकी सूंघने की शक्ति बहुत प्रबल होती है और वह अच्छी तरह सुन भी सकता है। गैंडा अधिकतर अकेला रहना

पसंद करता है, परंतु कभी-कभी यह झुंडों में भी रहता है। यह दलदली क्षेत्रों और घास के मैदानों में रहना पसंद करता है। यह रात में विचरण करता है और दिन भर पानी या कीचड़ में लेटा रहता है। कीचड़ में लेटने के दो लाभ हैं—एक तो काटने वाली मक्खियों से खाल की रक्षा होती है और दूसरे उसके शरीर का तापमान संतुलित बना रहता है। गैंडा गरमी और लू जल्दी खा जाता है। इसके बदन पर अक्सर पक्षी बैठे हुए नजर आते हैं। इसमें उसका फायदा है। ये पक्षी गैंडे के बदन पर पैदा होने वाले छोटे-छोटे कीड़े खाते रहते हैं।

गैंडा स्वभाव से खूंखार जानवर नहीं है। लेकिन यह आदमी को अपना दुश्मन मानता है। हाथी भी गैंडे से डरता है। यह हाथी पर सवार आदमी को लगभग 10 मीटर नजदीक आने दे सकता है। परंतु यदि कोई इसके बहुत नजदीक पहुंच जाए तो यह उस पर हमला कर देता है। छोटी टांगें और भारी-भरकम शरीर होने पर भी यह उछलता हुआ लगभग 45 किलोमीटर प्रति घंटे के वेग से दौड़ सकता है, झटपट मुड़ सकता है। बाघ गैंडे से दूर ही रहना पसद करता है। इस बात को हिरन और भैंस भली प्रकार जानते हैं, और इसीलिए वे प्रायः गैंडे के आसपास ही चलते-फिरते हैं।

गैंडा पेड़ों की टहनियां, कोपलें, घास आदि खाने वाला शाकाहारी पशु है। यह 60-70 साल तक जीवित रहता है। गैंडी तीन या चार साल में एक बार गर्भ धारण करती है। गर्भधारण का समय लगभग 19 महीने होता है और एक बार में एक ही बच्चा पैदा होता है। गैंडे का बच्चा अपनी मां के साथ करीब तीन-चार साल तक रहता है।

अब धरती पर गैंडा ही एक सींग वाला एकमात्र प्राणी है। बड़ी संख्या में मारे जाने के कारण इसकी केवल पांच जातियां ही शेष बची हैं। इनमें भारतीय जाति के लुप्त हो जाने की संभावना सबसे ज्यादा है।

3. जंगली सांड (गौर) और जंगली भैंसा

गाय-बैल, भैंसे, बकरे और भेड़—ये सभी एक ही जाति के पशु हैं। गायों और भैंसों का मूल स्थान उत्तरी एशिया है। वहां से ये यूरोप की ओर फैले। वहीं से ये कई हजार साल पहले, जब अमरीका और एशिया के बीच का 'बेरिंग जल-संयोजक' आज से अधिक संकरा और उथला या जमा हुआ था, उत्तरी अमरीका महाद्वीप में पहुंच गए थे। बाद में ठंडे प्रदेश के इन प्राणियों का प्रवेश दक्षिण एशिया के गर्म देशों में भी हुआ।

भारत में ये कब और कैसे आए, बताना कठिन है। किंतु इतना निश्चित है कि यहां इनका निवास हजारों वर्षों से है। हमारे देश के दस-पंद्रह हजार साल पहले के गुफाचित्रों में इनका अंकन देखने को मिलता है। चार-पांच हजार साल पहले की सिंधु सभ्यता की मुहरों पर भी इन्हें उकेरा हुआ देखा जा सकता है। विशेष बात यह है कि सिंधु सभ्यता की मुहरों पर दोनों ही प्रकार के—कूबड़दार (ककूद या डिल्ले वाले) और बिना कूबड़ के—सांड (बैल) पाए जाते हैं। परंतु आज बिना कूबड़ वाले पालतू बैल हमारे यहां कहीं देखने को नहीं मिलते। पता नहीं कैसे गायब हो गए।

चित्र 3.11 : कान्हा अभयारण्य (मध्य प्रदेश) का एक शानदार गौर (अरण्य वृषभ)

अवश्य ही शुरू में सभी गाय-बैल और भैंसे जंगली रहे होंगे। धीरे-धीरे कुछ पालतू बन गए और कुछ जंगली बने रह गए। जंगल में रह गए भैंसे को जंगली भैंसा (वैज्ञानिक नाम 'बुबालुस बिबालिस्') कहते हैं। कहीं-कहीं गांव के लोग जंगली भैंसे को 'अरणा' और जंगली भैंस को 'अरणी' भी कहते हैं। ये दोनों ही शब्द अरण्य (जंगल) से बने हैं।

जो सांड जंगल में रह गए उनकी संतान को आज 'गौर' (वैज्ञानिक नाम 'बॉस गौरुस्') यानी अरण्यवृषभ कहते हैं। यूरोप और अमरीका में इन्हें 'बाइसन' कहते हैं। तिब्बत, लद्दाख और कुमाऊं के उत्तरी भाग में पाए जाने वाले जंगली याक गौर के ही भाई-बंद हैं। इन्होंने अपने को हिमालय के ठंडे और बर्फीले वातावरण के अनुरूप बना लिया है। लोगों ने सदियों पहले इन्हें पालतू बना लिया था। याक से दूध, मांस, चमड़ा आदि तो मिलता ही है, बोझा ढोने के लिए भी इनका इस्तेमाल होता है।

गौर यानी अरण्यवृषभ स्वभाव से संकोची होते हैं और घने जंगलों में रहना पसंद करते हैं। इन्हें मानव बस्तियों और खेतों की फसल से कोई वास्ता नहीं होता। इनका प्रिय भोजन है बांस की नन्हीं टहनियां और कोमल पत्ते। जंगल में यदि सांड जैसा कोई तगड़ा पशु बांस की डाल को झुका-झुकाकर मस्ती से उसके पत्ते खा रहा है, तो समझ लीजिए कि वह गौर ही है।

गौर छह से 12 तक के झुंड में केरल, कर्नाटक, तमिलनाडु, मध्य प्रदेश, बिहार, उड़ीसा, अरुणाचल, असम, मिजोरम और नागालैंड के घने जंगलों में पाए जाते हैं। ये घुमक्कड़ स्वभाव के पशु हैं, इसलिए ज्यादा दिनों तक एक जगह नहीं ठहरते। इनका झुंड नए वन और नए चरागाह की खोज में विचरता रहता है।

गौर चमकीले काले रंग का भारी-भरकम पशु है। इसकी टांगें अपेक्षाकृत कुछ छोटी और निचले पैर सफेद होते हैं। सिर गोल, थुथनी बड़ी, आंखें छोटी, आंखों के सामने का सारा सिर छोटे घने बालों से ढका हुआ, कान बड़े, हल्का-सा कूबड़, गले के नीचे का चमड़ा ढीला-ढाला, भारी अर्ध-बेलनाकार सींग—संक्षेप में यही है इस शानदार जंगली पशु का रंग-रूप। मादा-गौर का सिर अधिक पतला और सुंदर होता है और कूबड़ भी नहीं होता। सींग भी उसके छोटे होते हैं।

झुंड में नर-गौर का वर्चस्व रहता है। परंतु उन्हें आपस में सचमुच में लड़ते बहुत कम देखा गया है। बूढ़े नर-गौर अक्सर अकेले या जोड़े में भी विचरण करते हैं। गौर बड़ी तेजी से भागते हैं। थोड़े ऊंचे कूबड़ वाले गौर काफी खतरनाक होते हैं; मनुष्य को अकेला पाकर उस पर हमला कर बैठते हैं। किसी कवि ने कहा भी है—

जाता उच्च ककुद का उद्धत वृषभ एक बलवान,
होते कौन अग्रसर उसकी ओर गंवाने जान।

गौर ऐंथ्रेक्स और रिंडरपेस्ट जैसे रोगों के आसानी से शिकार हो जाते हैं। इन रोगों के कारण पिछले कुछ दशकों में बांदीपुर (कर्नाटक), पेरियार (केरल) और कान्हा (मध्य प्रदेश) के अभयारण्यों में इनकी संख्या काफी घट गई है। बाघ बड़े गौर पर हमला करने की हिम्मत नहीं कर सकता। परंतु गौर के दो साल तक के बच्चे अक्सर बाघ का शिकार बन जाते हैं। यही वजह है कि बांधवगढ़ (मध्य प्रदेश) के अभयारण्य में गौर के छोटे झुंड में वृद्धि नहीं हो पाई है।

शुरू में हमने बताया कि जंगली वृषभ (बाइसन) एशिया से ही अमरीका में पहुंचे थे। अभी दो-ढाई सौ साल पहले तक उत्तरी अमरीका के मैदानों में लाखों की संख्या में बाइसन मौजूद थे। अमरीका के मूल निवासी भी इन्हें मारते थे। मगर यूरोप से अमरीका में जाकर बसे लोगों ने बंदूकों का उपयोग करके वहां के लगभग सारे बाइसनों का सफाया कर डाला। यूरोप में भी ऐसा ही हुआ। हमें प्रयत्न करने होंगे कि हमारे पालतू गाय-बैल के ये जंगली पूर्वज भारत में सदैव टिके रहें। अभी कुछ दिन पहले नोह् नामक एक दुर्लभ नर-गौर को क्लोन करने में सफलता मिली है। विशेष बात यह है कि इस क्लोन का विकास एक पालतू गाय के गर्भ में हुआ।

जंगली भैंसे और पालतू भैंसे में बड़ी समानता है। पालतू भैंसा हमारा चिर-परिचित प्राणी नहीं होता, तो जंगली भैंस-भैंसे की गिनती दुनिया के सबसे सुंदर और शानदार पशुओं में होती। रंग-रूप में ये पालतू भैंस-भैंसे जैसे ही होते हैं। हां, इनकी पालतू जाति की अपेक्षा ये अधिक तगड़े तथा भारी शरीर वाले होते हैं। इनके सींग भी बहुत लंबे होते हैं—आज दुनिया में जीवित बचे पशुओं में शायद सबसे लंबे। भैंसे की अपेक्षा भैंस के सींग अधिक लंबे, किंतु कुछ पतले होते हैं। सींग या तो अर्ध-वृत्ताकार में ऊपर की ओर मुड़े होते हैं या समतल में पीछे की ओर फैले होते हैं। एक बड़े भैंसे का वजन 900 किलोग्राम से भी ज्यादा हो सकता है।

सिंधु सभ्यता की मुहरों पर जंगली भैंसे का अंकन देखने को मिलता है, जिससे पता चलता है कि आज से करीब साढ़े चार हजार साल पहले ये गंगा, ब्रह्मपुत्र, नर्मदा और गोदावरी तट के घास के जंगलों में भी पाए जाते थे। परंतु अब ये ब्रह्मपुत्र के समीप के काजीरंगा व मनास अभयारण्य, नेपाल की तराई, छत्तीसगढ़ के बस्तर क्षेत्र और पूर्वी महाराष्ट्र के इलाके तक ही सीमित रह गए हैं। एक अनुमान के अनुसार, पूरे भारतीय महाद्वीप में अब जंगली भैंसों की संख्या 2000 से अधिक नहीं है।

चित्र 3.12 : काजीरंगा अभयारण्य के जंगली भैंसे

जंगली भैंसों की संख्या घटने के कई कारण हैं। पालतू भैंसे की तरह जंगली भैंसे भी जलविहार के शौकीन होते हैं, इसलिए ये नदी-नाले के नजदीक के घास के जंगल में रहना पसन्द करते हैं। परंतु घास के पुराने जंगल अब अधिकतर कृषिभूमि में बदल गए हैं। इससे इनके आवास-क्षेत्र सीमित हो गए। गर्मियों में ये घास और पानी की तलाश में दूर-दूर तक चले जाते हैं, गांव के खेत में घुसकर फसल चट कर जाते हैं। इसलिए इन्हें ग्रामवासियों का कोप भी झेलना पड़ता है।

चित्र 3.13 : सिंधु सभ्यता की मुहर पर गौर का अंकन

वैसे जंगली भैंसा बड़ा ही खूंखार जानवर है। यह अक्सर बाघ से भिड़ जाता है और उसे भगाकर ही दम लेता है। जब यह क्रोध में होता है, तो पांव से मिट्टी कुरेदने लगता है। बाघ द्वारा हमला किए जाने पर जंगली

भैंसे अपने बछड़ों को बीच में रखकर शत्रु का कड़ा मुकाबला करते हैं। फिर भी यदा-कदा बाघ जंगली भैंस के बछड़े को धर दबोचने में सफल हो ही जाते हैं।

जैसा कि हमने पहले बताया है, जंगली भैंसे और पालतू भैंसे में बड़ी समानता है—शारीरिक ही नहीं, आनुवांशिकी की दृष्टि से भी। जब कोई जंगली भैंसा पालतू भैंस के संपर्क में आता है, तो उसके मेल से पैदा होने वाला बछड़ा जन्म के समय ही काफी बड़ा होता है। अतः उसे जन्म देने में पालतू भैंस को भयंकर कष्ट झेलना पड़ता है। अक्सर ऐसा भी होता है कि जंगली भैंसा पालतू भैंस को अपने साथ भगा ले जाता है और फिर वह उसे वापस नहीं लौटने देता। इससे पशुपालक का बड़ा नुकसान होता है, इसलिए वह जंगली भैंसों का जानी दुश्मन बन जाता है। इसलिए भी जंगली भैंसों की संख्या लगातार घटती गई है।

लेकिन भविष्य के लिहाज से जंगली भैंसे का बड़ा महत्व है। विशेष रूप से इसलिए कि आनुवांशिकी की दृष्टि से यह दक्षिण एशिया के सबसे महत्वपूर्ण पशु (भैंस-भैंसा) का सबसे निकट का संबंधी है। फिर भी भारत में अब यह संकटावस्था पर पहुंच गया है, सदा के लिए लुप्त हो जाने की स्थिति में है। इसको बचाने के हरसंभव प्रयास किए जाने चाहिए।

4. कच्छ का जंगली गधा

गधा एक बहुत ही उपयोगी प्राणी है, मगर अपनी कुछ आदतों के कारण नासमझी और मूर्खता का प्रतीक बन गया है। नासमझ आदमी को अक्सर 'गधा' कह दिया जाता है। गधे के स्वभाव के बारे में बहुत सारी कहावतें हैं, कहानियां हैं। 'हितोपदेश' में कहानी है–

हस्तिनापुर में एक धोबी था। उसके पास एक गधा था। बहुत दिनों तक भारी बोझा ढोते-ढोते गधा थक गया, मरने को हो गया, तो धोबी ने उसके बदन पर बाघ की खाल डालकर उसे गांव के नजदीक के एक खेत में चरने के लिए खुला छोड़ दिया। खेत का मालिक उसे बाघ समझकर भाग जाता था। तब गधा खेत में बेरोक-टोक चरता रहता। यह सिलसिला कई दिनों तक चलता रहा। गधा खूब तगड़ा हो गया। खेत के मालिक को नकली बाघ के बारे में कुछ शक हुआ। एक दिन वह सफेद कंबल ओढ़कर और तीर-धनुष लेकर खेत में पहुंचा। गधे ने समझा कि वह कोई दूसरा गधा ही है। वह जोर-जोर से रेंकते हुए उसकी ओर दौड़ने लगा। किसान ने फौरन जान लिया कि वह बाघ नहीं है और उसे मार डाला।

बोझा ढोने के लिए पालतू गधे बड़े उपयोगी सिद्ध हुए हैं। जिन देशों में घोड़े नहीं होते या जहां गरीबी के कारण लोग घोड़ों का उपयोग नहीं कर सकते, वहां बोझा ढोने और सवारी के लिए गधों का बड़े पैमाने पर उपयोग होता है। ये प्राणी धूप में और प्रतिकूल परिस्थितियों में भी काम करते हैं। लेकिन काम यदि इनकी

चित्र 3.14 : जंगली गधा

चित्र 3.15 : कच्छ के रण में जंगली गधों का एक झुंड

ताकत से बाहर का हो, तो ये अड़ जाते हैं, खड़े रह जाते हैं। इनके साथ कठोर व्यवहार किया जाए, तो उसका ये विरोध करते हैं। इसीलिए शायद गधों को अड़ियल और मूर्ख समझा गया है।

गधा अश्वकुल (ईक्विडी) के अंतर्गत ईक्वस वंश का प्राणी है। घोड़ा और जेबरा भी इसी कुल के प्राणी हैं, इसलिए ये गधे के नजदीकी रिश्तेदार हैं। एशिया में मंगोलिया व तिब्बत से लेकर सीरिया तक और उत्तर तथा पूर्वी अफ्रीका में जंगली गधे पाए जाते हैं। अनुमान है कि आज से करीब 10,000 साल पहले मनुष्य गधे को पालतू बना चुका था। पहली बार संभवतः मिस्र में ही गधे को पालतू बनाया गया था। आज से पांच हजार साल पहले मिस्र के लोग बोझा ढोने और सवारी के लिए गधे का बड़े पैमाने पर उपयोग करते थे। जानकारी मिलती है कि ईसा मसीह गधे पर बैठकर ही येरूसलम गए थे।

सिंधु सभ्यता (लगभग 2600-1900 ई. पू.) में भी बोझा ढोने के लिए गधे का व्यापक उपयोग होता था। राना घुंडई (बलूचिस्तान), हड़प्पा (पाकिस्तान), कालिबंगा (राजस्थान) और रंगपुर (गुजरात) की खुदाई में गधे के अवशेष मिले हैं। वैदिक साहित्य में भी गधे (संस्कृत में गर्दभ, रासभ) के उल्लेख हैं। आयुर्वेद के पुराने ग्रंथों में गधे की लीद के औषधीय गुण बताए गए हैं। भरहुत के एक शिल्प में दो गधों का अंकन है। उज्जैन में सदियों से गधों का मेला लगता आ रहा है।

गधों का एक और महत्वपूर्ण योगदान है—खच्चर (खेचर)। गधा और घोड़ी के संयोग से पैदा होने वाले संकर प्राणी को 'खच्चर' कहते हैं। मजबूत टांगों वाला यह जानवर पहाड़ के संकरे रास्तों पर भारी बोझा ढोने के लिए बड़ा उपयोगी सिद्ध हुआ

है। घोड़े और गधी के संयोग से पैदा होने वाले संकर प्राणी को 'हिनी' कहते हैं, लेकिन ये बहुत ही कम पाए जाते हैं और खच्चर से छोटे भी होते हैं।

एशिया के जंगली गधे की पांच उपजातियां हैं। इनमें भारतीय उपजाति के जो जंगली गधे हैं उनका वैज्ञानिक नाम ईक्वस हेमिओनस खर (संक्षेप में 'खर') है और अब इनका आवास कच्छ के रण (गुजरात) तक ही सीमित है। लगभग दो सौ साल पहले ये ईरान से लेकर पश्चिमोत्तर भारत तक विचरण करते पाए जाते थे। डेढ़ सौ साल पहले ये ईरान से लुप्त हो गए। करीब सौ साल पहले ये राजस्थान के जैसलमेर तथा बीकानेर क्षेत्र से और पाकिस्तान में सिंध तथा बलूचिस्तान से भी लुप्त हो गए। अब ये केवल कच्छ के छोटे रण में ही बचे हुए हैं।

प्रख्यात पक्षिविज्ञानी सालिम अली (1896-1987 ई.) ने सन् 1946 में पहली बार कच्छ के इन जंगली गधों का सर्वेक्षण किया था। उन्होंने इनकी संख्या 3000 से 5000 के बीच आंकी थी। आगे के वर्षों में इनकी संख्या घटती गई। सन् 1976 में पुनः इनकी गणना की गई तो पता चला कि केवल 720 जंगली गधे शेष बचे हैं। उसके बाद इन्हें बचाने के लिए कड़े कदम उठाए गए। भारत सरकार ने सन् 1952 में ही जंगली गधे को संरक्षित प्राणी घोषित कर दिया था। फिर इनकी घटती संख्या को देखकर सन् 1973 में कच्छ के छोटे रण के 4840 वर्ग किलोमीटर क्षेत्र को जंगली गधों का अभयारण्य बना दिया गया। अब इस अभयारण्य में इनकी संख्या 2000 के आसपास है।

गुजरात के पश्चिमोत्तर में स्थित कच्छ के छोटे रण में बहुत कम बारिश होती है। मानसून के दौरान रूपन, बनास, सरस्वती आदि क्षेत्रीय नदियों का पानी रण में जमा हो जाता है। साथ ही, दक्षिण-पश्चिम से आने वाली हवाएं भी रण को अरबी समुद्र का एक हिस्सा बना देती हैं। इन दिनों जंगली गधे रण के ऊंचे द्वीपों (जिन्हें स्थानीय भाषा में 'बेट' कहते हैं) पर पहुंच जाते हैं। पूरे अभयारण्य में ऐसे करीब 30 बेट हैं। रेतीली और नमक-रहित मिट्टी से बने इन बेटों पर मानसून और उसके कुछ बाद तक पर्याप्त घास उपलब्ध रहती है।

जाड़ों में रण का तापमान 10 डिग्री सेल्सियस और उससे भी कम पर उतर आता है। मगर गरमी के दिनों में यह 44 डिग्री या उससे भी ऊपर चला जाता है। दिसंबर-जनवरी से रण सूखने लग जाता है। सूखे मौसम में जंगली गधे रण के किनारों पर चरते हैं। कभी-कभार ये खेतों में भी घुस जाते हैं और फसल को काफी नुकसान पहुंचाते हैं। ये ज्यादातर रात को चरते हैं और बाकी समय अभयारण्य में इधर-उधर घूमते रहते हैं। ये 10-15 के झुंड में विचरण करते हैं।

इनके झुंड में मुख्यतः मादाएं और बच्चे होते हैं। नर खर अधिकतर अलग ही रहते हैं और कभी-कभार ही झुंड के पास देखे जाते हैं। खर बहुत ही फुर्तीला जानवर है। यह 45-50 किलोमीटर प्रति घंटे की रफ्तार से काफी देर तक दौड़ सकता है।

जंगली गधा पालतू गधे से ऊंचा और घोड़े से थोड़ा छोटा होता है। इनके शरीर की बनावट ज़ेबरे की तरह होती है। रंग लाल-सलेटी या पीला-भूरा होता है। टांगों का भीतरी भाग एकदम सफेद होता है। इनकी गहरी काली-भूरी अयाल सिर से पूंछ के किनारे तक फैली होती है। पूंछ के सिरे पर बालों का गुच्छा होता है। कान छोटे होते हैं। नर खर का वजन करीब 225 किलोग्राम और मादा का लगभग 200 किलोग्राम होता है। सामान्यतः इनके शरीर की लंबाई दो से सवा दो मीटर होती है और कंधे पर ऊंचाई एक मीटर से सवा मीटर तक। इनकी आयु 25 से 40 साल तक आंकी गई है। पालतू गधे की अपेक्षा जंगली गधे की आवाज ज्यादा कर्कश होती है।

मानसून के आरंभ में खर सहवास करते हैं। मादाओं को प्राप्त करने के लिए नरों के बीच जबरदस्त लड़ाई होती है। मादा 11 महीने बाद एक बच्चे को जन्म देती है। बच्चा छह महीने तक स्तनपान करता है। जंगली गधे पालतू गधों के साथ सहवास नहीं करते।

जंगली गधे का कोई प्राकृतिक शिकारी नहीं है। लेकिन आदमी का दखल और रण में भेड़ों तथा मवेशियों की ज्यादा चराई ने इनकी संख्या को काफी घटाया है। इनके समुचित संरक्षण के लिए अभयारण्य में नमक उत्पादन पर नियंत्रण और मवेशियों के चरने पर रोक लगाना आवश्यक है। जंगली गधे भी घोड़ों को होने

चित्र 3.16 : जंगली गधे

वाली 'सरा' जैसी सांसर्गिक बीमारी के शिकार हो जाते हैं। इसलिए आसपास के इलाके के घोड़ों का टीकाकरण होना चाहिए। अब भारत में केवल कच्छ के छोटे रण में बचे इन जंगली गधों का संरक्षण होना ही चाहिए। कहा भी जाता है कि कच्छ के रण में आदमी का निवास तभी तक रहेगा, जब तक वहां जंगली गधे बने रहेंगे।

भारतीय जंगली गधों के भाई-बंद, जिन्हें 'कियाड.' या तिब्बती जंगली गधे कहते हैं, लद्दाख, सिक्किम और तिब्बत में पाए जाते हैं। ये कच्छ के जंगली गधे से कुछ बड़े और कुछ अधिक काले रंग के होते हैं। ये तिब्बती जंगली गधे भी अब भारी संकटावस्था में हैं।

5. चंवरी याक

चंवरी, जिसे आज दुनिया भर में 'याक' के नाम से जाना जाता है, गाय-बैल की जाति का जानवर है। संस्कृत में इसका अधिक प्रचलित नाम चमरी (नर का 'चमर') है। जंगली अवस्था में याक सिक्किम, लद्दाख, तिब्बत के पठार और चीन के कांसू प्रांत में पाए जाते हैं। भारत में ये लद्दाख, सिक्किम और हिमाचल प्रदेश व कुमाऊं के ऊपरी भाग में पाए जाते हैं। ये चौपायों में सबसे अधिक ऊंचाई पर मिलने वाले पशु हैं। ये 6000 मीटर की ऊंचाई तक भी पहुंच जाते हैं। याक कम ऊंचाई वाले गरम प्रदेशों में नहीं रह पाते।

याक एक भारी-भरकम और मजबूत जानवर है। कंधे के पास नर याक की ऊंचाई करीब 1.7 मीटर होती है, मगर मादा व पालतु याक की ऊंचाई कुछ कम होती है। नर का वजन औसतन 550 किलोग्राम होता है। नर के सींग वक्राकार और करीब 90 सेंटीमीटर लंबे होते हैं। मादा के सींग छोटे व पतले होते हैं। इनकी गरदन आगे झुकी होती है। याक सिर झुकाकर खड़ा रहता है। पैर अपेक्षाकृत छोटे होते हैं। इनकी छाती, जंघा और आधी पूंछ पर काले, छोटे और कड़े बाल होते हैं। इनके कपाल पर दोनों सींगों के पास कठोर बालों का गुच्छा होता है। पूंछ के बाल भी लंबे होते हैं।

याक का रंग काला-भूरा होता है। मुंह का भाग कुछ सफेद-सा होता है। पालतू याक की छाती और पूंछ पर सफेद धब्बे होते हैं। याक घास खाता है और गाय-बैल की तरह जुगाली करता है। शीत ऋतु में ये चरने के लिए ढाई-तीन हजार मीटर की ऊंचाई पर नीचे उतर आते हैं। घास पर यदि बर्फ जमा हो गई हो तो ये बर्फ को हटाकर उसके नीचे की घास खाते हैं। पानी न मिले तो ये बर्फ को खाकर ही अपनी प्यास मिटा लेते हैं। ये जमीन की खारी मिट्टी को भी खा लेते हैं। याक अच्छे तैराक होते हैं।

जंगली याक के झुंड में लगभग सौ सदस्य होते हैं। इनमें मादाएं, तरुण नर और बछड़े रहते हैं। वयस्क नरों का अपना अलग झुंड होता है। मादा नौ महीनों के गर्भधारण के बाद एक बछड़े को जन्म देती है। बछड़ा एक साल का होने तक मां के नजदीक रहता है। सींग इनके संरक्षण के प्रमुख साधन हैं। इनकी सूंघने की शक्ति बहुत तीव्र होती है। खतरे का संकेत मिलते ही पूरा झुंड तेजी से भागना शुरू कर देता है।

याक को बहुत प्राचीन काल से ही पालतू बनाया गया है। याक (नर व मादा) के साथ गाय और बैल का मेल कराकर इस जानवर की कई संकर जातियां पैदा

चित्र 3.17 : चंवरी (याक)

की गई हैं। पहाड़ी गाय और नर याक के मेल से पैदा किए गए संकर को कुमाऊं में ‘जीबू’ और लद्दाख में ‘झोम’ कहते हैं। जीबू याक ज्यादा वजन ढो सकता है और उसमें ठंडी व गरम हवाओं को सहने की शक्ति भी अधिक होती है।

याक एक अत्यंत उपयोगी प्राणी है। यह प्राणी तिब्बती लोगों के जीवन की सबसे बड़ी पूंजी है। तिब्बत में और हिमालय के पर्वत-प्रदेश में बोझा ढोने और प्रवास के लिए आज भी याक का व्यापक उपयोग होता है। पीठ पर एक क्विंटल भार लदवाकर याक दो से तीन किलोमीटर प्रति घंटे की गति से दिन भर में 20 किलोमीटर तक का पहाड़ी रास्ता मजे में तय कर लेता है। याक का मांस तिब्बती लोगों का आवश्यक खाद्य है।

तिब्बतियों को दूध भी याक से ही मिलता है। इनके दूध से ही घी, मक्खन, पनीर आदि चीजें बनते हैं। तिब्बती चाय में याक का दूध डाला जाता है। याक के गोबर के उपले बनते हैं, जो जलाने के काम आते हैं। याक के बालों से उन्हें ऊन मिलती है। याक की खाल बहुत मजबूत और टिकाऊ होती है और उससे कोट, जाकिट, बूट आदि बनाए जाते हैं। संक्षेप में कहें तो याक तिब्बती लोगों के लिए एक प्रकार की कामधेनु है।

याक यानी चंवरी की पूंछ से जो पंखा बनता है उसे चंवर या चौरी कहते हैं। प्राचीन काल में चंवर को राजकीय चिह्न समझा जाता था। पहाड़ की औरतें आज भी चंवरी की पूंछ का अपने बालों के शृंगार में उपयोग करती हैं। तिब्बत

चित्र 3.18 : हिमालय क्षेत्र का जंगली याक

में याक के सींग का प्याले के रूप में भी इस्तेमाल होता है। इस तरह, याक के शरीर का हर भाग किसी न किसी काम के लिए उपयोगी होता है।

मांस के लिए पालतू याक के साथ-साथ जंगली याक को भी मारा जाता है। जंगली याकों की संख्या दिनोंदिन घटती जा रही है। इसीलिए अब इन्हें संरक्षण प्रदान करना आवश्यक हो गया है।

अध्याय-4

1. भालू

भालू से भला कौन भारतीय परिचित नहीं होगा? शहर या गांव की सड़कों, मेलों या सर्कसों में भालू का नाच सभी ने देखा होगा। नाक को बींधकर रस्सी से बंधा हुआ भालू मदारी के हुक्म पर नाचता है। मदारी डुगडुगी बजाता है और भालू अपने दो पैरों पर खड़ा होकर तरह-तरह के नाच दिखाता है। उस समय मदारी के मुंह से अक्सर यह गीत सुनने को मिलता है–

ढम ढमाढम, ढम ढमाढम!
देखो भालू जी के काम!
नाच दिखाना, नाक बजाना,
नकछेदी जी इनका नाम!

मदारी के आदेश पर नाचने वाला यह भालू, जिसे रीछ या आलसी भालू (स्लॉथ बीअर) भी कहते हैं, मांसाहारी न होते हुए भी स्वभावतः काफी खतरनाक होता है। जब मादा भालू भोजन की तलाश में गुफा से बाहर निकलकर दूर चली जाती है, तब मदारी लोग गुफा में प्रवेश करके बड़ी सावधानी से बच्चों को कंबल में लपेटकर उठा लाते हैं। फिर उन बच्चों को पालतू बनाने के उद्देश्य से उनकी नाक में नुकीले औजार से छेद कर दिया जाता है और उसमें लोहे या किसी अन्य धातु की रिंग डाल दी जाती है। रिंग में रस्सी बांधकर भालू के बच्चे को धीरे-धीरे पालतू बनाते हुए तरह-तरह के खेल दिखाना सिखाया जाता है। भालू के खतरनाक स्वभाव को देखते हुए मदारी उसके मुंह को चमड़े के पट्टे से बांधकर रखते हैं।

बंदर-भालू नचाने वाले कलंदर जनजाति के लोग भालू के बच्चों के साथ काफी निर्दयता से पेश आते हैं। वे उनके कुछ अंगों को कुंद कर देते हैं, हथौड़े से उनके दांत तोड़ देते हैं, नाखून काट देते हैं और जादू-टोना के लिए उनके बाल भी बेचते हैं।

मदारी भालू के साथ होने वाले इन अत्याचारों की ओर अब दुनिया के कई प्राणि-प्रेमी संगठनों का ध्यान गया है। इनकी मुक्ति और कल्याण के लिए देश-विदेश

चित्र 4.1 : मदारी भालू

में कई योजनाएं बनी हैं। मदारियों को मुआवजा देकर भालुओं को गुलामी की जंजीर से मुक्त कराने का काम शुरू हो गया है। ऐसे भालुओं के लिए आगरा में एक अभयारण्य स्थापित किया गया है। वहां सर्कसों तथा मदारियों से मुक्त किए गए इस समय 47 भालू हैं और वहां 20 भालू और रखे जाएंगे। लगता है कि वह दिन अब बहुत दूर नहीं जब भालू का नाच शायद ही कहीं देखने को मिले।

मदारी भालू या रीछ हिमालय की तराई से लेकर कन्याकुमारी तक और पूर्व में असम के जंगलों तक पाए जाते हैं। लेकिन ये ऊंचे ठंडे पहाड़ों पर नहीं होते। अपने आवास के लिए ये घनी झाड़ियों और चट्टानी गुफाओं को पसंद करते हैं। भोजन की तलाश में रीछ रात को ही बाहर निकलते हैं। इन्हें पीपल, जामुन, बेर तथा महुए के फल बहुत पसंद हैं। लेकिन रीछ को जो चीज सबसे ज्यादा प्रिय है वह है शहद। यदि इसे किसी पेड़ पर मधुमक्खियों के छत्ते की भनक मिल जाए तो यह रात होते ही वहां जा पहुंचेगा और पेड़ पर चढ़कर पंजे की जबरदस्त मार से छत्ते को नीचे गिरा देगा। उसके बाद नीचे उतरकर शहद खाने में जुट जाएगा। जंगल में घूमने वालों को यह दृश्य अक्सर देखने को मिल जाता है।

भालू पेड़ पर चढ़ने में माहिर होते हैं। इन्हें ताड़ी पीने का भी शौक हो जाता है। कुछ भालू ताड़ या खजूर के पेड़ पर चढ़कर और वहां बंधी मटकी में मुंह डालकर ताड़ी चट कर डालते हैं। सुबह के वक्त अक्सर देखा गया है कि भालू ताड़ी के नशे में चूर डगमगाता हुआ चला जा रहा है।

मदारी भालू मांसाहारी प्राणी नहीं है, परंतु इसे चीटियां और दीमक बहुत पसंद हैं। यह मुंह से फूंक मारने और हवा खींचने में प्रवीण होता है। इसे जब कहीं दीमक की बांबी मिल जाती है, तब यह उसे अपने पंजों से खुरच-खुरचकर तोड़ डालता है। उसके बाद एक जोरदार फूंक मारकर मिट्टी को उड़ा देता है। फिर यह तेज आवाज के साथ सांस खींचकर दीमक को मुंह में ले लेता है। इसी तरह वह सांस खींचकर कीट-पतंगों को भी खा लेता है।

मदारी भालू की ऊंचाई 120 से 150 सेंटीमीटर तक और औसत भार 115 किलोग्राम होता है। इसके बदन पर लंबे, काले और खुरदरे बाल होते हैं। इसकी एक विशेष पहचान है, इसके सीने पर ट के आकार का एक सफेद धब्बा। इसका चेहरा कुत्तों जैसा पतला और नुकीला होता है। भालू, चाहे किसी भी जाति के हों, दूर तक नहीं देख सकते, परंतु इनकी सूंघने की शक्ति बड़ी तेज होती है।

रीछनी (मादा रीछ) एक बार में दो बच्चे देती है। दो-तीन वर्ष की आयु होने तक बच्चे मां के साथ ही रहते हैं। शुरू के दिनों में उन्हें अपनी पीठ पर लिए घूमती है—बंदरिया की तरह। नर भालू उनसे अलग होकर अकेला जीवन गुजारता है। बंदी अवस्था में कुछ भालुओं को लगभग 30 वर्ष तक जीवित रहते देखा गया है।

मदारी भालू का उसके लोमचर्म और पित्ताशय के लिए शिकार किया जाता है। समझा जाता है कि भालू के पित्ताशय में औषधीय गुण होते हैं। उन्नीसवीं सदी के अंत तक भारत में मदारी भालुओं की संख्या काफी अधिक थी। लेकिन आगे इनके शिकार में वृद्धि होती गई। सन् 1972 में वन्य जीव संरक्षण कानून लागू होने के बावजूद हर साल करीब 100 भालुओं का अवैध शिकार किया जाता है।

हिमालय के भालू

हिमालय के ऊपरी हिस्से में भालुओं की दो जातियां पाई जाती हैं—भूरे भालू मदारी भालुओं से ज्यादा मोटे-तगड़े होते हैं। ये ऊंची वृक्षहीन बर्फीली जगहों पर रहते हैं, इसलिए इन्हें 'बर्फ का भालू' भी कहते हैं। इनका लोमचर्म भूरे-सफेद रंग का होता है। जाड़ों में जब चहुं ओर बर्फ छा जाती है, तो ये गुफाओं में चले जाते हैं और सारा जाड़ा बिना खाए-पिए वहीं पड़े रहते हैं। जब वसंत के दिन आते हैं, तो ये बाहर निकल आते हैं। भोजन-सामग्री की कमी के कारण ये भेड़-बकरी या गाय को मारकर उसका मांस भी खाते हैं। परंतु इन्हें घास की जड़ें, जंगली फल और साग-सब्जी ही ज्यादा पसंद है।

काले भालू करीब 3600 मीटर की ऊंचाई तक कश्मीर, हिमालय और असम में पाए जाते हैं। जाड़ों में ये कुछ नीचे उतर आते हैं। ये मजे में पेड़ों पर चढ़ लेते हैं और अपना अधिकांश भोजन फलों वाले वृक्षों से ही प्राप्त करते हैं। ये भेड़-बकरी और गाय को भी मारकर उनका मांस खा जाते हैं। ये काफी खतरनाक होते हैं और राह चलते मनुष्य पर भी हमला बोल देते हैं। काले भालू सिर और आंखें नीची करके जंगली सूअर की तरह सीधा दौड़कर आदमी पर हमला करते हैं, इसलिए सावधानी बरती जाए तो इनके प्रहार से बचा जा सकता है।

2. भेड़िया

दरअसल भेड़िये, सियार, लोमड़ी और कुत्ते (जंगली व पालतू, दोनों) एक ही कुल के प्राणी हैं, यानी ये एक ही पूर्वज की संतान हैं। इनके स्वभाव में भले ही अंतर हो, परंतु बनावट में काफी समानता है। पालतू कुत्ते को आदमी का सबसे अच्छा दोस्त माना जाता है, परंतु इसका विकास भी भेड़िये से ही हुआ है। 'अल्सेसियन' जाति का कुत्ता भेड़िये और कुत्ते के मेल से ही पैदा हुआ है। भेड़ियों की तरह पालतू कुत्ते भी एक जगह बैठने के पहले कभी-कभी गोल-गोल चक्कर लगाते हैं। सियार ऐसा तो नहीं करते, मगर खुश होने पर कुत्ते की तरह दुम अवश्य हिलाते हैं। इसलिए कई प्राणिविदों का मत है कि कुत्ते के विकास में सियार का भी कुछ योगदान रहा है।

भेड़िये लद्दाख और कश्मीर से लेकर दक्षिण भारत तक पाए जाते हैं। इनका रूप-रंग सियार से मिलता-जुलता है। बाल अधिक घने और घुंघराले होते हैं। कान खड़े और पूंछ झब्बेदार होती है। भेड़िया स्वभावतः एक खूंखार जानवर है। गांवों में अक्सर सुनने को मिलता है कि भेड़िया अमुक बच्चे को उठाकर ले गया। कर्नाटक और बिहार में इनका आतंक सबसे ज्यादा रहा है। भेड़ियों का झुंड बड़ा भयंकर होता है। ये कई आदमियों के दल पर हमला बोलकर उन्हें मार डालने की

चित्र 4.2 : भेड़िया

चित्र 4.3 : दो भेड़िया

क्षमता रखते हैं। इनका एक और बुरा काम है–कब्र को खोदकर भीतर गड़े मुर्दे को उखाड़ डालना।

भेड़िये के एक अन्य पक्ष के बारे में भी सुनने-पढ़ने को मिलता है। कभी-कभी ऐसा भी हुआ है कि भेड़िये की मादा मनुष्य के नवजात बच्चे को उठाकर ले जाती है और उसे मारने की बजाय उसका पालन करने लग जाती है। वह बच्चे को मांद में ले जाकर उसे अपना दूध पिलाती है और बड़ा करती है। बच्चा चौपाए-जैसा चलना सीखता है और उसका स्वभाव पशु की तरह हो जाता है। जंगलों में ऐसे बच्चे पाए जाने के किस्से अक्सर सुनने को मिल जाते हैं। कथा है कि रोम नगर की स्थापना करने वाले रोमुलस और रेमस नामक भाइयों को एक मादा भेड़िये ने अपना दूध पिलाकर पाला-पोसा था।

सन् 1920 में बंगाल के मिदनापुर जिले में भी मादा भेड़िये द्वारा पाली गई दो बालिकाओं का पता चला था। इन्हें अमला और कमला का नाम देकर एक अनाथाश्रम में रखा गया। अमला एक साल बाद ही गुजर गई, परंतु कमला नौ साल तक जीवित रही। इनके जीवन के बारे में एक पुस्तक भी लिखी गई है।

किसी समय भेड़िये पूरे देश में पाए जाते थे। परंतु अब इनकी संख्या काफी घट गई है। यह अभी भी बचे हुए हैं तो इसका कारण यह है कि ये कई तरह की चीजें खा लेते हैं और एक बार में छह से दस तक बच्चे पैदा करते हैं। इनका सामाजिक संगठन भी बहुत तगड़ा होता है। फिर भी भेड़ियों की कई किस्में अब संकटावस्था में पहुंच गई हैं।

3. जंगली कुत्ता

यह भी एक भयानक जानवर है। इस छोटे पशु का इतना अधिक आतंक है कि जंगल के जो पशु शेर से खौफ नहीं खाते वे जंगली कुत्तों को देखकर भाग खड़े होते हैं। हिरन तो इनसे बहुत ही डरते हैं। ये चीतल, सांभर और नीलगाय का भी शिकार करते हैं। इन्हें गौर, तेंदुए और बाघ पर भी हमला करते देखा गया

चित्र 4.4 : विभिन्न नस्लों के पालतू कुत्ते

है। जंगली कुत्ते शिकार पर बगल से हमला करते हैं और सबसे पहले अपने तेज दांतों से उसका पेट चीरते हैं। गनीमत है कि ये ज्यादा दिनों तक एक जगह नहीं रहते। इनके झुंड लगातार अपनी जगह बदलते रहते हैं। पर जंगली कुत्ते पानी से डरते हैं।

जंगली कुत्ते हिमालय से लेकर दक्षिण भारत के जंगलों तक पाए जाते हैं। एक कुतिया एक बार में छह-छह तक पिल्ले देती है। हिमालय क्षेत्र का कुत्ता कद में औरों से बड़ा और दौड़ने में अधिक फुर्तीला होता है। मैदानों के कुत्ते गदले लाल रंग के होते हैं और इनकी पूंछ झब्बेदार होती है। कान खड़े और थूथन लंबी होती है। इनके परिवार झुंड बनाकर भ्रमण करते रहते हैं, इसीलिए हमारे पालतू कुत्तों के ये पुराने भाईबंद अब भी टिके हुए हैं।

चित्र 4.5 : जंगली कुत्ता

4. लोमड़ी

लोमड़ी को हिंदी में लोकड़ी, लोकेडिया और अंग्रेजी में इण्डियन फोक्स कहते हैं। यह कद में सबसे छोटी होती हैं। इसकी लंबाई सिर और शरीर की पैंतालीस से साठ सेंटीमीटर होती है। पूंछ पच्चीस से पैंतीस सेंटीमीटर होती है। इसका वजन अठारह से बत्तीस किलोग्राम होता है। यह सुंदर और छरहरे शरीर वाला प्राणी है। यह हिमालय की तलहटी से कन्या कुमारी तक पाई जाती है। यह खुली जगह पर रहती है। लेकिन भट्टों (सांद) में रहते हैं। स्वभाव से धूर्त होती है। लोमड़ी के बाल लाल और भूरे होते हैं। लाल लोमड़ी से भूरी लोमड़ी दुबली होती है। पूंछ का किनारा काला होता है।

शाम के समय यह अपने भोजन की तलाश के लिए निकलती है। बस्तियों के पास लोमड़ियां आंगन और बगीचों में घुस जाती हैं। ये छोटे स्तनपायी सरीसृप, चिड़िया, गिलहरी और कीड़े को खाती है। चूहों और केकड़ों को नष्ट करके किसानों को लाभ पहुंचाती है। खरबूजे, बेर, चने के कोपले और अनाज की फलियां भी खाती है।

इनका प्रजनन काल सर्दी (शीत) ऋतु में होता है। लोमड़ी का गर्भ पचास से तिरपन दिन तक रहता है। फरवरी से अप्रैल के बीच प्रायः चार बच्चे पैदा करती है। बच्चे भट के अंदर पलते हैं। जन्म के समय बच्चों का वजन बावन से पेंसठ ग्राग होता है। इसकी लंबाई अठारह से उन्नीस सेंटीमीटर होती है। लोमड़ी के बच्चे देखने में बहुत सुंदर व प्यारे लगते हैं।

लोमड़ी का मांस कई बिमारियों में काम आता है। जैसे टी.वी. (यक्ष्मा)। राकतार्श आदि में। इसलिए लोमड़ी का शिकार किया जाता है। इसलिए लोमड़ी अब संकटावस्था में पहुंच गई है।

चित्र 4.6 : लोमड़ी

5. लाल पांडा

लाल पांडा पूर्वी हिमालय में नेपाल, हिमाचल प्रदेश के समशीतोष्ण बनों में, दक्षिणी-पश्चिमी चीन के सछूवात प्रांत के बांस के जंगलों, तिब्बत, सिक्कम और वर्मा के भागों में पाया जाता है, पांडा अपना निवास वर्फीले स्थानों में बनाता है। इसकी कुछ विशेषताएं भालू से तो कुछ रैकून से मिलती है। यह भालू की तरह चलता और भालू की तरह गुर्राने की आवाज करता है इसका रक्त सीरम भी भालू के समान होता है। किन्तु गुणसूत्र रैकून की तरह होते हैं और रैकून और बिल्ली की तरह फून्कार भी भरता है। लाल पांडा शर्मीले स्वभाव का सुंदर प्राणी है। शरीर की रचना मांसाहारी की तरह है, लेकिन लाल पांडा शुद्ध शाकाहारी होता है। अन्य जीवों की तरह लाल पांडा पर भी शिकारियों की क्रूरता की मार पड़ती रही और इनकी संख्या घटती रही और अब यह भी दुर्लभ जीवों की श्रेणी में आ गया।

पांडा की दो जातियां पाई जाती हैं। भीमकाय पांडा (सफेद पांडा और लाल पांडा)। जायेट पांडा की शारीरिक संरचना और बहुत-से गुण भालू की तरह होते हैं और लाल पांडा रैकून की तरह होता है। भीमकाय पांडा सिर्फ चीन में पाया

चित्र 4.7 : लाल पांडा

जाता है और वहां का राष्ट्रीय पशु है। और सिक्किम का राज्य पशु है। यह बांस वाले जंगलों और सदाबहार झाड़ियों वाले वनों में निवास करता है, जो पूरे वर्ष वर्फ और कोहरे से ढंके रहते हैं। सबसे पहले 1821 ई. में मेजर जनरल थॅमस हार्डविक ने हिमालयी पर्वत शृंखला में इसे खोज निकाला था। फ्रांस के प्रकृतिविद प्राणिवैज्ञानिक आइलुरुस फुल्जेन्स एक कुविएर ने लाल पांडा को विश्व के खुबसूरत, मनमोहक जीवों में से एक बताया।

चित्र 4.8 : सफेद पांडा

लाल पांडा बहुत छोटा होता है। गोल सिर, बड़े-बड़े कान, छोटी काली टाँगे, सफेद घने बालों से युक्त तलवे, चमकीला चेस्टमर रंग, छल्लेदार पूंछ और थुथनी भालू जैसी छोटा होता है। सिर और शरीर की लंबाई करीब 60 सेंटीमीटर से लेकर 110 सेंटीमीटर और पूंछ 40 सेंटीमीटर तक होती है। लाल पांडा का भार 3 से 4 किलोग्राम तक होता है। शारीरिक बनावट में नर और मादा में कोई अंतर नहीं होता। नाखून मजबूत मुड़े हुए होते हैं। इससे पेड़ की टहनियों को मज़बूती से पकड़ सकता है। लाल पांडा कोमल स्वभाव का शांत प्राणी है, पकड़ लिया जाय तो आसानी से पल जाता है और स्नेहिल बन जाता है।

दिन में लाल पांडा पेड़ों पर सोया रहता है और शाम को भोजन की तलाश में निकलता है। इसकी सुनने की शक्ति मंद होती है। लेकिन सूंघने की शक्ति तेज होती है। यह शाकाहारी होता है। यह सेब, मटर, जड़े, रसीली घास, पत्ते, बांस की कोपले, लिक्वाल और फलों को खाता है। लाल पांडा आमतौर पर अकेले रहते हैं। इनके जोड़ा बनाने का समय दिसम्बर-जनवरी (वसंत ऋतु) में समागम करता है। इस समय मौसम में गरमाहट होती है और बांसों में नई कोपले निकलती है। लाल पांडा के गर्भधान का समय 135 दिन का होता है, माता तिनके, घास-फूस

से अपना घोंसला बनाती है। और प्रजनन तक घोंसलों, पेड़ की खोल या चट्टान की गुफा में बच्चे देती हैं। एक से चार बच्चे तक देती है। बच्चे का वजन सौ ग्राम होता है। यह चांदनी रात में प्रजनन करती हैं। बच्चों का रंग उतना गाढ़ा नहीं होता जितना बड़े लाल पांडा का होता है। पूंछ में छल्ले भी नहीं होते। यह बच्चे 21 से 30 दिन तक अंधे रहते हैं। और मां ज्यादा समय अपने बच्चों के साथ गुजारती है। यह 8 से 14 साल जीवित रहता है।

लाल पांडा का अस्तित्व खतरे में है। इन्हें लुतप्राय प्रजातियों की सूची में गिना जाता है। लाल पांडा की धीमी प्रजनन जाति के साथ-साथ बनों का कटाव, कृषि, ग्लोबल वार्मिंग और अवैध शिकार के कारण प्रायः खत्म होने की स्थिति में है। इसे बचाने के लिए संरक्षण की आवश्यकता है।

अध्याय-5

1. कृष्ण मृग

हिरन हमारे देश का एक प्रमुख वन्य प्राणी है। जंगल में रहकर भी हमारे साहित्य में जो स्थान हिरन को मिला है, वह अन्य किसी भी पशु को नसीब नहीं हुआ। सुंदर आंखों की तुलना हिरन की आंखों से की जाती रही है, जैसे, मृगनयनी नाम। और प्रख्यात गणितज्ञ-ज्योतिषी भास्कराचार्य (1150 ई.) 'लीलावती' को संबोधित करते हुए कहते हैं—हे मृगछौने-जैसे चंचल नेत्रों वाली लीलावती! बताओ... (बाले बालकुरंगलोलनयने लीलावति प्रोच्यताम्...)। भारतीय साहित्य में जगह जगह पर हिरन का जिक्र आता है।

हिरनों की कई जातियां और उप-जातियां हैं। भारत में ही नहीं, अफ्रीका में भी विभिन्न जातियों के हिरन बड़ी तादाद में पाए जाते हैं, परंतु सुंदरता में कोई भी अन्य हिरन भारत के काले हिरन (कृष्ण मृग) की बराबरी नहीं कर सकता। अंग्रेजी में इसे 'ब्लैकबक' कहते हैं और इसका वैज्ञानिक नाम ऐंटिलोप रोर्विकाप्रा है। कृष्ण मृग के रंगों की सजावट, सींगों का संतुलन और शरीर का सौष्ठव इसे प्रकृति का एक सुंदरतम प्राणी बना देते हैं।

देश के इतिहास, साहित्य, धर्म और कला में कृष्ण मृग का उल्लेख अनेक प्रसंगों में आया है। सिंधु सभ्यता की मुहरों पर और मध्य प्रदेश के गुफाचित्रों में इनका अंकन देखने को मिलता है। राजपूत, मुगल और पहाड़ी शैली के चित्रों में भी कृष्ण मृगों को महत्व का स्थान मिला है। इधर के वर्षों में भारत सरकार ने कृष्ण मृग वाला एक डाक टिकट भी जारी किया है।

चित्र 5.2 : कृष्ण मृग का डाक-टिकट

काला हिरन भारत का एक प्रतिनिधि वन्य प्राणी है। इसका उद्भव भारतीय उप-महाद्वीप में ही हुआ। मगर अब यह भारत और भारत-नेपाल सीमाक्षेत्र के अलावा अन्यत्र कहीं भी वन्य रूप में नहीं पाया जाता। कृष्ण मृग बहुत तेजी से दौड़ते

चित्र 5.1 : कृष्ण मृग

हैं। देखा गया है कि इनके झुंड एक किलोमीटर की दूरी तक प्रति घंटे 80 किलोमीटर तक की रफ्तार पकड़ सकते हैं।

एक समय था जब काले हिरनों के बड़े-बड़े झुंड सारे भारत में—हिमालय की तराई से लेकर दक्षिण में मैसूर तक और पंजाब से लेकर पूर्व में असम तक—पाए जाते थे। परंतु इनका जैसा ह्रास हुआ है, वैसा संभवतः किसी भी अन्य भारतीय वन्य प्राणी का नहीं हुआ। इसके प्रमुख कारण थे—इनका मानव-निवास के काफी नजदीक होना, घास के खुले मैदानों में विचरण करना और फसलों को नुकसान पहुंचाना। अभी दो-तीन सौ साल पहले तक इनके कई हजार तक के झुंड घूमते देखे जा सकते थे। एक अनुमान के अनुसार, अभी चंद सौ साल पहले भारतीय उप-महाद्वीप में कृष्ण मृगों की संख्या 40 लाख के आसपास थी। अब यह 25,000 पर उतर आई है।

आजादी के बाद देश में कृष्ण मृगों की संख्या तेजी से घटती गई। इनकी संख्या को स्थिर रखने के लिए 1970 तक किसी अभयारण्य की व्यवस्था नहीं हुई थी। अब इन्हें भारत के मुख्यतः दो अभयारण्यों में सुरक्षित देखा जा सकता है—

(1) गुजरात का 'वेलावदार कृष्ण मृग राष्ट्रीय उद्यान', और (2) राजस्थान के जोधपुर जिले के बिश्नोई बहुल क्षेत्र में 'धवा-डोली कृष्ण मृग अभयारण्य'। इन दो क्षेत्रों में कृष्ण मृग जीवित बचे हैं, तो इसका श्रेय स्थानीय जनता (प्रमुखतः बिश्नोई और वेला लोग) की धार्मिक भावना को जाता है।

आज पेड़ों और वन्य प्राणियों की रक्षा की बात पढ़े-लिखे लोग बड़े जोर-शोर से करने लग गए हैं। लेकिन आज से करीब पांच सौ साल पहले राजस्थान के रेगिस्तान में एक ऐसा भी व्यक्ति हुआ था जो पढ़ा-लिखा तो नहीं था, मगर उसने जैव विविधता की रक्षा के महत्व को भलीभांति समझा और उसे आगे की पीढ़ियों के लिए एक धार्मिक विश्वारा के साथ दृढ़ता से स्थापित कर दिया।

उस व्यक्ति का नाम था जंबोजी, जिसका जन्म राजस्थान के नागौर जिले के एक गांव में 1508 ई. में हुआ था। चरवाहे का जीवन बिताते हुए तरुण जंबोजी ने प्रकृति को नजदीक से देखा और पेड़-पौधों, पक्षियों, पशुओं तथा मनुष्य के परस्पर-संबंधों को ठीक से पहचाना। वह आजीवन अविवाहित रहा और माता-पिता की मृत्यु के बाद अपनी पैतृक संपत्ति त्यागकर एकाकी जीवन बिताने लगा।

जंबोजी जब 25 साल का था, तो उस इलाके में भयानक अकाल पड़ा। गांवों के लोग पेड़ों को काटकर लकड़ी शहरों में ले जाकर बेचने लगे। वे मांस की बिक्री के लिए वन्य पशु-पक्षियों को बेरहमी से मारने लगे। संकट की उस घड़ी में जंबोजी ने लोगों को समझाया कि पेड़ों को काटकर और पशु-पक्षियों को मारकर अकाल का मुकाबला नहीं किया जा सकता, बल्कि ऐसा करना वस्तुतः भविष्य में नए अकालों को न्योता देना है। उन्होंने लोगों को बताया कि रेगिस्तान में होने वाली कभी-कभार की बारिश और बार-बार के अकालों का सामना प्रकृति द्वारा प्रदत्त सारे साधनों का संतुलित उपयोग करने से ही हो सकता है।

उस समय जंबोजी ने एक नए पंथ की स्थापना की, जिसके 29 नियम थे। उनके इन 29 नियमों का पालन करने वाले उनके अनुयायी बिश्नोई (अर्थात् बीस नौ = 29 कहलाए। इनमें से दो नियम जैव विविधता और पर्यावरण की रक्षा से संबंधित हैं। एक नियम हरे-भरे पेड़ों, विशेषकर खेजड़ी नामक पेड़ को काटने पर पाबंदी लगाता है। दूसरा नियम सभी प्रकार के प्राणियों, विशेषकर काले हिरन और चिंकारा को सुरक्षा प्रदान करता है। खेजड़ी रेगिस्तान का एक बहुत ही उपयोगी पेड़ है और इसका प्रत्येक भाग किसी न किसी काम आता है। सन् 1737 में जोधपुर राज्य के शासक ने खेजड़ी वृक्ष काटने का आदेश जारी किया था। तब 363 बिश्नोई स्त्री-पुरुष और बच्चे खेजड़ी के साथ चिपक गए और कुल्हाड़ी चली तो कटकर शहीद हो गए!

बिश्नोई लोग खेजड़ी वृक्ष और काला हिरन, दोनों को पवित्र मानते हैं। यह जाति हिरन को अपने धर्मगुरु जंबोजी का प्रतिरूप मानती है। हिरन का शिकार करने वालों के साथ ये लोग अपनी जान से खेल जाते हैं, लेकिन उसे नहीं छोड़ते। बिश्नोई लोग मृगों को अपनी संतान की तरह प्यार करते हैं। बिश्नोइयों में एक कहावत प्रचलित है–''मिरख (आदमी) मर जावै पण हिरण नीं गरण देवा''। वे हिरनों से इतना प्यार करते हैं कि किसी हिरन के मर जाने पर उसे सम्मान के साथ दफनाते हैं और दो दिन शोक मनाते हैं। यही वजह है कि आज बीकानेर और जोधपुर जिलों के बिश्नोई, बहुत से गांवों में हिरन खेतों, जंगलों और खुली सड़कों पर स्वच्छंद विचरण करते दिखाई देते हैं।

कृष्ण मृगों पर इसी तरह की धार्मिक आस्था गुजरात के वेलावदार क्षेत्र के लोगों की रही है। भावनगर से 40 किलोमीटर उत्तर में स्थित वेलावदार में अब 'कृष्ण मृग राष्ट्रीय पार्क' है। 1947 में आजादी के पहले भावनगर राजघराने के लोग वेलावदार में कृष्ण मृगों का शिकार किया करते थे। राजसत्ता की समाप्ति के बाद इस क्षेत्र में शिकारियों की गतिविधियां बढ़ती गईं। वहां कृष्ण मृग बच पाए तो इसका एक प्रमुख कारण है–इन प्राणियों के प्रति गांव के लोगों की धार्मिक आस्था। कृष्ण मृग गांव के खेतों में जाकर फसलों को नुकसान पहुंचाते हैं, परंतु ग्रामवासी उन्हें चोट नहीं पहुंचाते। किसी समय सारे भारत में फैले ये कृष्ण मृग अब मुख्यतः वेलावदार राष्ट्रीय उद्यान और राजस्थान के बिश्नोई बहुल क्षेत्रों में ही मुक्त रूप से विचरण करते हुए देखे जा सकते हैं। इनके अलावा, मध्य प्रदेश, उड़ीसा, कर्नाटक और तमिलनाडु में भी कृष्ण मृगों के इक्के-दुक्के झुंड बचे हुए हैं।

अभी कोई डेढ़ सौ साल पहले तक कृष्ण मृगों के झुंडों में 1000 और उससे भी अधिक सदस्य देखे जा सकते थे। परंतु अब झुंड में इनकी संख्या दस-पंद्रह से लेकर चालीस-पचास तक सीमित रह गई है। सामान्यतः एक झुंड में एक या दो-तीन नर और 15 से 40 तक मादाएं होती हैं। कभी-कभी नरों के अकेले झुंड भी देखने को मिल जाते हैं। काले हिरनों के झुंड का एक सरदार होता है, जो देखने में काफी तगड़ा होता है और सभी पर रोब गांठता रहता है। इसके सख्त शासन के कारण कम उम्र वाले नर अक्सर अपना एक अलग दल बना लेते हैं।

शुरू-शुरू में काले हिरन के बदन का रंग हलका पीला रहता है। ढाई साल के बाद नर शिशु का रंग भूरे से बादामी और फिर काले में बदलने लगता है और उसके सींग भी उग आते हैं। नर के पेट और गले के नीचे का समूचा हिस्सा

सफेद होता है। उसकी आंखों के चारों ओर के घेरे पर सफेदी होती है। मादा शिशु गहरे बादामी रंग की होती है और अंत तक उसका यही रंग बना रहता है। मादा कद में छोटी होती है और उसके सींग भी नहीं होते। कभी-कभी बर्फ-जैसे सफेद कृष्ण मृग भी देखने में आते हैं, परंतु यह इनकी कोई पृथक् जाति नहीं है।

नर के सींगों का जोड़ा ट आकार का होता है। ये लहरदार और छल्लों वाले होते हैं। सिरे पर ये पतले और चिकने होते हैं। कृष्ण मृग के शरीर के आकार को देखते हुए उसके सींग काफी बड़े होते हैं। इनकी लंबाई 50 से 60 सेंटीमीटर तक होती है। काले हिरन का चमड़ा बहुत सुंदर होता है। अपने सुंदर सींग और चमड़े के कारण इस प्राणी को बड़ी मुसीबतें झेलनी पड़ी हैं।

कृष्ण मृग मुख्य रूप से चरने वाले पशु हैं। ये लंबी घास की अपेक्षा छोटी मुलायम घास पसंद करते हैं। ये सामाजिक प्राणी हैं और झुंडों में रहते हैं। नर मृग अपने क्षेत्र की रक्षा के लिए अन्य नर मृगों से संघर्ष भी करता है।

चित्र 5.3 : कृष्ण मृगों का एक झुंड

सभी कृष्ण मृग वर्ष में दो बार अपने बाल छोड़ते हैं। मादाएं सभी ऋतुओं में बच्चों को जन्म देती हैं। इनकी औसत आयु 12-13 वर्ष और अधिकतम आयु 16 वर्ष होती है।

भारत के वन्य जीव बोर्ड ने कृष्ण मृग को 36 सुरक्षित वन्य प्राणियों की श्रेणी में रखा है। सन् 1972 से इनके शिकार पर कानूनी पाबंदी लगा दी गई है। किसी समय सारे भारत में फैले हुए ये कृष्ण मृग अब प्रमुखतः गुजरात के वेलावदार राष्ट्रीय उद्यान और राजस्थान के बिश्नोई बहुल क्षेत्र में ही निर्भीक होकर विचरण करते दिखाई देते हैं। यहां भी इनकी रक्षा स्थानीय लोगों की धार्मिक भावना के कारण हुई है।

कृष्ण मृग अनादि काल से हमारी प्राकृतिक वन्य संपदा के श्रृंगार और हमारे इतिहास व संस्कृति के अभिन्न अंग रहे हैं। हर तरह से इनकी रक्षा होनी ही चाहिए।

2. संगार, सांभर, हंगुल, बारहसिंगा और काकड़

यह सही है कि सबसे अधिक वन्य प्राणी अफ्रीका में पाए जाते हैं। परंतु बहुतों को शायद यह पता नहीं है कि उनमें से कइयों की सबसे ज्यादा जातियां भारत में मौजूद हैं। उदाहरण के लिए, भारत में आठ जातियों के हिरन पाए जाते हैं, जबकि अफ्रीका में केवल दो ही जाति के।

संगाई

भारत का वन्य जीवन बहुत सम्पन्न है। यहां के प्राणियों, पेड़-पौधों और जड़ी-बूटियों में बड़ी विविधता है। यह हमारी अनमोल विरासत है। लेकिन मनुष्य के गलत दखल के कारण हमारी यह अमूल्य धरोहर तेजी से मिटती जा रही है। मणिपुर में पाए जाने वाले संगाई नामक हिरन को लीजिए। इस समय यह

चित्र 5.4 : मणिपुर के संगाई हिरन

एशिया का सबसे संकटग्रस्त वन्य प्राणी है। दूसरे महायुद्ध के दौरान, जब जापानी फौज मणिपुर की सीमा में पहुंच गई थी, संगाई हिरनों का इतना अधिक सफाया हुआ कि सन् 1951 में इन्हें पूरी तरह विलुप्त मान लिया गया था।

फिर कुछ समय बाद एक-दो संगाई दिखाई दिए। सन् 1975 में हेलिकाप्टर से मुआयना करने पर कुल 14 संगाई नजर आए। दस साल बाद इनकी संख्या 51 पहुंच गई। परंतु आज भी संगाई हिरन संकट की स्थिति में हैं। केवल मणिपुर राज्य की लोकटेक झील के किनारे ही ये पाए जाते हैं। इनके पांवों की बनावट इस तरह की होती है कि ये झील पर तैरने वाली घासों के ढेरों में धंसते नहीं और दलदली भूमि पर आसानी से चल सकते हैं। घास की तलाश में ये हिरन झील के एक टापू से दूसरे टापू में उछलते-कूदते रहते हैं, इसलिए इन्हें 'डांसिंग डियर' कहते हैं। इनके सींग बड़ी खूबसूरती से गोलाकार में मुड़े होते हैं। चूंकि संगाई मणिपुर के अपने विशेष पर्यावरण में ही जी सकते हैं, इसलिए संगाई हिरनों की रक्षा के लिए अनुकूल पर्यावरण का होना आवश्यक है।

सांभर

सबसे बड़ा यह हिरन देश के सभी भागों में पाया जाता है। यह एशिया के कुछ दूसरे देशों और द्वीपों में भी पाया जाता है, परंतु शरीर और सींगों के मामले में भारतीय सांभर जितना शानदार होता है उतना किसी भी अन्य देश का नहीं। सांभर के सींग, जिनमें छह नोकें होती हैं, सवा मीटर तक लंबे हो सकते हैं। एक बड़े नर सांभर का वजन 300 किलोग्राम और कंधे तक ऊंचाई डेढ़ मीटर होती है।

सांभर के पुराने सींग हर साल झड़ते रहते हैं, मगर किसी-किसी के तीन साल में भी गिरा करते हैं। नए सींग रेशेदार होते हैं। इनमें रक्त-भरी छोटी-छोटी नसें होती हैं। ऊपर मुलायम चमड़ी होती है, जो उनके हड्डी बनते ही धीरे-धीरे सिकुड़ जाती है। सांभर जब खुजली का अनुभव करता है, तो पेड़ के मुलायम तने पर रगड़-रगड़कर उसे गिरा डालता है।

सांभर रात के समय ही घूमता-फिरता है। जंगल के पास के खेतों की फसल को यह चट कर जाता है। दिन के समय यह पहाड़ की किसी चोटी पर झाड़ी में बैठा रहता है। अभयारण्यों में पल रहे कुछ सांभर दिन के समय भी घूमते नजर आते हैं। स्वभाव से सांभर चौकन्ना रहता है। इसकी सुनने और सूंघने की शक्ति बड़ी तेज होती है।

चित्र 5.5 : सांभर

सांभर हिरन चार-पांच से ज्यादा के झुंड में नहीं रहता। यह अक्सर अकेला ही घूमता है। सांभर को कीचड़ में स्नान करने में खूब मजा आता है। शाम के समय जब यह जलाशय में पानी पीने आता है या चांदनी रात में कीचड़ में लुढ़कने लगता है, तभी छिपकर बैठा हुआ शिकारी इस पर बंदूक चलाता है।

सांभर चौकन्ना रहने वाला प्राणी है, फिर भी वह आदमी का ही नहीं, बाघ और जंगली कुत्तों का भी शिकार बनता है। इस हिरन के आवास-क्षेत्र भी घटते जा रहे हैं। इन्हें सबसे ज्यादा खतरा रहता है गाय-बैलों के होने वाले रोगों से। कुछ साल पहले जब यह महामारी सरिसका अभयारण्य (राजस्थान) में फैली, तो वहां सांभरों की संख्या काफी घट गई थी।

हंगुल

कद में काफी बड़ा यह हिरन कश्मीर और चम्बा (हिमाचल प्रदेश) के उत्तरी इलाकों में पाया जाता है। इसके कई शाखाओं वाले सींगों में से प्रत्येक में कई नोकें होती हैं। इसका रंग हल्के भूरे से लेकर गहरे भूरे तक होता है। ओंठ, ठोड़ी व कान सफेद होते हैं और बदन का निचला हिस्सा सफेद-सा।

चित्र 5.6 : कश्मीर के हंगुल

यह जंगली हिरन है। पहाड़ों पर घने जंगलों में ही यह रहता है—दो से लेकर 18 तक के झुंड में। गर्मियों में यह तीन-चार हजार मीटर की ऊंचाई पर रहता है और जाड़ों में कुछ नीचे चला आता है। अब हंगुल हिरनों की संख्या घटती जा रही है। सौ साल पहले देश में लगभग 5000 हंगुल थे। अब इनकी संख्या घटकर 200 के आसपास रह गई है। कश्मीर के डाचीगाम (श्रीनगर से 32 किमी.) राष्ट्रीय उद्यान में हंगुल को विशेष संरक्षण प्राप्त है।

बारहसिंगा

जैसा कि नाम से ही स्पष्ट है, इस हिरन के सींग के बारह नोकें होती हैं, किसी-किसी में बारह से भी अधिक। यह हिमालय के निचले दलदली क्षेत्र, उत्तर प्रदेश से लेकर असम तक और मध्य प्रदेश के कुछ भागों में पाया जाता है। यह ऊंची घास वाले दलदली क्षेत्र और पानी वाले प्रदेश को ज्यादा पसंद करता है, इसलिए अंग्रेजी में इसे 'स्वॉम्प डिअर' भी कहते हैं। इसे दूर-दूर तक घूमना और अपना क्षेत्र बदलना पसंद नहीं है।

कद में बारहसिंगा सांभर से थोड़ा ही छोटा होता है। नर बारहसिंगा की कंधे तक की ऊंचाई 135 सेंमी. और वजन 170 से 180 किलोग्राम तक होता है। सींग केवल नर के होते हैं, मादा के नहीं। इनके सींग बड़े आकर्षक होते हैं, इनकी ऊंचाई

75 सेंमी. और घेर 13 सेंमी. होता है। हर साल मार्च-अप्रैल के महीने में बारहसिंगा के सींग झड़ जाते हैं और उनकी जगह नए सींग बनते हैं। सींग बढ़ते समय इन पर मखमली चमड़ी का आवरण होता है। सींगों के बढ़कर हड्डी बन जाने पर बाहरी चमड़ी सूख जाती है।

बारहसिंगे की देखने और सुनने की शक्ति सामान्य होती है, परंतु सूंघने की शक्ति बहुत तेज। इनके कान काफी बड़े होते हैं। खतरा नजर आने पर बारहसिंगे बड़ी कर्कश आवाज करते हैं। यह कर्णकटु आवाज आसपास बाघ होने की सूचक होती है। सांभर की तरह बारहसिंगा भी कीचड़-स्नान का प्रेमी है, मगर केवल नर, मादा नहीं।

बारहसिंगा झुंड में रहने वाला प्राणी है। झुंड में 30 से 50 और कभी-कभी कई सौ हिरन होते हैं। आम तौर पर नर समागम के समय ही मादाओं के साथ रहते हैं। उस समय नर आपस में लड़ते भी हैं। फिर वे अपना रनिवास बना लेते हैं। ऐसे समूह में करीब 30 मादाएं होती हैं। समागम का काल समाप्त हो जाने पर नर अलग होकर अपना झुंड बना लेते हैं और मादाएं बच्चों सहित अपना एक बड़ा झुंड बनाकर एक सीमित क्षेत्र में विचरण करती हैं। मादा का गर्भकाल छह

चित्र 5.7 : बारहसिंगा

महीने तक चलता है। एक समय में एक ही बच्चा पैदा होता है। दो साल बाद वह वय में आ जाता है।

हिमालय के निचले भागों के घास के क्षेत्र अब कृषि क्षेत्र में बदल गए हैं। इसकी कीमत बारहसिंगों को चुकानी पड़ी है। भारत में किसी भी अन्य जाति के हिरन की संख्या इतनी नहीं घटी, जितनी की बारहसिंगे की। किसी समय गंगा व ब्रह्मपुत्र के घास वाले क्षेत्रों में इनकी संख्या बहुत ज्यादा थी। परंतु अब इनके झुंड कहीं-कहीं ही दिखाई देते हैं। अभयारण्य ने इन्हें काफी सुरक्षा प्रदान की है।

चीतल

यह हिरन देश के लगभग सभी भागों में पाया जाता है। इसके हर सींग में तीन नोकें होती हैं। सींग आम तौर पर सितंबर महीने में झरते हैं और मार्च के आरंभ तक नए निकल आते हैं। चीतल का बदन हलका पीला और चित्तियों वाला होता है। गला और बदन का निचला भाग सफेद होता है। यह बड़ा ही सुंदर और कोमल हिरन है। प्राचीन काल से ही इसके मृगचर्म का आसन और पूजा-पाठ के लिए उपयोग होता आ रहा है। मनुष्य ही नहीं, बाघ, तेंदुए और जंगली कुत्ते भी इसके शत्रु हैं।

चित्र 5.8 : नर चीतल

चित्र 5.9 : भारतीय हिरनों की कुछ प्रमुख जातियां (कंस में उनकी ऊंचाई दी गई है) : 1. सांभर (150 सेंमी.); 2. बारहसिंगा (135 सेंमी.); 3. हंगूल (120 से 180 सेंमी.); 4. शमीन (120 सेंमी.); और 5. चीतल (90 सेंमी.)।

चीतल को घास के समतल वन पसंद हैं। पानी होना भी जरूरी है, क्योंकि इसे 24 घंटों में दो-तीन बार प्यास लगती है। धूप तेज होने पर ये अक्सर बरगद, पीपल आदि घनी छाया वाले वृक्षों के नीचे आराम करते हैं। लंगूर के साथ इन्होंने सहजीवन का नाता स्थापित कर लिया है। लंगूर पेड़ों पर से अपनी जो जूठन नीचे गिराते हैं वह चीतल के लिए भोजन बन जाता है। कभी-कभी लंगूर को चीतल की पीठ पर सवारी करते भी देखा जा सकता है। बाघ के नजदीक होने पर सबसे पहले लंगूर और चीतल ही जोर-जोर से आवाज करते हैं।

बहुत सावधान रहने और प्रजनन की रफ्तार अधिक होने के कारण चीतलों की संख्या में ज्यादा कमी नहीं आई है। करीब सौ साल पहले कुछ चीतल अंदमान द्वीपों में छोड़े गए थे। अब वहां इनकी संख्या काफी बढ़ गई है।

चीतल से ही मिलता-जुलता हिरन है सुगरिया, जिसे पाढ़ा भी कहते हैं। यह उत्तर प्रदेश के तराई क्षेत्र और असम में पाया जाता है। कद इसका छोटा होता है और रंग बादामी। दुम इसकी बौनी होती है, इसलिए अंग्रेजी में इसे 'हॉग डिअर' भी कहते हैं। सांभर की तरह इसके सींग भी झड़ते हैं। यह झुंड में न रहकर अकेला या जोड़ों में रहता है। यह अपने वन क्षेत्र को नहीं छोड़ता। खतरे की आशंका से यह चीतल की तरह चिल्ला उठता है। इन हिरनों को असम के काजीरंगा अभयारण्य और उत्तरांचल के कार्बेट पार्क में देखा जा सकता है।

हमारे देश का एक और अनोखा हिरन है—काकड़, जो हिमालय के घने जंगलों के अलावा सतपुड़ा, पश्चिमी घाट और असम के जंगलों में भी पाया जाता है। आतंकित होने पर यह देर तक कुत्ते के भोंकने-जैसी आवाज करता है, इसलिए इसे 'भूंकने वाला हिरन' (अंग्रेजी में 'बार्किंग डिअर') भी कहते हैं। यह सभी हिरनों

चित्र 5.10 : काकड़ या 'भूकने वाला हिरन'

में आकार में सबसे छोटा है। इसका रंग लाल बादामी होता है। गले के नीचे का रंग कुछ हल्का होता है। सींग छोटे, डंठल-जैसे और बालों से ढके होते हैं। मादा के सींग नहीं होते, पर सिर पर बालों के तुर्रे होते हैं। सींगों के अलावा काकड़ के कुत्ते की तरह दो नुकीले दांत भी होते हैं, जो सिद्ध करते हैं कि यह एक बहुत प्राचीन जाति का हिरन है।

छह महीनों के गर्भकाल के बाद मादा काकड़ एक बच्चे को जन्म देती है। इनकी आयु 10 साल आंकी गई है। वयस्क नर काकड़ की ऊंचाई करीब 50 सेंमी. और वजन 45 पौंड होता है। अपनी कम ऊंचाई के कारण ये घास और नीचे गिरे फलों को खाकर गुजारा करते हैं।

3. कस्तूरी मृग

कस्तूरी मृग की नाभि के पास एक गांठ-सी होती है जिसमें कस्तूरी रहती है, पर कहते हैं कि मृग को इसका पता नहीं होता। वह उसकी तलाश में चारों ओर दौड़ता फिरता है। किसी कवि ने भी कहा है :

नाभि माँहि कस्तूरी महकत, मृग धावत चहुं ओर...

सचाई जो भी हो, परंतु यह एक वास्तविकता है कि कस्तूरी हासिल करने के लिए ही इस खूबसूरत और निरीह प्राणी की हत्या होती है। 'जब गुण ही आपका दुश्मन बन जाए, तो उसे छिपाकर ही रखना बेहतर है'—इस बात को समझाने के लिए संस्कृत का एक कवि कस्तूरी मृग का उदाहरण प्रस्तुत करके उससे कहता है :

कस्तूरिकां हरिण! मुञ्च वनोपकण्ठे
मा सौरभेण ककुभः सुरभीकुरुष्व ॥
आस्तां यशो ननु किरातशराभिघातात्
त्राताऽपि हन्त भविता भवतो दुरापः ॥

अर्थात्, हे मृग! तू अपनी कस्तूरी वन के बाहर ही रख; उससे सभी दिशाओं को सुगंधित मत कर। जब शिकारी तुझ पर तीर छोड़ेंगे, तब तुम्हारी इस सुगंध की कीर्ति तो क्या, तुम्हें बचाने वाला बड़ी मुश्किल से ही कोई मिलेगा।

मगर कस्तूरी मृग के लिए कवि के इस उपदेश का पालन करना संभव नहीं है। यह हिमपशु है और मध्य व पूर्वी एशिया, कश्मीर, उत्तरांचल, नेपाल तथा सिक्किम में 2600 से 3600 मीटर की ऊंचाई पर घने जंगलों में रहता है। कभी-कभी यह नीचे उतरता है, पर हमेशा घनी झाड़ी में छिपकर बैठता है।

मृग कुल के इस प्राणी का वैज्ञानिक नाम 'मॉस्कस मॉस्किफेरस' है। इसके शरीर की मस्तक-सहित लंबाई लगभग एक मीटर और कंधे के पास ऊंचाई करीब 50 सेंमी. होती है। पर पुट्ठे की तरफ यह कुछ अधिक होती है। वयस्क मृग का वजन लगभग 10 किलोग्राम होता है। शरीर पर घने, रूखे और लंबे बाल होने के कारण कड़ाके की ठंड से उसकी रक्षा होती है। रंग भूरापन लिए गेहुंआ होता है और उस पर जहां-तहां फीके रंग के ठपके होते हैं।

कस्तूरी मृग के सींग नहीं होते। कान बड़े-बड़े, परंतु दुम छोटी, नाममात्र की होती है। नर के ऊपरी जबड़े से, हाथी के दांतों की तरह, करीब 8 सेंमी. लंबे दो दांत बाहर नीचे की ओर निकले होते हैं और उनकी नुकीली नोक कुछ पीछे की

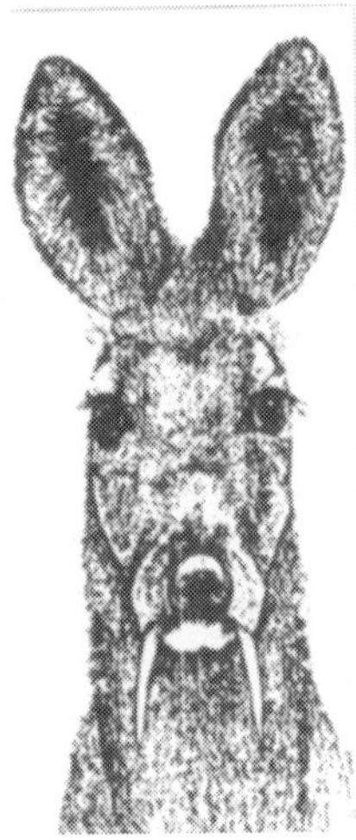

चित्र 5.11 : कस्तूरी मृग बाएं व कस्तूरी मृग का मासूम चेहरा दाएं

ओर मुड़ी हुई होती है। इन्हीं दांतों से वह शत्रु से अपनी रक्षा करता है। इसके पैरों और खुरों के जोड़ों की बनावट इस तरह की है कि यह बड़ी तेजी से भाग सकता है, खड़ी ढलान वाले पहाड़ पर भी मजे में चढ़ सकता है। मगर इसे अपने अगले पांव मोड़ने में बड़ी कठिनाई होती है, इसलिए यह बैठा होने पर आसानी से खड़ा नहीं हो पाता। किसी छोटे-मोटे पेड़ के सहारे खड़ा होकर सोता या विश्राम करता है।

कस्तूरी मृग अकेले या जोड़े में विचरण करते हैं। घास, पेड़-पौधों की नरम कोंपलें और काई इनका आहार है। इन्हें प्राप्त करने के लिए ये सुबह-शाम बाहर निकलते हैं। अन्यथा ये घास अथवा झाड़ी में पड़े रहते हैं। जनवरी में नर-मादा का समागम होता है और 160 दिनों की गर्भावस्था के बाद मादा एक बच्चे (कभी-कदा दो) को जन्म देती है।

कस्तूरी मृग का महत्व उससे प्राप्त होने वाली कस्तूरी के कारण है। तीन वर्ष या उससे अधिक उम्र के नर की नाभि के पास पेट की त्वचा के भीतर कस्तूरी ग्रंथि होती है। यह मादा में नहीं पाई जाती। इस ग्रंथि से गहरे बादामी रंग का मोम-जैसा तरल पदार्थ निकलकर एक छोटी थैली में जमा होता है। शुरू में इसमें मूत्र-जैसी दुर्गंध होती है। परंतु कुछ दिनों के बाद जब यह पदार्थ सूखता है, तो उसका रंग रक्त-जैसा हो जाता है और उसमें सुगंध आ जाती है। यही है कस्तूरी, जिसे फारसी में 'मुश्क' कहते हैं। इससे ही अंग्रेजी का 'मॅस्क' शब्द बना है।

एक कस्तूरी मृग से करीब 28 ग्राम की गांठ निकलती है। यह बहुत ही सुगंधित होती है, इतनी अधिक कि अधिक मात्रा में सूंघने पर नकसीर फूट पड़ती है। कस्तूरी अनेक औषधियों और सुगंधित द्रव्यों में काम आती है, इसलिए इसका बाजारी मूल्य बहुत अधिक होता है। इस मूल्यवान कस्तूरी के लिए ही इस प्राणी की हत्या की जाती है।

कस्तूरी मृग से कस्तूरी प्राप्त करने के दो तरीके हैं। एक है—बंदूक की गोली से शिकार करके कस्तूरी की गांठ निकाल लेना। दूसरा है—हिम-प्रदेश में घूम-फिरकर इस मृग के आने-जाने का रास्ता मालूम करना। इनके मल से भी कस्तूरी की सुगंध आती है, जिससे शिकारी उनके विश्राम करने के स्थान का पता लगा लेते हैं। जैसा कि पहले बताया गया है, कस्तूरी मृग को अपने आगे के पांव मोड़ने में कठिनाई होती है, इसलिए वह छोटे, पतले वृक्षों के सहारे खड़ा होने का आदी हो जाता है। शिकारी ऐसे वृक्ष के अधिकांश हिस्से को काट डालते हैं या उसे उखाड़कर उसकी जगह एक कमजोर लकड़ी गाड़ देते हैं और पीछे एक गड्ढा बना देते हैं। जब मृग विश्राम करने उस स्थान पर आकर सहारा लेने लगता है, तो वह गड्ढे में गिर जाता है और फिर उठ नहीं पाता। तब शिकारी वहां पहुंचकर तेज धार वाले चाकू से नाभि चीरकर कस्तूरी की गांठ निकाल लेता है। उसके बाद शिकारी चीरे हुए स्थान को पुनः सी देता है और मृग को गड्ढे से निकालकर छोड़ देता है। कस्तूरी मृग मुक्ति पाकर, पीड़ा की परवाह न करके, चौकड़ी भरकर दूर भाग जाता है।

बर्फ से ढके पर्वतीय क्षेत्र पर खड़ा कस्तूरी मृग बहुत ही सुंदर लगता है। जीव-विज्ञानी हमें बताते हैं कि आज जीवित बचे मृगों में यह सबसे प्राचीन है। मगर अब यह एक संकटग्रस्त प्राणी बन गया है, धरती से इसके लुप्त होने का खतरा पैदा हो गया है।

4. नीलगाय

किसी प्राणी की नस्ल को ठीक से न समझा जाए तो उसके बारे में कई तरह की भ्रांतियां पैदा हो जाती हैं। ऐसा ही एक जंगली प्राणी है—नीलगाय। नीलगाय को संस्कृत में 'गवय' और अंग्रेजी में 'ब्लू बुल' यानी नीला सांड कहते हैं। प्राचीन काल से ही इस जानवर को गाय के समान समझकर इसे 'गवय' यानी गोवंश का माना गया। इसके काले-सलेटी रंग के कारण बाद में इसे नीलगाय कहा गया। नीलगाय के झुंड खेतों की फसल को भारी नुकसान पहुंचाते हैं। फिर भी हिंदू किसान इन्हें मारते नहीं, क्योंकि ये नीलगाय को भी गाय की तरह ही पवित्र मानते हैं। नीलगाय (Blue Bull) दिल्ली का राज्य पशु भी है।

परंतु नीलगाय के बारे में यह धार्मिक भावना सही नहीं है। इसके शरीर की बनावट से साफ पता चलता है कि यह एक तरह का हिरन है। गोवंश में नर और मादा दोनो के सींग होते हैं। मगर नीलगाय में केवल नर के सींग निकलते हैं, मादा के नहीं। यह हिरनों की तरह मेंगनी (लेंड़ी) करती है, गाय की तरह गोबर नहीं। गोवंश के जानवरों में गलकंबल (गले के नीचे लटकने वाला झालर–जैसा भाग) होता है, जो नीलगाय में नहीं होता। वस्तुतः नीलगाय गोवंश का प्राणी नहीं, बल्कि यह एशिया में पाया जाने वाला सबसे बड़ा हिरन है।

चित्र 5.12 : नीलगाय

दूसरी तरफ, तिब्बती याक गोवंश का जानवर है, परंतु इसके बारे में वहां गाय की तरह कोई धार्मिक भावना नहीं है। लद्दाख और कुमाऊं-गढ़वाल के ऊपरी हिस्सों में भी याक पाए जाते हैं। 'याक' अंग्रेजी का शब्द है, परंतु अब भारतीय भाषाओं में भी रूढ़ हो गया है। याक को संस्कृत में चमरी (नर को चमर) कहते हैं। कुमाऊं-गढ़वाल के लोग इसे 'सुरागाय' यानी देवताओं की गाय कहते हैं। फिर भी इस पशु के शरीर के प्रत्येक भाग का किसी न किसी काम के लिए उपयोग होता है। उपयोगिता की दृष्टि से नीलगाय और सुरागाय में जमीन-आसमान का अंतर है।

नीलगाय केवल भारत में ही पाई जाती हैं। दक्षिण के मलाबार क्षेत्र और पूर्वी भारत को छोड़कर ये हिमालय की तराई से लेकर दक्षिण में कर्नाटक तक मिलती हैं। आमतौर पर इनका निवास ऐसी पहाड़ियों पर होता है जहां कहीं-कहीं पेड़ उगे होते हैं। ये ऐसे ऊबड़-खाबड़ मैदानों में भी रहती हैं। जो घास से ढके हों। नीलगाय घने जंगलों में नहीं रहतीं। इनके झुंड में 10 से 20 तक सदस्य होते हैं, जिनमें मादा और बच्चे रहते हैं। वयस्क नर प्रायः अकेले या छोटी टोली बनाकर रहते हैं। मादा गर्भाधान के आठ-नौ महीनों बाद एक या दो बच्चों को जन्म देती है। नीलगाय की औसत आयु 15 साल होती है।

नीलगाय की सिर-सहित लंबाई एक से डेढ़ मीटर तक, पूंछ की लंबाई करीब आधा मीटर और कंधे के पास ऊंचाई एक से डेढ़ मीटर तक होती है। नर की अपेक्षा मादा काफी छोटी होती है। बड़ी मादा का रंग बादामी-लाल और वयस्क नर का रंग काला-सलेटी होता है। इसके प्रत्येक गाल पर दो सफेद चकते होते हैं। ओठ, ठोड़ी, भौं तथा पूंछ की निचली सतह सफेद होती है। गला काफी भारी और बलिष्ठ होता है। सिर के ऊपर से लेकर पुट्ठे तक एक छोटा-सा काला अयाल रहता है। नर के गले पर कड़े काले बालों का एक गुच्छा होता है। नर के सींग औसतन 20 सेंटीमीटर लंबे होते हैं। खतरे के समय नीलगाय अपनी नाक से चीख-जैसी आवाज निकालती है।

नीलगाय सुबह देर तक और सायंकाल को चरती हैं। ये रात के वक्त नहीं चरतीं। घास और कोमल पत्ते खाती हैं। बेर और दूसरे फल भी खाती हैं। महुए के गिरे हुए फूलों को भी ये चाव से खाती हैं। ये खेती की फसल को खाकर और रौंदकर भारी नुकसान पहुंचाती हैं। नीलगाय पानी पिए बिना लंबे समय तक रह सकती है। इनकी सूंघने और देखने की शक्ति बहुत तेज होती है। संकट के समय ये बहुत तेज भागती हैं। तेज भागने में घोड़ा भी नर नीलगाय की बराबरी नहीं

कर सकता। दरअसल, नीलगाय का गठन कुछ-कुछ घोड़े-जैसा ही होता है। दक्षिण भारत के कोयंबतूर क्षेत्र के आदिवासी नीलगाय को जंगली घोड़ा भी कहते हैं। नीलगाय को पालतू बनाया जा सकता है।

हिंदू लोग नीलगाय को जंगली गाय मानते हैं। इसलिए इसे वे न स्वयं मारते हैं और न दूसरे को मारने देते हैं। यही वजह है कि देश के हिंदू बहुल क्षेत्रों में नीलगाए अभी भी टिकी हुई हैं। नीलगाय का शिकार भी होता है। मुगल बादशाह भी नीलगाय का शिकार करते थे। इनका चमड़ा सूटकेस आदि बनाने के काम आता है।

5. मारखोर

मारखोर एक प्रकार का जंगली बकरा है और इसे यह नाम ईरानी लोगों ने दिया है। यह पीर पंजाल पर्वत-श्रेणी, हिंदूकुश और काराकोरम क्षेत्र में घने जंगल और हिमाच्छादित पर्वत के बीच के पहाड़ी प्रदेशों में पाया जाता है। यह क्वचित ही हिमरेखा के ऊपर जाता है। स्थानीय लोग इसे 'पहाड़ी बकरा' भी कहते हैं। इसका वैज्ञानिक नाम 'केप्रा फल्कोनेराइ' है। इसके करीब डेढ़ लाख वर्ष पहले के जीवाश्म मिले हैं। विभिन्न प्रजातियों के मारखोरों को उनके सींगों के आकार-प्रकार से पहचाना जाता है।

मारखोर निचले प्रदेशों के बकरों की तरह ही होता है, परंतु कद में भारी-भरकम और बहुत ताकतवर होता है। इसलिए इसे कहीं-कहीं 'जंगली बकरों का राजा' भी कहा जाता है। इसकी ऊंचाई लगभग एक मीटर और वजन 100 किलोग्राम तक होता है। बदन पर रेशमी बालों का घना आवरण होता है। नर का भूरे बालों वाला अयाल उसके घुटनों तक पहुंचता है, परंतु मादा में यह उसकी ठुड्डी तक ही सीमित रहता है। नर मारखोर के सींग काफी लंबे, पतले और पेंचदार (घुमावदार) होते हैं। इनकी लंबाई एक से डेढ़ मीटर तक होती है। मादा के सींग कुछ छोटे होते हैं। खुर फटे हुए होने के कारण मारखोर पहाड़ी चट्टानों पर आसानी से चढ़-उतर सकते हैं।

चित्र 5.13 : मारखोर

भेड़ों की तरह मारखोर भी घास और झाड़ियां खाते हैं। ये आमतौर पर 12 से 50 तक के झुंड में रहते हैं। वयस्क मादा झुंड की मुखिया होती है। मादा की

गर्भावधि 21-22 सप्ताह होती है और यह एक बार में एक या दो बच्चे पैदा करती है। मारखोर की आयु सीमा 19 वर्ष है।

मारखोर का दूध पौष्टिक माना जाता है। शिकारी मारखोर को मारकर उसकी खाल और सींगों का व्यापार करते हैं। इसकी खाल से बढ़िया किस्म का चमड़ा तैयार करके उससे कई तरह की वस्तुएं बनाई जाती हैं। इसके बालों से मोटे और मजबूत कपड़े तैयार किए जाते हैं।

बादशाह जहांगीर (शासन : 1605-1627 ई.) ने अपने संस्मरण-ग्रंथ 'तुजुक-ई-जहांगीरी' में मारखोर के बारे में काफी जानकारी दी है। उसने इनका वजन करवाया और चित्र बनवाए। उसने अपने पास के दो नर मारखोरों का अरब से प्राप्त सात मादा भेड़ों के साथ समागम करवाया और उनसे जो संकर बच्चे पैदा हुए उनकी आदतों का अध्ययन किया। जहांगीर एक कुशल प्रकृतिविद भी था।

उत्तरांचल के केदारनाथ क्षेत्र में इन प्राणियों के लिए अभयारण्य बनाने के बारे में बहुत दिनों से सोचा जा रहा है। यदि ऐसा होता है तो ये पुरातन वन्य प्राणी आगे भी सुरक्षित रहेंगे और इनकी संख्या भी बढ़ेगी।

6. टंगरौल (इबेक्स)

हिमालय क्षेत्र का एक और जंगली बकरा है टंगरौल (इबेक्स), जिसका वैज्ञानिक नाम 'केप्रा इबेक्स' है। यह सतलुज के पश्चिम में 2500 से 7000 मीटर की ऊंचाई पर पाया जाता है। शीत ऋतु में यह नीचे उतर आता है और बर्फ पिघलना शुरू होने पर ऊपर चला जाता है। जहांगीर ने इसे 'रंग' कहा है और कश्मीरी में इसे 'काले' या 'कायल' कहते हैं। यह बकरा काफी तगड़ा और देखने में बड़ा शानदार होता है।

नर इबेक्स की लंबी दाढ़ी और लंबे, पीछे मुड़े हुए सींग होते हैं। सींगों की लंबाई 100 से 125 सेंमी. तक होती है। मादा के सींग छोटे होते हैं। ऋतु के अनुसार इसके बदन का रंग बदलता रहता है। इस बकरे से प्राप्त ऊन (पश्म) को सर्वोत्तम माना जाता है और इससे पश्मीना नामक कीमती शालें बनती हैं।

चित्र 5.14 : टंगरौल (इबेक्स)

7. हिमालयी ताहर (थार) व नीलगिरि ताहर (थार)

हिमालयी ताहर (थार)

ताहर (थार) एक पहाड़ी बकरा है जो भेड़ और बकरे से नहीं मिलता। विश्व में ताहर (थार) की तीन जातियां होती हैं। अरबी ताहर, मिलायी ताहर और नीलगिरि ताहर। नीलगिरि और हिमालयी ताहर (थार) भारत में पाई जाते है। हिमालयी ताहर का वैज्ञानिक नाम हिमिट्रेगस जेम लाहिक्स् है। यह हिमाचल प्रदेश, गढ़वाल, कुमाऊँ, भूटान के पर्वतीय भागों में 3000 मीटर से 4000 मीटर तक

चित्र 5.15 : नीलगिरि ताहर

ऊँचाई वाले भागों में मिलता है। हिमालयी ताहर (थार) ऊंचे वृक्षों वालों ढालों पर रहता है। सर्दियों के मौसम में मैदान में आ जाता है लेकिन सर्दी खत्म होते ही वापस पर्वतीय वनों में लौट जाता है।

हिमालयी ताहर (थार) का शरीर स्वस्थ और गठीला होता है। इसके पैर बड़े मज़बूत होते हैं। इसकी ऊंचाई 90 से 105 सेंटीमीटर तक और वजन 92 किलोग्राम तक होता है। हिमालयी ताहर (थार) के शरीर का रंग गहरा कत्थई होता है, चेहरे का रंग शरीर के रंग से ज्यादा गहरा होता है। गर्दन और कंधों पर घने और लम्बे बाल होते हैं जो ताहर के घुटनों तक पहुंच जाते हैं। ताहर के सींगों की लंबाई लगभग 30 सेंटीमीटर और वजन 30 से 40 किलोग्राम तक होता है। हिमालयी ताहर में मादा ताहर के भी सींग होते हैं। मादा हिमालयी ताहर (थार) के चार थन होते हैं जबकि साधारण बकरियों के दो थन होते हैं।

नर ताहर बेंत, बलूत के घने पहाड़ी जंगलों में रहते हैं और अकेले विचरण करते हैं। हिमालयी ताहर (थार) कभी मैदानों में नहीं आते लेकिन मादा और बच्चे खुले मैदानों में चरने आ जाते हैं। मार्च-अप्रैल में नर-मादा मिलते हैं। यही समय इनके प्रजनन का होता है। बाद में फिर ऊपर पर्वतीय जंगलों में चले जाते हैं और अलग हो जाते हैं।

नीलगिरि ताहर (थार)

नीलगिरि ताहर (थार) का वैज्ञानिक नाम हिमी ट्रेगस हाइलोक्रियस है। लोग इसे 'वरैआहु' भी कहते हैं। यह भी घने जंगलों, ढलानों, ऊंची-नीची चट्टानों के मध्य अत्यंत दुगर्म स्थानों में रहते हैं। यह 1200 मीटर से 1800 मीटर तक की ऊँचाई वाले पर्वतीय जंगलों में रहना अधिक पसंद करता है। नीलगिरि की पहाड़ियों, अन्नामलाई की पहाड़ियां और पश्चिमी ताहर के जंगलों में इनकी संख्या बहुत है लेकिन अधिक शिकार होने के कारण इनकी संख्या बहुत कम हो गई है।

नीलगिरि ताहर (थार) कुंड में रहते हैं। समूह के संख्या पांच से पचास तक होती है। समूह में नर, मादाएं और बच्चे साथ-साथ रहते हैं। गर्मियों में यह अकेले भी विचरण करते हैं। नीलगिरि ताहर (थार) के शरीर पर बाल नहीं होते। तीनों जातियों में नीलगिरि ताहर (थार) सबसे बड़ा होता है। इसकी ऊंचाई 95 से 110 सेंटीमीटर होती है। त्वचा खुरदरी और छोटे-छोटे बालों वाली होती है। शरीर के ऊपर का भाग स्लेटी और गहरा पीलापन लिए हुए कत्थई रंग का होता है। पेट और नीचे का भाग मटमैला होता है। मादा ताहर नर से छोटी होती है तथा शरीर का रंग नर के शरीर से हल्का होता है।

नीलगिरि ताहर (थार) के सींग आगे से गोलाईदार छोटे और शंकवाकार पीछे से मुड़े होते हैं। नर और मादा दोनों के सींग होते हैं। मादा नीलगिरि के सामान्य बकरियों की तरह केवल दो थन होते हैं। यह समूह में विचरण करते हैं और समूह में भोजन करते हैं। इनका भोजन पर्वतीय जंगलों पर उगने वाली घास और पत्तियां हैं। ये बेर, फल व वनस्पति भी शौक से खाते हैं। दिन-भर चरते हैं और रात होने से पहले वापिस पहाड़ों पर लौट जाते हैं।

नीलगिरि ताहर (थार) का समागम और प्रजनन क्रिया सामान्य बकरों की तरह होती है। समागम के समय नीलगिरि ताहर नर बड़ा उग्र और आक्रामक होता है। आपस में लड़ाई करते हैं। शक्तिशाली नर ही समागम कर पाता है। मादा नीलगिरि ताहर का गर्भकाल छः माह का होता है। गर्मियों में यह बच्चें देती हैं। मादा ही इसका पालन-पोषण करती है। वयस्क होते ही नर ताहर को झुंड छोड़ना पड़ता है और मादा झुंड में ही रहती है।

नीलगिरि ताहर (थार) की स्थिति दयनीय है। अंधाधुंध शिकार और जंगलों की कटाई के कारण इनकी संख्या तेजी से घट रही है। इसीलिए भारत सरकार ने इसको संकटग्रस्त प्राणी घोषित कर दिया और शिकार पर प्रतिबंध लगा दिया गया है।

अध्याय-6

1. मगर और घड़ियाल

मगर या घड़ियाल का नाम आते ही मन में भय-सा पैदा हो जाता है। याद आती है, एक ऐसे काले-मटमैले विशालकाय प्राणी की जिसके भारी-भरकम जबड़े में दर्जनों नुकीले दांत होते हैं। मगर द्वारा किसी आदमी या जानवर को अपने जबड़ों में दबोचकर पानी के भीतर खींच ले जाने के डरावने किस्से भी याद आते हैं।

भागवत पुराण में 'गज और ग्राह' की एक कथा है। एक दिन एक मदमस्त हाथी (गज) एक सरोवर में कई हथिनियों के साथ स्नान कर रहा था। उसी समय एक मगरमच्छ (ग्राह) ने आकर उसका एक पांव अपने जबड़ों में दबोच लिया। हाथी ने बहुत कोशिश की, किंतु वह पांव को नहीं छुड़ा सका। उसके पांव से खून बहने लगा; उसे बेहद पीड़ा होने लगी। उसे अपना अंत समय नजदीक दिखाई दिया। तब उसने प्राण बचाने के लिए भगवान विष्णु की प्रार्थना की। भगवान गरुड़ पर सवार होकर तुरंत वहां पहुंचे और उन्होंने अपने सुदर्शन चक्र से ग्राह का वध करके गज को मुक्त किया।

इस तरह की कथाओं से मगर के बारे में आम धारणा बन गई है कि ये बहुत ही खतरनाक जीव हैं और हाथी तक को मार सकते हैं। परंतु यह बात सच नहीं है। अन्य सरीसृपों (रेंगने वाले जीवों) की तरह मगर भी एक संकोची जीव

चित्र 6.1 : धूप सेंकता हुआ एक वयस्क मगर

है। यह मनुष्य से डरता है, इसलिए उसे देखते ही अपनी रक्षा के लिए तुरंत पानी के अंदर चला जाता है। पानी के अंदर मगर बहुत बलशाली बन जाता है। इसीलिए कहावत मशहूर है—"पानी में रहकर मगर से बैर कैसा!"

मगरों का मुख्य भोजन मछली है, इसीलिए इन्हें 'मगरमच्छ' भी कहते हैं। ये दूसरे छोटे प्राणियों का भी शिकार करते हैं। ये पानी के किनारे पर पहुंचे हुए जानवर या आदमी को खींचकर ले जाते हैं और उसे डुबोकर मार देते हैं। भारत में श्मशानघाट प्रायः नदियों के किनारे होते हैं। बच्चों व साधु-संतों के शव, लावारिस तथा अधजले मुर्दे अक्सर नदी में फेंक दिए जाते हैं। ये मगरों का भोजन बनते हैं। मगर पानी में तैरते हुए जानवर या आदमी को भी पकड़ लेते हैं।

इस धरती पर पिछले करीब 20 करोड़ वर्षों से मगरों का निवास है। परंतु इतनी लंबी अवधि में भी इनके आकार-प्रकार और व्यवहार में कोई खास अंतर नहीं आया है। ये उभयचर (जमीन और पानी में रहने वाले) प्राणी हैं। मगर के उंगलीदार दो जोड़े पैर और शरीर पर शल्कीय आवरण होता है, जिससे पता चलता है कि इनके पूर्वज जमीन पर रहते थे। लेकिन बाद में इन्होंने अपने को जलगत जीवन के अनुकूल बना लिया। तैरने में ये अपनी लंबी पूंछ और पिछले जालदार पैरों का इस्तेमाल करते हैं। मगर की नाक और आंखें सिर के ऊपरी हिस्से में कुछ उभरी हुई होती हैं। इसलिए वे अपना सिर पानी से जरा-सा बाहर निकालकर सांस ले सकते हैं, देख सकते हैं। पानी के अंदर उनके कान और नाक के खोल वाल्वों से बंद रहते हैं।

पता चलता है कि प्राचीन मिस्र में नील नदी में वास करने वाले मगरों की पूजा की जाती थी। उन्हें पकड़कर मंदिरों के पास बनाए गए खास तालाबों में रखा जाता था। जब ये पवित्र मगर मर जाते, तो उनकी मम्मियां (विशेष मसाला लगाए हुए शव) बनाकर उन्हें सुरक्षित रखा जाता था। भारत के भी कुछ भागों में मगरों को पूजनीय माना जाता है।

भारत में मगरों की तीन प्रमुख प्रजातियां पाई जाती हैं—मगर, खाड़ी मगर और घड़ियाल। सामान्यतः लोग इन्हें एक ही प्राणी मानते हैं, परंतु इनकी शारीरिक बनावट और इनके व्यवहार में काफी अंतर है।

मगर

मगर को संस्कृत में 'मकर' और अंग्रेजी में 'मार्श क्रोकोडाइल' (वैज्ञानिक नाम : क्रोकोडिलुस पातुस्त्रिस) कहते हैं, यह खाड़ी मगर और घड़ियाल, दोनों से काफी छोटा होता है और तीन से पांच मीटर तक लंबा। यह देखने में घरेलू

छिपकली-जैसा परंतु उससे सैकड़ों गुना बड़ा होता है। यह नदियों, झीलों और बड़े-बड़े दलदलों में रहता है। जम्मू-कश्मीर, हिमाचल प्रदेश, पंजाब और रेगिस्तानी क्षेत्र को छोड़कर यह सारे भारत में पाया जाता है। भारत के अलावा एशिया के अन्य देशों और अफ्रीका, आस्ट्रेलिया तथा अमरीका के देशों में भी मगरों की विभिन्न प्रजातियां पाई जाती हैं।

मगर का मुंह मोटा, चौड़ा और ताकतवर होता है। दोनों जबड़ों पर तीक्ष्ण और मजबूत दांत होते हैं, जो समय-समय पर गिर जाते हैं और उनके स्थान पर नए दांत उगते हैं। मगर का मुख्य भोजन मछली है, परंतु वयस्क मगर जलचर पक्षी या पानी में पहुंचे हुए पशु को भी खा लेते हैं। समझा जाता है कि अपने शिकार को खाते समय मगर की आंखों से 'आंसू' निकलते हैं, इसलिए कहावत चल पड़ी– 'मगरमच्छ के आंसू', यानी दुःख का झूठा दिखावा।

मगर अंडों से पैदा होते हैं। मादा पानी के किनारे जमीन पर गड्ढा बनाकर अंडे देती है। अंडे सफेद और कैल्सियमयुक्त कठोर कवच के होते हैं। मादा एक समय में 20 से 60 तक अंडे दे सकती है। लेकिन अंडे सेने का काम मगर नहीं करते। दो-ढाई माह बाद जब अंडों से बच्चे बाहर निकलने को होते हैं, तो खांसने-जैसी आवाजें करते हैं। आवाज सुनकर मादा उनके पास पहुंचती है और गड्ढे पर से कचरा-मिट्टी हटाती है। बच्चों की थूथनी पर एक दांत-सा उगता है जिसकी मदद से वे अंडे के कड़े छिलके को तोड़ते हैं। फिर मां उन्हें पानी की ओर ले जाती है। उसके बाद वे अपनी देखभाल स्वयं करते हैं। मगरों की आयु सौ साल तक बताई जाती है।

व्यापार की दृष्टि से मगर के चमड़े का बड़ा महत्व है। मगर के दाएं-बाएं भाग और नीचे की खाल काफी मोटी और मजबूत होती है। इससे चमड़े के जूते, बैग, पोशाक आदि फैंसी चीजें बनाई जाती हैं। मगर की पीठ और गर्दन पर अस्थिमय प्लेटों की जो खाल होती है उसके मोटे चमड़े से सूटकेस-जैसी चीजें बनती हैं। प्रमुखतः चमड़े के लिए ही मगर को अंधाधुंध मारा जाता रहा है। साथ ही, आवासक्षेत्र के घटने, बाढ़ व सूखे से और अंडों को खाए जाने के कारण भी मगरों का तेजी से विनाश हुआ। सन् 1970 तक मगर विनाश के कगार पर पहुंच गए थे।

मगर को अब संरक्षित प्राणी की सूची में रखा गया है। इनकी सुरक्षा और समुचित प्रजनन के लिए देश के कई प्रदेशों में पुनर्वास केंद्र स्थापित किए गए हैं, इसलिए अब इनकी संख्या बढ़ रही है। हैदराबाद के सी. सी.एम.बी. नामक वैज्ञानिक संस्थान में यह जानने के लिए मगरों पर अनुसंधान हो रहा है कि लिंग-निर्धारण में तापमान का क्या योगदान रहता है (मगर ठंडे रक्त वाले

जीव हैं)। इसी संस्थान में डी.एन.ए. फिंगर प्रिंटिंग तकनीक का उपयोग करके मगरों की विभिन्न प्रजातियों की आनुवंशिक समानताओं का पता लगाया जा रहा है।

चित्र 6.2 : एक छोटे मगर को हाथों में पकड़े हुए सी.सी.एम.बी. (हैदराबाद) के निदेशक डा. लालजी सिंह

खाड़ी मगर

खाड़ी मगर जिसे अंग्रेजी में 'एस्ट्यूऑरियन क्रोकोडाइल' (वैज्ञानिक नाम क्रोकोडिलुस पोरोसुस) बड़ी नदियों के सागर-संगमों में और सागरतटवर्ती मैंग्रोव के दलदलों तथा खारे पानी की झीलों में पाए जाते हैं। मगर और खाड़ी मगर लगभग एक-जैसे ही दीखते हैं, परंतु खाड़ी मगर बहुत बड़ा होता है—छह-सात मीटर ऊंचा।

बहुत ज्यादा शिकार करने से खाड़ी मगर संकटावस्था में पहुंच गए हैं। केरल और तमिलनाडु से ये गायब हो गए हैं। खाड़ी मगर अब भारत के पूर्वी समुद्रतट और अंडमान-निकोबार द्वीपों में ही पाए जाते हैं। उड़ीसा के कनिका द्वीप में और ब्राह्मणी-वैतरणी नदी के खाड़ी-संगम के पास इनके लिए अभयवास स्थापित किए गए हैं। खाड़ी मगर प्रमुखतः जलवासी जीव हैं, परंतु कभी-कभी ये अपना समय समुद्र के पास की जंगली भूमि पर भी गुजारते हैं।

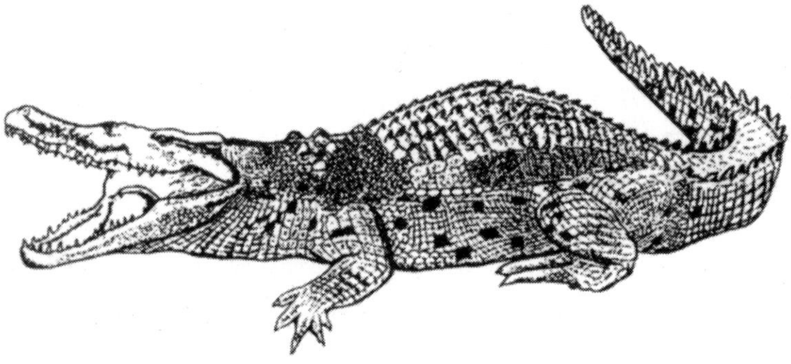

चित्र 6.3 : खाड़ी मगर

खाड़ी मगर का मुख्य भोजन मछली है, पर यह आदमी और दूसरे जानवरों को भी खा लेता है। इसका मुंह मगर के मुंह से कुछ लंबा होता है। पीठ पर शल्कों की कतारों का कवच होता है। इसका रंग ऊपर से भूरा-जैतूनी होता है, जिसमें बीच-बीच में पीला रंग रहता है। आंख के सामने एक लंबा उभार होता है। पूंछ के ऊपरी किनारे आरे-जैसे लगते हैं। खाड़ी मगर के जबड़ों में कील-जैसे मजबूत दांत होते हैं।

अंडे देने के लिए मादा मिट्टी तथा वनस्पति की मदद से एक छोटा टीले-नुमा घोंसला बनाती है और उसके बीच के गोल स्थान में अंडे देती है—एक बार में बीस से पचास तक, और कभी-कभी इससे कम या ज्यादा भी। ढाई-तीन माह बाद अंडों से बच्चे बाहर निकलते हैं। नवजात बच्चों को मुंह में पकड़कर मां पानी में ले जाती है।

घड़ियाल

घड़ियाल, जिसे अंग्रेजी में 'गेवियल' (वैज्ञानिक नाम गेविअलिस गांगेटिकुस) कहते हैं, लंबे तुंड या थूथन वाले विशिष्ट जीव हैं। संसार में इनकी केवल दो ही प्रजातियां पाई जाती हैं—एक भारत में और दूसरी बोर्नियो व सुमात्रा में। भारत में घड़ियाल गंगा, ब्रह्मपुत्र व महानदी में और पाकिस्तान में सिंधु में पाए जाते हैं। इनकी औसत लंबाई पांच-छह मीटर तक होती है, परंतु इससे भी लंबे घड़ियाल देखे गए हैं। घड़ियाल ठंडे रक्त वाला जीव है, इसलिए यह दिन के समय पानी के किनारे

चित्र 6.4 : घड़ियाल

धूप में पड़े रहकर अपने शरीर को गरम रखता है। रात के समय यह पानी में रहता है, क्योंकि रात के समय भूमि की अपेक्षा पानी अधिक गरम रहता है।

घड़ियाल के शरीर की रचना काफी हद तक मगर जैसी ही होती है, परंतु इसका तुंड (थूथन) काफी लंबा, चपटा तथा नुकीला होता है और उसके सिरे पर घड़े-जैसा उभार होता है। संभवतः इसीलिए इसका नाम घड़ियाल पड़ा है। परंतु यह उभार केवल नर की थूथनी पर होता है, मादा की थूथनी पर नहीं। वाराणसी के मल्लाह घड़ियाल को 'मुटुक वाला' कहते हैं। यह 'मुटुक' शब्द 'मुकुट' से बना है। उनके अनुसार, घड़ियाल पानी का राजा है और उसके थूथन पर बना हुआ उभार उसका ताज है।

घड़ियाल के जबड़े में ऊपर और नीचे एक कतार में कुल मिलाकर लगभग 108 दांत लगे होते हैं। जबड़ा बंद होने पर भी ये दांत बाहर निकले हुए दिखाई देते हैं। घड़ियाल का मुख्य भोजन मछली है, जिसे यह अपने जबड़े के सिरे पर पकड़ता है, फिर धीरे-धीरे उछालते हुए मुंह तक लाता है और अंत में समूचा निगल जाता है। कभी-कभी यह छोटे जानवरों को भी खा जाता है। परंतु अपने पतले तुंड के कारण यह बड़े जानवरों और आदमी को नहीं खा सकता।

प्रजनन के पहले मादा घड़ियाल पानी से पंद्रह-बीस मीटर दूर किसी सुरक्षित व रेतीले स्थान पर एक गड्ढा तैयार करती है। तब एक रात वह उस गड्ढे में एकसाथ लगभग 40-45 अंडे देकर उसे बालू से ढक देती है। करीब ढाई महीने बाद अंडों के भीतर से एक विशेष आवाज आती है। तब मां वहां आकर गड्ढे के ऊपर से रेत हटाती है। नवजात बच्चे अपने थूथन से अंडे को तोड़कर बाहर आते हैं। फिर मां उन्हें पानी में ले जाती है और उनकी रक्षा करती है।

घड़ियाल के अंडों के सबसे बड़े शत्रु गीदड़ हैं। इनके बच्चों की मृत्यु-दर भी बहुत ज्यादा है। घड़ियाल विनाश के कगार पर पहुंच गए थे। इसलिए सन् 1974 से घड़ियालों की सुरक्षा और वृद्धि के लिए देश के कई प्रदेशों में पुनर्वास केंद्र अस्तित्व में आए हैं। ऐसा ही एक घड़ियाल पुनर्वास केंद्र लखनऊ में है। चंबल नदीनट से घड़ियाल के अंडे इकट्ठे करके उन्हें इस केंद्र में पाला जाता है। दो-तीन साल बाद उनके बड़े होने पर उन्हें चंबल, घाघरा, गंगा आदि नदियों में छोड़ा जाता है।

घड़ियाल आदमी का दुश्मन नहीं है। करीब सौ वर्ष तक जीवित रहने वाला यह जीव जल-प्रदूषण को दूर करने में हमारी बड़ी मदद कर सकता है, इसलिए घड़ियालों की रक्षा के लिए सभी संभव प्रयास किए जाने चाहिए।

2. गोह

चित्र 6.5 : गोह जब आक्रामक बनती है, तो अपने पिछले पैरों पर खड़ी होकर पूंछ को चाबुक की तरह चलाती है

घटना सन् 1670 ई. की है। शिवाजी ने पुणे के पास के कोंढाणा किले को मुगलों से वापस लेने का निश्चय किया। इस काम का बीड़ा उठाया सरदार तानाजी मालुसरे ने। उस समय कोंढाणा का मुगल किलेदार राजपूत उदेभान था। अंधेरी रात थी। अपने चुनिंदा सैनिकों को लेकर तानाजी और उसका भाई सूर्याजी कोंढाणा की पहाड़ी के पास पहुंचे। फाटक बंद थे। दीवारों और बुर्जों पर कड़ा पहरा था। किले में दाखिल होने का कोई उपाय नजर नहीं आ रहा था। तब तानाजी अपने पचास साथियों को लेकर किले के पिछवाड़े में पहुंचा। उधर सीधी खड़ी चट्टान थी। उस पर चढ़कर ही किले में पहुंचा जा सकता था।

तानाजी ने अपने एक साथी से कहा–"घोरपडे, निकालो अपनी यशवंती को।"

घोरपडे ने बोरे में से यशवंती को निकाला, उसकी कमर में एक रस्सा बांधा और फिर उसे उस सीधी खड़ी चट्टान पर चढ़ने का आदेश दिया। यशवंती के लिए यह कोई नया काम नहीं था। इसके पहले वह 27 बार इसी तरह किलों की दीवारों पर चढ़ चुकी थी।

यशवंती अपने पंजों की उंगलियों को चट्टानी कगार में गड़ाते हुए धीरे-धीरे ऊपर चढ़ती गई। ऊपर पहुंचकर वह एक दरार में घुस गई और वहां चट्टान के साथ मजबूती से चिपक गई। तब एक सैनिक उस रस्से के सहारे ऊपर चढ़ा और उसने रस्से के ऊपरी सिरे को यशवंती की कमर से खोलकर एक पेड़ के तने से बांध दिया। उसके बाद उस रस्से के सहारे तानाजी और उसके साथी एक-एक करके किले के भीतर पहुंच गए।

तानाजी के कुछ साथियों ने जाकर किले के फाटकों को खोल दिया। सूर्याजी और बाकी मराठा सैनिक भी किले में दाखिल हो गए। तानाजी और उदेभान के

चित्र 6.6 : सामान्य भारतीय गोह

बीच घमासान युद्ध हुआ। लड़ाई में बुरी तरह घायल होकर दोनों की वहीं पर मृत्यु हो गई। मगर अंत में किले पर तानाजी के सैनिकों का कब्जा हो गया। शिवाजी को तानाजी की मृत्यु का समाचार मिला, तो उनके दुःख भरे उद्‌गार थे–"गढ़ तो मिला, मगर सिंह चला गया!" तब से कोंढाणा किले को 'सिंहगढ़' कहा जाने लगा।

मराठों के इतिहास में तानाजी की इस शौर्यगाथा को बड़े गौरव के साथ स्मरण किया जाता है। मगर इसमें यशवंती के महत्वपूर्ण योगदान को भी हमें नहीं भूलना चाहिए। उसकी मदद से ही तानाजी और उनके सैनिक किले में दाखिल होकर अंत में उस पर कब्जा कर सके थे। मगर यह यशवंती कौन थी?

यशवंती थी–एक गोह, जिसे अंग्रेजी में मॉनिटर, संस्कृत में गोधा और मराठी में घोरपड़ कहते हैं। किसी मराठा व्यक्ति ने गोह (घोरपड़) को पालतू बनाकर उसे दीवारों पर चढ़ना सिखाया होगा, इसीलिए शायद उसका परिवार बाद में घोरपड़े कहलाया। महाराष्ट्र के विशालगढ़ किले को मुधोल घोरपड़े परिवार के करणसिंह ने गोह के बल पर ही जीता था। कभी-कभी कुछ चोर भी घरों पर चढ़ने के लिए गोह का इस्तेमाल करते थे। गोह किसी दीवार

चित्र 6.7 : गोलाकार या अंडाकार शल्कों वाली गोह

की दरार में मजबूती से बैठ जाए, तो वह एक सामान्य आदमी के वजन को मजे में झेल सकती है।

गोह सरीसृप वर्ग का प्राणी है–दिखने में छिपकली जैसा, मगर उससे काफी बड़ा। गोह दुनिया के सभी गरम देशों में पाई जाती है। दूसरे सरीसृपों की तरह गोह भी बाहर से उष्णता ग्रहण करके अपने शरीर को गरम रखती है। यह भारत के लगभग सभी भागों में पाई जाती है। गोह का शरीर लंबा और कुछ चपटा-सा होता है। पूंछ लंबी, गरदन भी लंबी और मजबूत जबड़े में कांटे-जैसी काफी लंबी जीभ होती है–सांप की तरह। गोह के बदन पर गोल या अंडाकार शल्क यानी छिलके होते हैं।

गोह को आमतौर पर जहरीली माना जाता है, मगर यह सच नहीं है। गोह मांसभोजी प्राणी है। यह कीड़ों, पक्षियों, पक्षियों के अंडों, गिरगिटों, केंकड़ों आदि को खा जाती है। भोजन के लिए जब यह बाहर निकलती है तो सांप के समान जीभ को लपलपाती हुई जमीन पर आगे बढ़ती है। जरूरत पड़ने पर यह तेजी से दौड़ सकती है और पेड़ पर भी चढ़ सकती है। गोह पानी में अच्छी तरह तैर लेती है।

सभी जातियों की गोह के पैर बहुत मजबूत होते हैं और उनमें तीखे नखों वाली पांच उंगलियां होती हैं। गोह अपनी लंबी और मजबूत पूंछ का अक्सर हथियार की तरह इस्तेमाल करती है। खतरा होने पर यह बिना हिले-डुले चुपचाप लेट जाती है, ताकि इसकी तरफ किसी का ध्यान न जाए। मगर इसे देखकर इसका

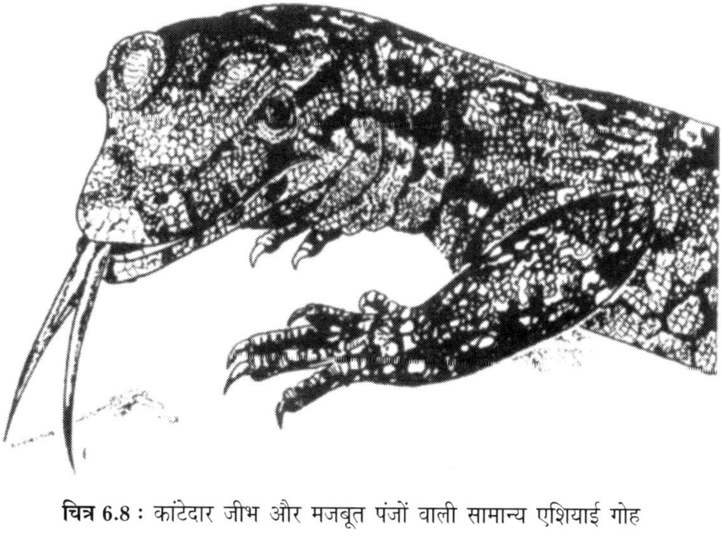

चित्र 6.8 : कांटेदार जीभ और मजबूत पंजों वाली सामान्य एशियाई गोह

पीछा किया जाए, तो यह विरोध प्रदर्शित करने के लिए अपनी अगली टांगें ऊपर उठा लेती है, सिसकारती है और पूंछ को तेजी से पटकती है।

गोह आमतौर पर जमीन पर बनाए गए घोंसले में अथवा पेड़ के कोटर में अपने अंडे देती है–एक बार में पच्चीस से तीस तक। भारतीय गोह अपने आगे के पैरों से जमीन में गड्ढा बनाती है। फिर अपने शरीर के पिछले हिस्से को गड्ढे में ढकेलकर अंडे देती है। अंडे देने के बाद वह अपने मुंह और पंजों से उस गड्ढे को मिट्टी से ढक देती है। आठ-नौ महीनों बाद अंडों से बच्चे निकल आते हैं।

भारत में गोह की चार प्रजातियां पाई जाती हैं–(1) **सामान्य भारतीय गोह** : यह देश के सभी भूभागों में पाई जाती है। सिर से पूंछ तक इसकी लंबाई 1. 75 मीटर होती है (सिर व शरीर की लंबाई 75 सेंटीमीटर और पूंछ की 100 सेंटीमीटर)। इसके बदन का रंग भूरा-काला या जैतूनी होता है। नर मादा से बड़ा और अधिक शक्तिशाली होता है। पैर की उंगलियां लंबी व मोटी होती हैं और उनके सिरों पर मजबूत नाखून होते है। जीभ काफी लंबी और कांटेदार होती है। यह गोह तेजी से दौड़ सकती है और उस समय यह अपनी पूंछ को 45 अंशों के कोण में खड़ा रखती है। इन गोहों के चमड़े का व्यापारिक महत्व होने के कारण इनकी संख्या तेजी से घटती जा रही है।

(2) **रेगिस्तानी गोह** : अंग्रेजी में इसे 'डेजर्ट मॉनिटर' कहते हैं। यह राजस्थान, पंजाब, मध्य प्रदेश और महाराष्ट्र के सूखे, रेतीले प्रदेश में पाई जाती है। इसकी लंबाई 1.3 मीटर होती है और रंग भूरा-पीला। इसके शरीर पर और पूंछ के पास छह-सात आड़ी पट्टियां होती हैं। इसकी गोल पूंछ के कारण इसे अन्य गोहों से अलग पहचाना जा सकता है। खाल के लिए गोह की इस प्रजाति को भी बड़ी तादाद में मारा जा रहा है।

(3) **पीली गोह** : अंग्रेजी में इसे 'येलो मॉनिटर' कहते हैं। यह गंगा-यमुना के मैदानों में पंजाब से लेकर बंगाल तक पाई जाती है। बिहार में इनकी संख्या अधिक है। इनकी लंबाई 83 सेंटीमीटर तक होती हैं। इनका रंग पीला-भूरा होता है, जिस पर लाल रंग की आड़ी पट्टियां पड़ी होती है। इनकी खूबसूरत खाल का व्यापारिक महत्व है, इसलिए इस प्रजाति की संख्या भी तेजी से घट रही है।

(4) **पनिया गोह** : इसे अंग्रेजी में 'वाटर मॉनिटर' कहते हैं। यह भारत की सबसे बड़ी गोह है। साथ ही, यह संसार की दूसरी बड़ी गोह है; संसार की सबसे बड़ी गोह इंडोनेशिया की 'कोमोडो ड्रैगन' है। पनिया गोह की कुल लंबाई 2.5 मीटर तक पहुंच जाती है (शरीर 100 सेंटीमीटर लंबा और पूंछ 150 सेंटीमीटर लंबी)। यह उड़ीसा, सुंदरबन (बंगाल) और अंदमान-निकोबार द्वीपों में पाई जाती है। यह

गोह पानी में रहना अधिक पसंद करती है। इसका रंग काला-भूरा या जैतूनी होता है। पनिया गोह मेंढ़कों, मछलियों, अंडो आदि को खाती है। इसकी चरबी का त्वचा के रोगों में इस्तेमाल होता है।

नागपंचमी के दिन महाराष्ट्र के सांगली जिले के शिराला गांव में सांपों का प्रदर्शन होता है, उनकी पूजा होती है। सांपों को पकड़कर और घड़ों में रखकर उन्हें बैंड़-बाजे के साथ अंबाजी के मंदिर ले जाया जाता है। उस समय जिंदा गोहों को भी लाठी के ऊपरी सिरे पर बांधकर और उन्हें सिंदूर का तिलक लगाकर जुलूस के साथ-साथ ले चलते हैं।

कंजर और मछुआरे जैसी कुछ जातियों के लोग गोह का मांस और अंडे खाते हैं। आयुर्वेद के पुराने ग्रंथों में गोह के मांस को बलवर्धक बताया गया है। गोह जब भोजन की तलाश में बाहर निकलती है, तो सिखाए गए कुत्ते से उसका शिकार किया जाता है। इनकी खाल का बड़ा व्यापारिक महत्व है। इनके सुंदर चमड़े से बैग, पट्टे आदि फैंसी चीजें बनाई जाती हैं। इसलिए गोह की कच्ची और कमाई हुई खालों का विदेशों को निर्यात किया जाता है। गोह का चमड़ा ढोलक, खंजड़ी आदि वाद्यों पर भी मढ़ा जाता है।

गोह की सभी भारतीय प्रजातियों की तादाद काफी घट गई है। इसलिए वन्य प्राणी संरक्षण अधिनियम कानून 1972 के अंतर्गत सभी किस्म की गोहों को संकटग्रस्त प्राणी घोषित करके इन्हें सरंक्षण प्रदान किया गया है। फिर भी इनकी खालों का गैर-कानूनी व्यापार अब भी जारी है। यशवंती की संतान को बचाने के सभी संभव प्रयास किए जाने चाहिए।

3. कछुए

किस्सा काफी पुराना है–उस जमाने का है जब लोग सोचते थे कि पृथ्वी सपाट है और यह किसी चीज पर टिकी हुई है। एक दिन इस विषय पर गुरु-शिष्य के बीच कुछ इस तरह की बातचीत हुई :

"गुरुजी! हमारी यह पृथ्वी किस चीज पर टिकी हुई है?" जिज्ञासु शिष्य ने पूछा।

"चार बड़े हाथियों पर।"

"और हाथी किस पर खड़े हैं, गुरुजी?"

"एक कछुए पर। बहुत बड़े कछुए पर!"

"और कछुआ किस पर टिका हुआ है?"

"पानी पर।"

"और पानी किस पर, गुरुजी?"

"पृथ्वी पर।"

"और पृथ्वी किस पर?"

"तेरे सिर पर! तू तो निपट मूर्ख है। कहा न कि हाथियों पर...।"

कुछ दूसरे लोग सोचते थे कि पृथ्वी शेषनाग पर टिकी हुई है। प्राचीन यूनान के कुछ लोगों ने कल्पना की थी कि पृथ्वी 'एटलस' नाम के एक महादानव के कंधों पर टिकी हुई है। परंतु हमारे देश के आर्यभट (499 ई.) और भास्कराचार्य (1150 ई.) जैसे वैज्ञानिक काफी पहले यह समझ गए थे कि पृथ्वी गोल है, निराधार है, यानी यह किसी चीज पर टिकी हुई नहीं है।

चित्र 6.9 : पृथ्वी हाथियों पर टिकी हुई है और हाथी एक विशाल कछुए पर

भारत में प्राचीन काल से ही कछुए (संस्कृत में 'कच्छप' और 'कूर्म') को पवित्र माना जाता रहा है। समुद्र में बड़े-बड़े कछुए पाए जाते हैं, इसलिए पुराने जमाने में सोच लिया गया था कि हमारी यह धरती

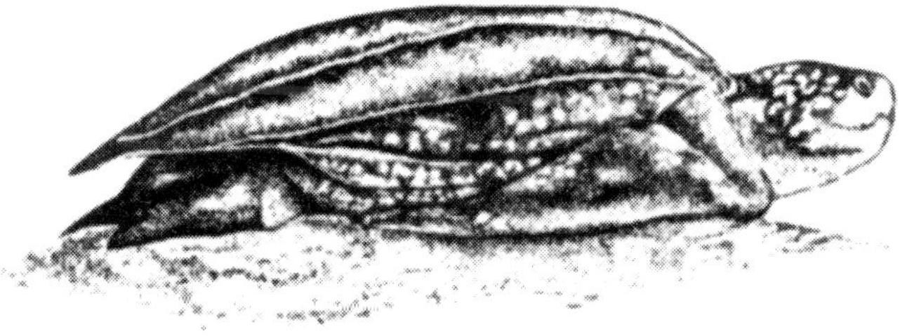

चित्र 6.10 : चर्मपृष्ठी कछुआ

एक महाकाय कछुए की पीठ पर टिकी हुई है। जब वह हिलता है, तो धरती डोलती है, भूचाल आते हैं। यह भी कल्पना की गई कि विष्णु भगवान ने कूर्म के रूप में अवतार लेकर पृथ्वी को धारण कर रखा है। आज भी भारत के कई तीर्थस्थलों में कछुओं की पूजा की जाती है। कछुओं के बारे में कई मनोरंजक कथाएं प्रसिद्ध हैं। 'पंचतंत्र' में कथा है कि धीमी चाल वाला एक कछुआ तेज दौड़ने वाले खरगोश को भी अन्त में पछाड़ देता है!

कछुओं को एक तरफ पवित्र माना जाता है, तो दूसरी तरफ बड़ी तादाद में उनकी हत्या होती है। मनुष्य प्राचीन काल से ही कछुओं का मांस और अंडे खाता आ रहा है। यह प्रथा आज भी कायम है। इससे कछुओं की कई जातियां लुप्त हो गई हैं और कई विनाश के कगार पर पहुंच गई हैं। कछुओं के कवचों से सजावट की कई तरह की चीजें बनाई जाती हैं। उनकी चरबी का उपयोग ग्रीस लगाने के लिए होता है। पुराने जमाने में कछुओं के कवचों की ढालें भी बनती थीं।

मोटे तौर पर कछुओं के दो वर्ग किए जाते हैं—जलचर कछुए और स्थलचर कछुए। भारत में 5 जातियों के समुद्री कछुए और 26 जातियों के मीठे जलवासी कछुए पाए जाते हैं। समुद्री कछुए अंडे देने के लिए बालूतट पर पहुंचते हैं। कुछ जातियों के कछुए, जैसे तारांकित कछुए, भूमि पर रहते हैं और घास-पात खाते हैं।

भारत की नदियों और दलदलों में पाए जाने वाले कछुए का शरीर हड्डियों के कवच या बख्तर के भीतर बंद रहता है। कछुए की लंबी गरदन के सहारे उसका सिर, छोटे-छोटे पैरों के दो जोड़े और छोटी-सी पूंछ बाहर की ओर निकली रहती है। खतरे का संकेत मिलते ही कछुआ ये सभी अंग कवच के भीतर समेट लेता है और इस तरह दुश्मन से अपना बचाव करता है। कछुआ अपने पैर बाहर निकालकर जमीन पर और पानी में चल सकता है।

कछुए का कवच हड्डियों की दो ढालों का बना होता है–पृष्ठीय ढाल और भीतरी ढाल। बगलों में जुड़ी हुई ये ढालें, न केवल बाहर से शरीर को ढकती हैं, बल्कि यह कछुए के कंकाल का एक भाग होती हैं। हड्डियों की ढाल बाहर से बड़ी शृंगीय पट्टियों और शरीर का बाकी हिस्सा (पैर, सिर, गरदन और पूंछ) पतले शृंगीय शल्कों से ढका रहता है। स्थलचर कछुए का पृष्ठीय ढाल जलचर कछुए की तुलना में अधिक फूली और उभरी होती है। ऊंची ढाल वाला कछुआ गलती से किसी चिकनी सतह पर उलट जाए, तो फिर उसे अपने-आप सीधे होने में बहुत ही दिक्कत होती है; तब उसकी रक्षक ढाल ही उसके लिए जानलेवा बन जाती है!

चित्र 6.11 : तारांकित कछुआ

कछुए के दांत नहीं होते। इसके बदले उसके जबड़ों के किनारे सख्त, धारदार शृंगीय आवरणों से ढके होते हैं। जलचर कछुआ अपनी जिंदगी का ज्यादातर हिस्सा पानी में बिताता है, जहां उसे मछली आदि जलचर प्राणियों के रूप में अपना भोजन मिलता है। स्थलचर कछुओं का भोजन है पौधे, जिन्हें वे अपने जबड़ों से कुतर-कुतरकर खाते हैं। कछुए लंबे समय तक जीवित रहते हैं। जानकारी मिलती है कि हिंद महासागर का एक विशाल कछुआ 152 साल तक जीवित रहा था।

अब हम देखेंगे कि भारतीय कछुओं की प्रमुखतः कौन-सी जातियां संकटावस्था में पहुंच गई हैं।

हरा समुद्री कछुआ : ये कछुए उष्ण और उपोष्ण समुद्र में पाए जाते हैं। इन्हें गुजरात-तट, अंडमान-निकोबार द्वीप-समूह और लक्षद्वीप के बालूतट पर धूप सेंकते देखा जा सकता है। इस भारी-भरकम कछुए का शरीर सपाट और सिर गोलाकार होता है। इसके शरीर का रंग हरा

चित्र 6.12 : हरा समुद्री कछुआ

या भूरा होता है और उस पर काले चकत्ते रहते हैं। वयस्क हरे कछुए का वजन 150 से 175 किलोग्राम तक हो सकता है।

ये कछुए ज्यादातर समुद्रतट के पास रहते हैं, परंतु अच्छे तैराक होने के कारण सागर में दूर तक पहुंच जाते हैं। मादा समुद्रतट की बालू में गड्ढा बनाकर उसमें 350 से 600 तक अंडे देती है और फिर गड्ढे को ढक देती है। छह सात सप्ताह बाद अंडों से बच्चे बाहर निकल आते हैं। इन हरे समुद्री कछुओं के मांस और अंडों का बड़े पैमाने पर सेवन किया जाता है। इसलिए इनका अस्तित्व अब खतरे में पड़ गया है, हालांकि इन्हें संरक्षित प्राणियों की कोटि में रखा गया है।

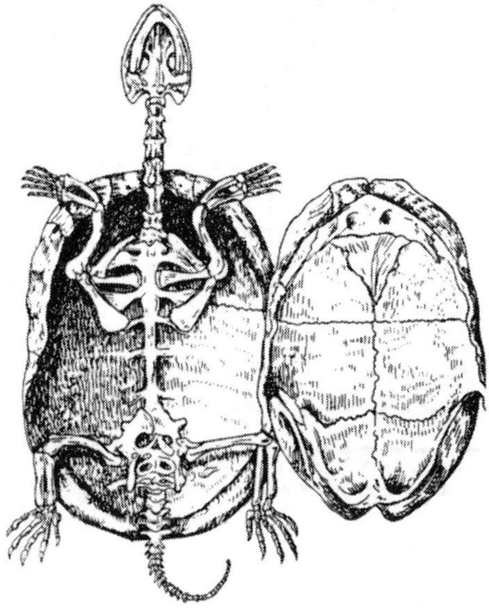

चित्र 6.13 : कछुए का कंकाल

चर्मपृष्ठी कछुआ : यह जीवित कछुओं में सबसे प्राचीन और सबसे बड़ा कछुआ है। हिंद महासागर में पाए जाने वाले इस कछुए की लंबाई 150 से 225 सेंटीमीटर तक और वजन 350 से 600 किलोग्राम तक होता है। चमड़े जैसी पीठ वाले इस कछुए का शरीर कुछ-कुछ त्रिभुजाकार, सिर बड़ा और गरदन भारी-भरकम होती है। इसके आगे के नाखून-रहित पैर चप्पू के आकार के बन गए हैं और पीछे के चौड़े पैर पूंछ के साथ जुड़ गए हैं। ये कछुए मछलियां और मॉलक्स आदि समुद्री प्राणी खाते हैं।

चर्मपृष्ठी कछुए हमेशा पानी में रहते हैं, मगर अंडे देने के लिए मादा बालूतट पर पहुंचती है। बालू में एक बड़ा-सा गड्ढा खोदकर वह उसमें 90 से 200 तक अंडे देती है और उसे ठीक से ढककर छिपा देती है। फिर वह उस गड्ढे के आसपास कस्तूरी जैसी गंध छोड़कर समुद्र में वापस चली जाती है—अंडों और उनसे बाहर आने वाले बच्चों को राम-भरोसे छोड़कर। मगर छोड़ी गई गंध के कारण आदमी इन अंडों को आसानी से खोज लेते हैं। बढ़ते समुद्री प्रदूषण के कारण भी इन चर्मपृष्ठी कछुओं की संख्या अब काफी घटी है।

तारांकित कछुआ : जून-जुलाई, 2002 में सिंगापुर हवाई अड्डे पर दो भारतीयों के कब्जे से 1830 नन्हे तारांकित कछुए पकड़े गए और उन्हें भारत वापस लाकर जांच-पड़ताल के लिए हैदराबाद के नेहरू चिड़ियाघर में रखा गया। कानून से संरक्षित होने पर भी इन खूबसूरत कछुओं को चोरी-छिपे अमरीका, यूरोप और दक्षिण-पूर्व एशिया के देशों में ले जाया जाता है, जहां इन्हें सजावट के लिए पालतू प्राणियों के रूप में पाला जाता है।

इन स्थलचर कछुओं के अस्थिपट्ट काले होते हैं और उनके मध्यभाग में पीले धब्बे रहते हैं, उन धब्बों से चहुंओर पीली धाराएं निकली होती हैं। उनकी आयु 30 से 35 साल तक होती है। ये अधिकतर दक्षिण-पूर्वी और उत्तर-पश्चिमी भारत के सूखी झाड़ी वाले जंगलों में पाए जाते हैं। बड़े हो जाने पर इनके मांस और कवच के लिए इन्हें बड़े पैमाने पर मारा जाता है। गैर-कानूनी व्यापार के कारण भी इन खूबसूरत कछुओं की संख्या अब तेजी से घटती जा रही है।

जैतूनी राजकच्छप : इसे 'जैतूनी रिडली समुद्री कछुए' के नाम से भी जाना जाता है। ये कच्छ की खाड़ी और केरल, तमिलनाडु, उड़ीसा और अंडमान द्वीपों के समुद्रतट में पाए जाते हैं। थोड़े उठाव वाली इनकी सपाट पीठ जैतूनी हरे रंग की होती है। बगल का भाग पीला-सा होता है। बच्चे भूरे-काले रंग के होते हैं। करीब 40 किलोग्राम भार वाले इन कछुओं का खाद्य है—मछलियां, केकड़े, सीपियां आदि समुद्री जीव-जंतु।

जैतूनी राजकच्छपों की मादाएं अंडे देने के लिए जनवरी-फरवरी माह में लाखों की संख्या में समुद्र के बालूतटों पर पहुंचती हैं। उड़ीसा तट का गहीरमाथा अभयारण्य इन कछुओं का सबसे बड़ा प्रजनन-स्थल है। चांदनी रात में मादाएं हजारों की तादाद में समुद्र से बाहर आकर बालू में अपना-अपना गड्ढा बनाती हैं, उसमें 120 तक अंडे छोड़ती हैं और फिर उसे सावधानी से ढककर वापस चली जाती हैं। देखा गया है कि अंडे देकर वापस लौटते समय इनकी आंखों से आंसू बहते हैं। लेकिन ये आंसू अंडों को कुदरत के भरोसे छोड़ने के कारण नहीं हैं। दरअसल, ज्यादा

चित्र 6.14 : जैतूनी राजकच्छप

मात्रा में ग्रहण किए गए खारे पानी के नमक को ये कछुए आंसुओं के रूप में बाहर छोड़ते हैं।

जैतूनी राजकच्छपों का बड़ी तेजी से संहार हो रहा है। अंग्रेजी राज में इन कछुओं के मांस और अंडों को बहुत पसंद किया जाता था। अब इनको या इनके अंडों को उठाने और बेचने पर कानूनी पाबंदी है, फिर भी चोरी-छिपे यह धंधा आज भी जारी है। इनके प्रजनन-क्षेत्र के समीप के समुद्र में बढ़ते प्रदूषण के कारण भी अब ये कछुए हर साल कम संख्या में प्रजनन के लिए बालूतट पर पहुंचते हैं। जैतूनी राजकच्छपों का अस्तित्व खतरे में है।

4. सांपों का अद्भुत संसार

भारतीय धर्म, संस्कृति, कला और पुराणकथाओं में सांपों को प्राचीन काल से ही बहुत महत्व दिया गया है। भगवान विष्णु को लक्ष्मी के साथ शेषनाग की शय्या पर विश्राम करते हुए और शंकर को गले में सांप डाले हुए दिखाया जाता है। नागपंचमी को देशभर में सर्प-पूजा का उत्सव मनाया जाता है। फिर भी, सांपों की खूबसूरत खालों के लिए उन्हें बड़ी तादाद में मारा जाता है; पूजा-पाठ और प्रदर्शन के नाम पर भी उन्हें खूब सताया जाता है।

महाराष्ट्र के सांगली जिले के शिराला गांव का नागपंचमी-उत्सव दूर-दूर तक प्रसिद्ध है। गांव के तरुण नागपंचमी के कई दिन पहले से आसपास के इलाके से सांपों को, नागों को भी, पकड़कर उन्हें मिट्टी के घड़ों में बंद करके रखते हैं। फिर नागपंचमी के दिन उन घड़ों को बैलगाड़ियों में रखकर बाजे-गाजे के साथ अंबाजी के मंदिर ले जाया जाता है। वहां घड़ों से सांपों को निकालकर उन्हें प्रदर्शित किया जाता है। दिन भर उनकी पूजा-अर्चना होती है, उन्हें दूध दिया जाता है; प्रदर्शन करनेवालों को पैसा मिलता है। अंत में उन्हें जंगल में छोड़ दिया जाता है। मगर उत्सव के दौरान सांपों को बड़ा सदमा पहुंचता है, कई सांप तो मर भी जाते हैं। असल में सांप दूध नहीं पीते, यह उनके लिए जहर-जैसा है।

हमारे देश में सांपों की पूजा तो होती है, परंतु 'सांप' का नाम सुनते ही हम भयभीत हो जाते हैं। सांप दिखाई देने पर उसे अक्सर मार दिया जाता है, विषहीन सांप को भी। अधिकतर सांप जहरीले नहीं होते। यह सही है कि भारत में सर्पदंश से हर साल लगभग 10,000 लोग मरते हैं, विशेषकर देहाती इलाकों में; मगर इससे भी पांच गुना अधिक लोग कुत्तों

चित्र 6.15 : सांप

के काटने से या सड़क-दुर्घटनाओं में मरते हैं। सांप स्वभाव से संकोची होते हैं और स्वरक्षा में ही शत्रु पर हमला करते हैं।

सांप रेंगने वाले प्राणी (सरीसृप) हैं; इनके पैर नहीं होते। पिछले लगभग 20-25 करोड़ साल से धरती पर इनका अस्तित्व है। उष्णकटिबंधीय जलवायु इनके अनुकूल है। संसार भर में लगभग 2500 प्रजाति के सांप हैं, जिनमें से करीब 250 प्रजातियां भारत में पाई जाती हैं। इनमें से लगभग एक-तिहाई सांप ही आदमी में विष के कुछ लक्षण पैदा कर सकते हैं। असली जहरीले सांप तो सिर्फ चार ही हैं–करैत, फनियर (नाग), दुबोइया (रसेल या वाइपर) और फुरसा (सामान्य वाइपर)। इनमें करैत को सबसे जहरीला सांप समझा जाता है। करैत और नाग जैसे कुछ सांप अंडे देते हैं। परंतु वाइपर जैसे कुछ सांप बच्चे देते हैं। सांप की आयु 20-25 साल आंकी गई है।

सांप परभक्षी जीव हैं, इसलिए इनकी इंद्रियां बहुत संवेदनशील होती हैं। सांपों की आंखों में पलकें नहीं होतीं; वे चमड़ी की एक पारदर्शी परत से ढकी रहती हैं। मगर अधिकांश सांपों की दृष्टि बहुत तेज होती है। इनकी सूंघने की शक्ति भी बहुत तीव्र होती है। इनकी कांटेदार लंबी जीभ छूने और सूंघने, दोनों का काम करती है। सांपों के कान नहीं होते; ये जमीन से आनेवाले कंपनों को ग्रहण करते हैं। नाग संपेरे की बीन की आवाज को नहीं सुनता; वह बीन की हलचल के अनुसार डोलता है। सांप कीड़े-मकौड़े, चूहे, खरगोश, पक्षी, छिपकलियां आदि खाते हैं। अनाज और फसलों को बड़े पैमाने पर बरबाद करने वाले चूहों को खाकर सांप मानव-जाति की बहुत बड़ी सेवा करते हैं।

सांपों के बारे में बहुत-सी गलत मान्यताएं प्रचलित हैं। समझा जाता है कि यदि सांप के जोड़े में से एक को मारा जाए, तो दूसरा उसका बदला लेता है, यानी आकर आपको काटता है। लेकिन यह सच नहीं है। आदमी की तरह सांप बदला लेना नहीं जानता। नागों के सिर पर मूल्यवान मणि भी नहीं होती। यदि ऐसा होता तो संपेरे और तमिलनाडु के सांप पकड़ने वाले इरुला आदिवासी आज करोड़पति होते। मंत्रों से सांप का जहर उतारा जा सकता है, यह भी सच नहीं है।

सांपों के आवासक्षेत्र घटते जा रहे हैं। ये हमारे अंधविश्वासों के भी शिकार होते हैं। मगर सांपों की संख्या घटने का सबसे बड़ा कारण है, इनकी खालों का व्यापार। सन् 1976 में इनकी खालों के व्यापार पर कानूनी रोक लगा देने के पहले प्रति वर्ष करीब एक करोड़ खालों का व्यापार होता था। सांपों की खालों की विदेश में बड़ी मांग है। इनसे तरह-तरह की शौकिया चीजें बनाई

जाती हैं। कुछ आदिवासी इलाकों में सांपों का मांस भी खाया जाता है। सांप के तेल में औषधीय गुण भी बताए जाते हैं। लेकिन सबसे उपयोगी है सांप का विष, जिससे सांप के ही काटने का और अन्य कई रोगों का इलाज होता है। कहा भी गया है–विषस्य विषं औषधम् (जहर जहर से जाता है)। विषैले सांपों का जहर निकालकर मुंबई के हॉफकिन इंस्टीट्यूट में उनके विषरोधी सीरम इंजेक्शन तैयार किए जाते हैं।

देश के कई भागों से अजगर लुप्तप्राय हो गए हैं और सांपों की दूसरी कई प्रजातियां भी संकटावस्था में पहुंच गई हैं। यहां हम संकटग्रस्त कुछ सांपों की जानकारी दे रहे हैं।

अजगर विषहीन होते हैं और भारत के लगभग सभी भागों में पाए जाते हैं। ये भारत में पाए जाने वाले दूसरे नंबर के सबसे बड़े सांप हैं। वैसे तो 7 मीटर लंबा अजगर भी देखा गया है, मगर इनकी लंबाई चार-पांच मीटर और मोटाई लगभग पौने मीटर तक होती है। इनका वजन करीब 85 किलोग्राम होता है। शरीर का रंग हलका पीला और धूसर या भूरा होता है और इनकी बगल में आयताकार काले चकत्ते होते हैं। सिर पर भाले के आकार का निशान होना इनकी विशेष पहचान है। अजगर अच्छे तैराक होते हैं और पेड़ पर भी चढ़ सकते हैं। अजगर में पिछली टांगों के अवशेष पाए जाते हैं, जिससे स्पष्ट होता है कि इनका विकास टांगों वाले सरीसृपों से हुआ है। मादा अजगर 60 से 110 तक अंडे देती है।

अजगर अधिकतर रात को विचरण करते हैं और छोटे स्तनधारियों, पक्षियों, मेंढकों आदि का शिकार करते हैं। ये शिकार को सीधे निगल जाते हैं। शिकार यदि स्तनधारी प्राणी हो, तो अजगर उसे चारों ओर से लपेट लेता है और अपने मजबूत लंबे शरीर से उसे इतने जोर से जकड़ लेता है कि वह प्राणी मर जाता है। फिर अजगर उसे निगल लेता है।

चित्र 6.16 : अजगर-पक्षी को निगलते हुए

सांपों के बारे में रोचक तथ्य

- संसार में सांपों की करीब 2500 प्रजातियां हैं।
- भारत में सांपों की करीब 250 प्रजातियां हैं।
- ध्रुव-प्रदेश में सांप नहीं होते।
- सांपों के कान नहीं होते।
- सांप सपेरे की बीन की आवाज नहीं सुनते।
- सांपों के पैर नहीं होते।
- सांप की पलकें नहीं होतीं।
- सांप बदला नहीं लेते।
- नाग के सिर पर मणि नहीं होती।
- सांप के लिए दूध जहर-जैसा है।
- मंत्र से सांप का जहर नहीं उतरता।
- भारत का सबसे बड़ा सांप–राज अजगर।
- भारत का सबसे जहरीला सांप–करैत।

अजगर की एक और किस्म है–राज अजगर। भारत के इस सबसे बड़े सांप की लंबाई 10 मीटर तक होती है। यह भी सामान्य अजगर जैसा ही है; रंगों की छटा और चकत्तों के आकार में ही थोड़ा अंतर होता है। यह अजगर मुंह की तरफ

चित्र 6.17 : नागराज

से अपने शिकार को पकड़ता है और उसके मर जाने पर उसे समूचा निगल जाता है। उसके बाद यह अक्सर किसी पेड़ के तने से अपने को लपेट लेता है, जिससे शिकार की हड्डियां चूर-चूर हो जाती हैं। यह सूअर और बकरे का भी शिकार कर लेता है। यह भी विषहीन सांप है।

सांपों में नाग (फनियर) बहुत विषैले होते हैं। ये डेढ़-दो मीटर तक लंबे होते हैं। इनका रंग अधिकतर पीला होता है, पर काले-भूरे और कत्थई रंग के नाग भी देखने को मिल जाते हैं। इन सांपों की गरदन पर प्रायः चश्मे-जैसी काली आकृति रहती है। जब नाग अपना सिर उठाकर हमले का पैंतरा लेता है तो यह आकृति स्पष्ट दिखाई देती है। नाग का भोजन है—छिपकलियां, सांपों के बच्चे, चूहे, मेंढक, पंछी, अंडे आदि। अन्य सांपों की तरह यह भी अपने शिकार को पूरा निगल जाता है। नागिन एक बार में लगभग 15 अंडे देती है, जिनमें से पचास-साठ दिन बाद सपोले निकल आते हैं।

नाग को परेशान करने पर ही वह आदमी पर हमला करता है। उसके ऊपरी जबड़े में दो विष-ग्रंथियां होती हैं, जो दो बड़े दांतों से जुड़ी हुई होती हैं। सांप के काटने पर दांतों की नलिकाओं से होकर विष घाव तक पहुंचता और फिर शिकार के रक्त में समा जाता है। विष की चार-पांच बूंदें ही शिकार को मार डालने के लिए पर्याप्त होती हैं। परंतु मोर और तीतर जैसे कुछ प्राणियों पर नाग के विष का प्रभाव नहीं पड़ता—शायद उनके विशेष किस्म के रक्त के कारण।

यदि जल्दी इलाज न किया जाए तो नाग का दंश आदमी के लिए जानलेवा साबित हो सकता है। विष तंत्रिका-तंत्र पर असर डालता है। नाग के काटे आदमी को थकान आती है, तंद्रा घेर लेती है। बाद में सांस लेने में दिक्कत होती है, सिर चकराता है, कै आने लगती है, शरीर का तापमान गिर जाता है और हृदय की गति मंद पड़ जाती है। अंत में आदमी मर जाता है। इसलिए नाग के काटने पर सबसे पहले घाव के रक्त को निचोड़कर पोटेशियम परमैंगनेट के एक प्रतिशतवाले घोल से घाव को धो लेना चाहिए। फिर अस्पताल में जाकर विष का प्रभाव रोकने के लिए बनाए गए खास सीरम की सूई लगवा लेनी चाहिए।

आसाम और नीलगिरि के ऊंचाई वाले जंगलों में पांच मीटर तक लंबे नागराज पाए जाते हैं। ये विशाल जहरीले सांप दूसरे सांपों को खाते हैं, जिनमें नाग भी शामिल हैं। कभी-कभी ये आदमी पर हमला करते हैं। मगर इनकी संख्या काफी कम है।

वाइपर विषैले सांप हैं और भारत में काफी तादाद में पाए जाते हैं। इनके विषदंत लंबे, काफी मुड़े हुए और नुकीले होते हैं। रसेल का वाइपर करीब एक

मीटर लंबा होता है और यह लगातार आवाज करता रहता है। इसकी गरदन पतली और सिर तिकोना होता है। 'आफत' नामक वाइपर एक छोटे आकार का जहरीला सांप है।

चित्र 6.18 : पेलामीडा नामक समुद्री सांप

भारत के पेलामीडा नामक समुद्री सांप जहरीले होते हैं। इन्होंने अपने शरीर को पानी में रहने के अनुकूल बना लिया है। इनकी छोटी-सी पूंछ दोनों ओर से पतली और डांडे की तरह होती है। इनकी नाक के छिद्रों पर वाल्व होते हैं, जो ऊपर की ओर खुलते हैं। ये सांप मछलियों को खाते हैं। ये पानी में ही छोटे-छोटे सपोले पैदा करते हैं। ये अक्सर मछुआरों के जाल में फंसते हैं और उन्हें काटते भी हैं।

भारत के विषैले सांपों में करैत सबसे ज्यादा जहरीला होता है। ये सांप मैदानों में पाए जाते हैं और रेंगकर अक्सर घरों में चले जाते हैं। अपने भूरे रंग के कारण ये अक्सर आदमी की नजर से बचे रहते हैं। इसी वर्ग का एक अत्यंत जहरीला अन्य सांप है—घोड़-करैत (बैंडेड क्राइट), जिसे बंगाल में शंखिनी कहते हैं। प्रत्येक आदमी की विशिष्ट पहचान के लिए भारत में स्वतंत्र रूप से विकसित की गई 'डी.एन.ए. फिंगर प्रिंटिंग' तकनीक में मादा घोड़-करैत के डी.एन.ए. प्रोब का इस्तेमाल होता है। इस तरह, अत्यंत जहरीला होने पर भी यह सांप मानव के लिए उपयोगी सिद्ध हुआ है।

चित्र 6.19 : घोड़-करैत सांप

5. नेवला

समझा जाता है कि नाग के काटने का नेवले पर असर नहीं होता। मगर यह सच नहीं है। नेवला बड़ा फुर्तीला प्राणी है। वह एकदम कूदकर सांप का सिर पकड़ लेता है और उसे चबा डालता है। नेवले के हमले को साधारण सांप सह नहीं सकता, परंतु नाग को मारना उसके लिए भी कठिन होता है। वह फन उठाने के पहले ही नाग के सिर को दबोच देता है। फन उठाने पर वह नाग के चारों ओर घूमता है और मौका पाते ही उसे धर दबोचता है। फिर उसे खाता है।

सांप से लड़ते समय नेवले के बाल खड़े हो जाते हैं और ये भी उसे सर्पदंश से बचाते हैं। मगर नेवले की रक्षा करने वाले यही बाल अब उसके भक्षक बन गए हैं। इन बालों से पेंटिंग-ब्रश बनते हैं, इसलिए हमारे देश में नेवला को बड़ी तादाद में मारा जा रहा है, खासकर प. बंगाल में। हमें ध्यान में रखना चाहिए कि नेवले सांपों, चूहों और घूसों से हमारे घर की रक्षा करते हैं।

चित्र 6.20 : नेवला

अध्याय-7

बनमानुष, बंदर और लंगूर

बंदरों की जितनी कद्र भारत में होती है, उतनी दुनिया के किसी अन्य देश में नहीं। इराका एक कारण है। रामकथा के अनुसार, राम और रावण के बीच जो युद्ध हुआ था उसमें वानरों के राजा सुग्रीव और हनुमान ने राजा रामचंद्र की मदद की थी। हमारे यहां बंदर की शक्ल वाले हनुमान (महावीर) को देवता माना जाता है। फिर भी देश में कई किस्म के बंदर आज सुरक्षित नहीं हैं।

आदमी और बंदर की बनावट और स्वभाव में बड़ी रागानता है। इंग्लैंड के महान वैज्ञानिक डारविन (1809-82 ई.) का मत था कि बंदरों से ही मानव का विकास हुआ है। वानर, लंगूर और मानव को प्राइमेट्स (नरवानरगण) यानी 'श्रेष्ठ प्राणी' कहा जाता है, जिसका मुख्य कारण है इनका अधिक विकसित दिमाग। लंगूर और मानव को आपस में जोड़ने वाले कुछ प्रमुख तथ्य हैं–दोनों में पूंछ की हड्डी का होना, आंखों के ऊपर भौंहों का होना, चौड़ा वक्षस्थल, पारिवारिक जीतन, मादा में मासिक धर्म का होना आदि।

पता चला है कि जैव-रसायन की दृष्टि से मानव और लंगूर में काफी समानता है। मानव में पाया जाने वाला रक्त-प्रोटीन लंगूरों से मेल खाता है। आनुवंशिक गुणों की दृष्टि से परखा जाए, तो गोरिला व चिम्पांजी हम मानवों से सिर्फ एक प्रतिशत भिन्न हैं। यह एक प्रतिशत भिन्नता भी मानव द्वारा अर्जित कला-कौशल और ज्ञान-विज्ञान के कारण है। वैज्ञानिकों का मत है कि लंगूरों और आधुनिक मानवों (होमिनीड्स) का अलगाव लगभग डेढ़ करोड़ वर्ष पहले शुरू हुआ। ये दोनों 50 से 60 लाख वर्ष पहले एक-दूसरे से पृथक हुए।

भारतीय बनमानुष

प्राइमेट्स के दो मुख्य वर्ग हैं। एक वर्ग में मानव, बनमानुष (एप) और बंदरों का समावेश होता है और दूसरे में लेमूर तथा उसके जैसे जीवों का। भारत में विभिन्न किस्म के बंदर और लंगूर पाए जाते हैं परंतु बनमानुष की केवल एक ही किस्म पाई जाती है, पूर्वोत्तर भारत के घने जंगलों में। यह बांग्लादेश, म्यांमार तथा

चीन के कुछ भागों में भी पाया जाता है। इसे असम में 'उलुक' और अंग्रेजी में 'हूलॉक गिबन' कहते हैं।

चित्र 7.1 : हूलॉक गिबन

भारत के इस गिबन की बांहें पांवों से बड़ी होती हैं। जब यह अपने अपेक्षाकृत छोटे पैरों पर खड़ा होता है, तो इसकी बांहें जमीन तक पहुंचती हैं। इसके दुम नहीं होती। भौंहें सफेद होती हैं। ऊंचाई लगभग एक मीटर होती है। इसके कंधे का जोड़ लचीला होने के कारण यह अपने हाथों को आसानी से मोड़ सकता है। एक डाल को एक हाथ से पकड़कर तीन मीटर दूर तक की दूसरी डाल तक छलांग लगाने में इसे कोई दिक्कत नहीं होती। नर और बचपन में मादा काले रंग की होती है। उम्र बढ़ने पर मादा का रंग पीला-भूरा हो जाता है।

जंगलों में रहने वाले हूलॉक गिबन की आदतों के बारे में अभी पूरी जानकारी नहीं मिल पाई है। ये फल, फूल, पत्ते, पक्षी और कीड़े-मकोड़े खाते हैं। इनके प्रत्येक परिवार में एक नर, एक मादा और दो-तीन बच्चे होते हैं। वनकटाई और वनभूमि के सिकुड़ते जाने के कारण भारत के इस एकमात्र बनमानुष का अस्तित्व भी खतरे में पड़ता जा रहा है।

सिंह की-सी पूंछ वाला बंदर

भारत में कई किस्म के बंदर और लंगूर पाए जाते हैं। बंदर और लंगूर में एक सबसे बड़ा फर्क यह है कि बंदर के गाल में एक थैली होती है, जो लंगूर के नहीं होती। इस थैली में बंदर खाने की चीजें रखता है। बंदर मोटे-ताजे होते हैं और चार पांवों पर चलते हैं। लंगूर छरहरे बदन के होते हैं और सीधे चल सकते हैं।

भारत के बंदरों में सामान्य बंदर वे हैं जो वाराणसी, मथुरा, रामटेक आदि तीर्थस्थानों में बड़ी तादाद में देखने को मिलते हैं। इनके अलावा हमारे देश में कुछ विशेष किस्म के भी बंदर हैं, जिनकी स्थिति अब काफी संकटमय हो गई है। ऐसा

चित्र 7.2 : सिंह की-सी पूंछ वाला बंदर

ही एक बंदर है—केरल की शांत घाटी (साइलेंट वेली) नीलगिरि, अन्नामलै और पेरियार अभयारण्य में पाया जाने वाला सिंह की-सी पूंछ वाला बंदर। इसके बदन के बाल काले चमकदार होते हैं। सिर पर लंबे सफेद-भूरे रंग का अयाल होता है, जिसका आरंभ कनपटी और गालों पर से होता है। इसकी पूंछ सिंह जैसी और सिरे पर गुच्छेदार होती है, इसीलिए इसे यह नाम दिया गया है। नर की आवाज आदमी से मिलती-जुलती होती है। लगता है जैसे 'को है' कहकर अपने खोए साथी को पुकार रहा है। बबून की शक्ल वाला यह बंदर पश्चिमी घाट के सदाबहार जंगलों में रहता है और फल, कलियां और पत्ते खाकर गुजारा करता है।

शांत घाटी में बनने वाले जल-विद्युतघर की योजना को रोक दिए जाने से, देश के इस अनोखे बंदर को कुछ राहत मिली है। लेकिन कॉफी और चाय के बढ़ते क्षेत्र और जंगली पेड़ों के स्थान पर यूकेलिप्टस तथा अन्य वृक्षों के लगाए जाने से इन बंदरों का अस्तित्व खतरे में पड़ता जा रहा है।

नीलगिरि लंगूर

लंगूर सारे भारत में पाए जाते हैं। भारत में इनकी पांच जातियां और कई उपजातियां हैं। आमतौर पर लंगूरों की लंबी दुम, लंबा बदन और मुंह काला होता है। बंदरों की तरह ये कीड़े-मकोड़े नहीं खाते; फल-फूल और पत्ते ही इनका आहार है। नीलगिरि लंगूर का बदन चमकीला काला होता है, केवल सिर का रंग पीला-बादामी होता है। इसकी भी पूंछ लंबी होती है और जैसा कि इसके नाम से स्पष्ट है, यह पश्चिमी घाट की नीलगिरि पहाड़ियों में पाया जाता है। यह केरल, कर्नाटक तथा तमिलनाडु के वनों और श्रीलंका में भी देखने को मिलता है।

चित्र 7.3 : नीलगिरि लंगूर

नीलगिरि लंगूर पांच से 16 तक के झुंड में विचरण करते हैं। कभी-कभी इनके झुंड में 30 तक सदस्य होते हैं। ये यदा-कदा खेतों और बगीचों पर भी हमला बोलते हैं। वनकटाई के कारण इनका आवास क्षेत्र घटता जा रहा है। वनवासी लोग नीलगिरि लंगूर को मांस और खाल के लिए मारते हैं। माना जाता है कि इसका मांस और रक्त कई रोगों के लिए बढ़िया औषधि है। इसकी सुंदर खाल के अच्छे दाम मिल जाते हैं। इन सब कारणों से नीलगिरि लंगूरों की संख्या अब घटती जा रही है।

उत्तरी असम और अरुणाचल में एक प्रकार का लंगूर पाया जाता है जिसके सिर पर टोपी-जैसे बाल होते हैं। इसका सिर व चेहरा काला और गाल नारंगी-लाल रंग के होते हैं। इसकी पीठ का रंग गहरा भूरा होता है। कुल मिलाकर इसे बहुरंगी लंगूर कहा जा सकता है, मगर इसकी आदतों के बारे में अभी पूरी जानकारी नहीं मिल पाई है।

सुनहरा लंगूर

सन् 1907 में सूचना मिली थी कि भारत-भूटान सीमा के नजदीक की 'संकोश नदी' के पूर्व में सुनहरे रंग वाला एक नए किस्म का लंगूर देखा गया है। परंतु इसके बारे में पहली बार पक्की जानकारी 1953 में मिली और तब इसे सुनहरा (गोल्डन) लंगूर नाम दिया गया। अच्छी रोशनी में इसकी पीठ सुनहरी नजर आती है। चेहरा काला और केश-रहित होता है। इसकी लंबी पूंछ के सिरे पर बालों का गुच्छा होता है। गरमी की अपेक्षा ठंडी के मौसम में यह लंगूर अधिक सुनहरा-सफेद नजर आता है।

सुनहरा लंगूर प्रमुखतः पेड़ों पर रहने वाला प्राणी है और एकदम सुबह तथा सायंकाल को ही नदी या झरने से पानी पीने के लिए नीचे उतरता है। यह घने जंगलों में रहता है और पूर्णतः शाकाहारी है। यह मनुष्य से दूर ही रहता है। इसके झुंड में 40 तक सदस्य होते हैं, जिनका नेता कोई तगड़ा नर होता है। सभी उसी का अनुसरण करते हैं। पता चला है कि भूटान और असम में इन सुनहरे लंगूरों की संख्या अब धीरे-धीरे बढ़ रही है।

चित्र 7.4 : सुनहरा लंगूर

लॉरिस बंदर

प्राइमेट्स के अंतर्गत लॉरिस बंदरों की अपनी एक अलग प्रजाति है और ये अफ्रीका तथा एशिया में पाए जाते हैं। इनकी आंखें बड़ी होती हैं। इनके पूंछ नहीं होती, और यदि होती भी है तो बहुत छोटी। ये रात में विचरण करते हैं और दिन

चित्र 7.5 : लजीला लॉरिस बंदर

के समय पेड़ों पर सोते हैं। सोते समय ये अपना सिर अपने पैरों के बीच में रखकर अपने को गोल-मटोल बना लेते हैं। फल, पत्ते, कीड़े-मकोड़े और पक्षियों के बच्चे लॉरिस का आहार हैं।

भारत में लॉरिस की दो उपजातियां पाई जाती हैं—छरहरा लॉरिस और लजीला लॉरिस। छरहरा लॉरिस केरल, तमिलनाडु, कर्नाटक और आंध्र प्रदेश के जंगलों में पाया जाता है। इस बंदर की आंखें काफी बड़ी होती हैं। आंखों के रोग की दवाई प्राप्त करने के लिए इस नन्हे बंदर को मारा जाता है। वैज्ञानिक संस्थानों में इन बंदरों पर प्रयोग भी किए जाते हैं।

लजीला लॉरिस एक गोल-मटोल प्राणी है। इसका सिर गोल होता है और इसकी गोल आंखों के इर्द-गिर्द काला-भूरा घेरा होता है। अपने अच्छे विकसित अंगूठों के कारण यह पेड़ों की शाखाओं को मजबूती से पकड़ सकता है। छरहरे लॉरिस की तरह यह भी रात को विचरण करता है। यह लजीला लॉरिस पूर्वोत्तर भारत के जंगलों में पाया जाता है।

अध्याय-8

1. भारत का राष्ट्रीय पक्षीमोर

मोर हमारा राष्ट्रीय पक्षी है। लेकिन क्या आप जानते हैं कि मोर को ही भारत का राष्ट्रीय पक्षी क्यों और कैसे चुना गया? जानना जरूरी है।

पक्षियों की सुरक्षा के लिए एक अंतर्राष्ट्रीय संगठन है। यह संगठन व्यापक रूप से वन्य प्राणियों और विशेष रूप से पक्षियों की सुरक्षा के लिए काम करता है। सन् 1960 में इस संगठन का एक विश्व सम्मेलन जापान की राजधानी टोकियो में आयोजित हुआ। वहां निर्णय लिया गया कि संसार का हर देश अपने एक पक्षी को 'राष्ट्रीय पक्षी' घोषित करे। तदनुसार संसार के अनेक देशों ने अपने-अपने राष्ट्रीय पक्षी घोषित कर दिए।

संसार भर में पक्षियों की लगभग 9000 प्रजातियां हैं। इनमें से करीब 1200 प्रजातियां भारत में पाई जाती हैं। मगर इतने सारे पक्षियों में एक ही राष्ट्रीय पक्षी चुनने में कोई कठिनाई नहीं हुई। शालीनता, सुंदरता और बुद्धिमत्ता में मोर की

चित्र 8.1 : पंख फैलाकर नाचता हुआ मोर

बराबरी अन्य कोई पक्षी नहीं कर सकता। भारत सरकार ने 1963 ई. में मोर को 'राष्ट्रीय पक्षी' घोषित कर दिया।

युगों-युगों से मोर हमारी संस्कृति का अभिन्न अंग रहा है, इसलिए भी इसे राष्ट्रीय पक्षी का दर्जा दिया गया। भारत में प्राचीन काल से ही मोर को पवित्र माना जाता रहा है। चार-पांच हजार साल पहले की सिंधु सभ्यता (हड़प्पा संस्कृति) के बर्तनों के ठीकरों पर भी मोर का अंकन देखने को मिलता है। ऋग्वेद और अथर्ववेद में मोरनी का उल्लेख है। यजुर्वेद में अश्वमेघ यज्ञ के समय बलि दिए जाने वाले प्राणियों की सूची में मोर का भी नाम है। रामायण और महाभारत में भी मोर के अनेक उल्लेख हैं।

स्कंद पुराण में मोर की काफी चर्चा है। मोर देवताओं के सेनापति स्कंद या कार्तिकेय का वाहन है। यह पक्षी विद्या की देवी सरस्वती का भी वाहन है। मोरपंख श्रीकृष्ण के शिरोभूषण की शोभा बढ़ाते थे। प्राचीन भारत के प्रख्यात मौर्य राजवंश का नाम संभवतः मोर पर आधारित है। मौर्यकाल के पंचमार्क सिक्कों पर मोर का चिह्न अंकित देखने को मिलता है। मौर्य सम्राट अशोक (ईसा पूर्व तीसरी सदी) ने मोर को मारे जाने पर रोक लगाकर इनकी सुरक्षा के लिए अभयारण्य स्थापित किए थे।

गुप्त सम्राट कुमारगुप्त (ईसा की पांचवीं सदी) ने अपने चांदी के सिक्कों पर पंख फैलाए मोर की आकृति अंकित करवाई थी। एक अन्य सिक्के पर राजा ने अपने को 'कुमार' यानी कार्तिकेय के रूप में मोर पर बैठा हुआ दिखाया है। संस्कृत और भारत की सभी प्रांतीय भाषाओं की लोककथाओं, लोकगीतों और भक्तिगीतों में मोर के उल्लेख बार-बार आए हैं। भारतीय चित्रकला, मूर्तिकला तथा धातु और हाथीदांत पर की गई नक्काशी में मोर को महत्वपूर्ण स्थान मिला है।

मुगल बादशाहों को मोर से विशेष लगाव था। वे इस पक्षी को पालतू बनाकर अपने बागों में रखते थे। बाबर और जहांगीर ने अन्य पशु-पक्षियों के साथ मोर के भी चित्र बनवाए थे। बादशाह शाहजहां तो मोर की सुंदरता से इतना अधिक प्रभावित था कि उसने अपने लिए एक रत्न-जड़ित 'तख्त-ए-ताऊस' (मयूर सिंहासन) बनवाया था। उस बहुमूल्य सिंहासन को दिल्ली के लालकिले के दीवान-ए-आम (राजसभा) में रखा गया था। फारस के बादशाह नादिरशाह ने सन् 1739 में दिल्ली को लूटा, तो वह तख्त-ए-ताऊस को भी अपने साथ ले गया!

प्राचीन भारत में मोर एक बहुत ही लोकप्रिय और शोभाकारी पक्षी था। दूर-दूर के देशों में इस सुंदर पक्षी की मांग थी। व्यापारियों और यात्रियों ने इस भारतीय

पक्षी को काफी पहले मिस्र में पहुंचा दिया था। पता चलता है कि तीन हजार साल पहले इसराइल के राजा सुलेमान (सोलोमन) ने भारत से भेंट-स्वरूप कई मोर प्राप्त किए थे। यूनानी और रोमन लेखकों ने भी भारतीय मोर की चर्चा की है। जानकारी मिलती है कि 326 ई. पू. में भारत से वापस लौटते समय सिकंदर 200 मोर अपने साथ ले गया था। फिर मोर की प्रजाति का पहले रोम में और बाद में इंग्लैंड में भी प्रवेश हुआ।

चित्र 8.2 : मौर्यकालीन पंचमार्क सिक्के पर मोर का चिन्ह

मोर के कई नाम हैं। संस्कृत में इसे 'मयूर' कहते हैं, जिसका अर्थ है 'मारने वाला'। माना जाता है कि मोर सर्प को मारता है, खाता है, इसलिए उसे 'मयूर' और 'भुजंगभुक्' जैसे नाम मिले। आज भारत की कई भाषाओं में प्रचलित 'मोर' शब्द 'मयूर' से ही बना है। मोर के सिर पर चमकीले नीले रंग की एक कलंगी रहती है, इसलिए इसे 'शिखि' और 'शिखावल' भी कहते हैं। फारसी में इसे 'ताऊस' कहते हैं। लैटिन और यूनानी भाषाओं में मोर को 'पावो' कहा जाता है, इसलिए अब इस पक्षी का वैज्ञानिक नाम है—पावो क्रिस्टाटस, यानी कलंगी वाला मोर।

मोर कम-ज्यादा संख्या में सारे भारत में पाए जाते हैं। झाड़ियों और जंगलों वाले प्रदेशों में झरनों तथा नदियों के नजदीक रहना पसंद करते हैं। ये हिमालय की दक्षिणी ढलान पर तो रहते हैं, परंतु एक हजार मीटर से अधिक ऊंचाई पर नहीं जाते। इन्हें गांवों और कस्बों के पास की झाड़ियों और खेतों में तथा राजस्थान के रेतीले मैदानों में भी देखा जा सकता है। मोर आदमी से नहीं डरता, मगर सावधान रहता है। आम तौर पर मोर एक शर्मीला किंतु चौकन्ना रहने वाला प्राणी है। खतरा देखकर वह तेजी से खिसक जाता है और मजबूरी में नदी-नालों या तंग घाटियों को पार करना हो तो उड़ता भी है।

नर को मोर और मादा को मोरनी कहते हैं। दोनों की जोड़ी को मोर-मोरनी कहा जाता है। नर का गला और सिर गाढ़े चमकीले नीले रंग का रहता है और सिर के ऊपर हरे और नीले परों की एक कलंगी रहती है। नर की पूंछ के पीछे करीब एक मीटर लंबे रंगीन पंख रहते हैं। इनमें से कुछ पंख सिरे पर जाकर गोल हो जाते हैं और उन पर भूरे व नीले रंगों की आंख-जैसी आकृतियां बनी होती हैं।

मोर की तरह मोरनी की भी कलंगी होती है। मगर मोरनी छोटी और चित्तीदार भूरे रंग की होती है। इसकी गरदन का निचला भाग हरे रंग का होता है। मोरनी की सजीली पूंछ नहीं होती।

चित्र 8.3 : कुमारगुप्त के सिक्के पर मोर पर आसीन 'कुमार' का अंकन

मोर सर्वभक्षी हैं। घास-फूस, बीज, नरम कल्ले, फल, कीड़े-मकौड़े आदि को मोर खा जाते हैं। देखा गया है कि मोर छोटे सांपों और चूहों को मारते हैं। इन्हें शाम-सवेरे खेतों में दाना चुगते हुए देखा जा सकता है। रात को ये जंगलों में चले जाते हैं, जहां ये सबसे ऊंचे पेड़ को अपना बसेरा बनाते हैं। बाद में ये पेड़ की निचली शाखा पर उतरकर रात को वहां सोते हैं।

मोर बहुपत्नीक पक्षी है, यानी उसके संग में कई मोरनियां रहती हैं। बारिश का मौसम शुरू होने के पहले मोर अपने निखार पर होता है। उस समय मादा को आकर्षित करने के लिए मोर अपनी पूंछ को पंखे की तरह खोलकर मोरनियों के गिर्द नाचने लगता है और थोड़ी-थोड़ी देर बाद पंखों को कंपाता भी है।

मोर के घोंसले किसी झाड़ी के नीचे छिछले गढ़े की शक्ल के होते हैं, जिनमें थोड़ी घास-फूस रखकर मोरनी जुलाई-अगस्त में चार से छह तक अंडे देती है। अंडों को सेने और बच्चों को पालने की जिम्मेदारी मोरनी की होती है। चूजे अक्सर जंगली बिल्लियों और शिकारी पक्षियों के शिकार हो जाते हैं, इसलिए मोरनी को काफी सावधानी बरतनी पड़ती है।

मोर को भारत का राष्ट्रीय पक्षी बनाए जाने के बावजूद इस सुंदर प्राणी पर अब संकट के बादल मंडरा रहे हैं। मोरों की संख्या लगातार घटती जा रही है। मुख्य कारण है—इनके आवास-क्षेत्र का कम-कम होते जाना। एक उदाहरण लीजिए। आज से तीस साल पहले हमारा परिवार दिल्ली की इस यमुना-पार की कॉलोनी में रहने आया था, तब यहां आस-पास बहुत-सारे मोर नजर आते थे। अब इस इलाके में अनेक कॉलोनियां बस गई हैं। मोर गायब हो गए हैं। हां, पास ही में

चित्र 8.4 : बादशाह जहांगीर के दरबारी चित्रकार उस्ताद मंसूर द्वारा 1610 ई. में बनाया गया मोर-मोरनी का चित्र। मोर की चोंच में एक छोटा सांप है।

'मयूर विहार' नामक एक बड़ी कॉलोनी अस्तित्व में आ गई है, जो स्मरण कराती रहेगी कि यहां कभी मोरों का भी निवास था।

मोरों की संख्या घटते जाने का दूसरा कारण है—इनके खूबसूरत पंखों का व्यापार। अगस्त-सितंबर के महीने में मोर खुद ही अपने पंखों को धीरे-धीरे त्यागना शुरू कर देता है। मगर जिस पैमाने पर पंखों का व्यापार चल रहा है उससे साफ पता चलता है कि पंखों के लिए मोरों को बड़ी तादाद में मारा भी जा रहा है। दिल्ली की सड़कों और चौराहों पर बहुत-से बच्चों को मोरपंखों और उनसे बने

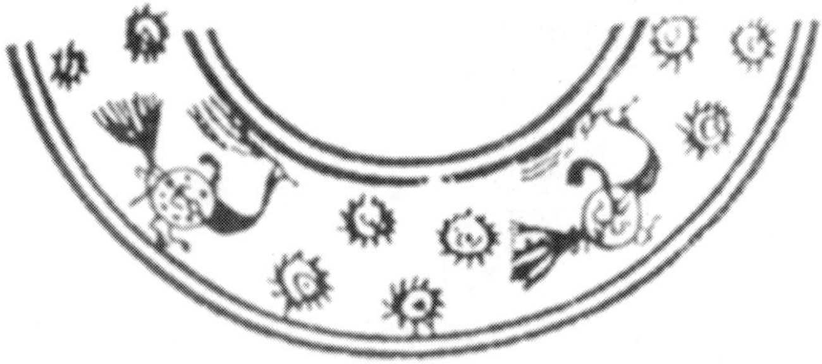

चित्र 8.5 : सिंधु सभ्यता (लगभग 2500 ई.पू.) के मिट्टी के एक बर्तन पर मोर का अंकन

हाथपंखों को बेचते देखा जा सकता है। ये मोरपंख ज्यादातर राजस्थान से आते हैं। ये सारे पंख मोरों द्वारा त्यागे हुए हैं या उन्हें मारकर प्राप्त किए गए हैं, यह जानने का कोई उपाय नहीं है। कारण यह है कि मार्केट में लाने के पहले उनकी नोकों को प्रायः छील दिया जाता है।

मोरपंख चोरी-छिपे विदेश भी भेजे जाते हैं। अभी तीन महीने पहले (जुलाई 2002) दिल्ली के इंदिरा गांधी अंतर्राष्ट्रीय हवाई अड्डे पर 103 किलोग्राम मोरपंख पकड़े गए थे, जिनकी कीमत कई लाख रुपए है। ऐसा पहले भी कई बार हुआ है। अतः स्पष्ट है कि मोरों को मारकर भी उनके पंख प्राप्त किए जाते हैं। मोरपंखों के विदेश-निर्यात पर पाबंदी लगी हुई है, परंतु देश में उनकी बिक्री पर कोई नियंत्रण नहीं है। आज हमारा राष्ट्रीय पक्षी असुरक्षित है।

2. विनाश के कगार पर खड़े भारतीय पक्षी

यदि इस संसार से सुरीले और सुंदर रंग-बिरंगे पक्षी लुप्त हो जाएं, तो हमारा जीवन बहुत ही नीरस हो जाएगा। बड़ी ही विलक्षण और रोमांचकारी है पक्षियों की दुनिया। पक्षी तरह-तरह के घोंसले बनाते हैं, दूर-दूर तक प्रवास करते हैं। इस धरती पर पक्षी ही ऐसे प्राणी हैं जिनके पर और दो पैर होते हैं। इनके बाज़ुओं ने पंखों में विकसित होकर इन्हें एक अनोखे 'प्राकृतिक विमान' के ढांचे में ढाल दिया है।

इस धरती पर पक्षियों का अस्तित्व मनुष्य से भी काफी पहले से है। आज से करीब पंद्रह-बीस करोड़ साल पहले छिपकली-जैसे रेंगने वाले प्राणियों (सरीसृपों) से उड़ने वाले पक्षियों का विकास शुरू हुआ। सन् 1861 में जर्मनी से एक ऐसे प्राणी के कंकाल (जीवाश्म) मिले जो सरीसृपों और पक्षियों के बीच की कड़ी थी। वैज्ञानिकों ने 14 करोड़ साल पहले के उस जीवाश्म पक्षी को 'आरकिओप्टेरिक्स' का नाम दिया है।

आरकिओप्टेरिक्स का शरीर परों से ढका रहता था। वह उड़ सकता था, पर अच्छी तरह नहीं। दूसरी तरफ, उसमें सरीसृपों के भी लक्षण पाए जाते थे; जैसे,

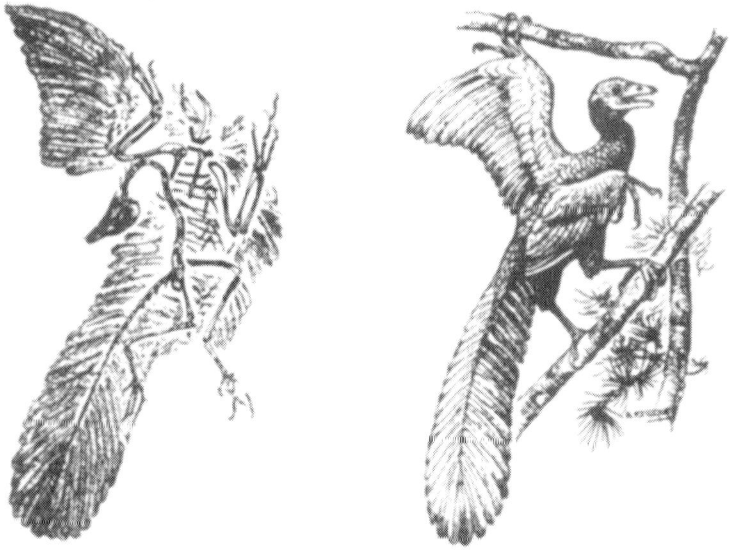

चित्र 8.6 : आरकिओप्टेरिक्स के जीवाश्म की छाप (बाएं) और उसका स्वरूप (दाएं)

चोंच में दांत, पंखों से जुड़े पंजे और परों वाली लंबी हड्डीदार दुम। इन सब बातों से स्पष्ट होता है कि आज के सभी छोटे-बड़े पक्षियों का विकास सरीसृपों से हुआ है—पंद्रह-बीस करोड़ साल पहले।

कुछ साल पहले भारतीय मूल के वैज्ञानिक शंकर चटर्जी ने अमरीका के टेक्सास प्रदेश से 'प्रथम पक्षी' (प्रोटोएविस) का एक नया कंकाल प्राप्त किया, जो आरकिओप्टेरिक्स से करीब सात करोड़ साल अधिक पुराना है। संभव है कि अधिक खोजबीन के बाद प्रोटोएविस ही 'संसार का पहला पक्षी' साबित हो जाए।

आज संसार में पक्षियों की लगभग 8700 मुख्य प्रजातियां पाई जाती हैं। उपप्रजातियों और भौगोलिक भेदों को मिलाकर यह संख्या 25,000 पर पहुंचती है। वैज्ञानिकों ने पक्षियों की सभी प्रजातियों को 27 क्रमवंशों में विभाजित किया है। पक्षियों की संख्या और विविधता की दृष्टि से भारत दुनिया का एक काफी समृद्ध देश है। हमारे देश में 8700 प्रजातियों में से लगभग 1200 प्रजातियों के और 27 क्रमवंशों में से लगभग 21 क्रमवंशों के पक्षी पाए जाते हैं।

पक्षी मनुष्य से अधिक प्राचीन तो हैं ही, धरती पर इनकी संख्या भी मनुष्यों से कई गुना अधिक है। वैज्ञानिकों का अनुमान है कि आज पक्षियों की कुल संख्या 100 अरब के आसपास है, यानी लगभग उतनी ही जितनी कि हमारी आकाशगंगा में छोटे-बड़े तारों की संख्या है! शुरू से लेकर अब तक धरती पर पक्षियों की अनुमानतः 1,50,000 प्रजातियों का अस्तित्व रहा है। अब उनमें से केवल छह प्रतिशत प्रजातियां ही शेष बची हैं।

आवासों के नष्ट होने, वन-कटाई और बढ़ते प्रदूषण के कारण पक्षी पिछली कुछ सदियों से ज्यादा खतरे में पड़ गए हैं, तेजी से विलुप्त होते जा रहे हैं। पिछले तीन सौ वर्षों में ही पक्षियों की 80 से अधिक प्रजातियां और 50 उपप्रजातियां सदा के लिए लुप्त हो गई हैं। यहां हम विलुप्त हुए केवल दो पक्षियों के उदाहरण प्रस्तुत करेंगे—मॉरिशस द्वीप का 'डोडो' और उत्तरी अमरीका का 'यात्री कबूतर'।

कबूतर की तरह का, परंतु न उड़ सकने वाला डोडो पक्षी केवल मॉरिशस द्वीप में ही पाया जाता था। यूरोप के नाविकों को पहली बार 1598 ई. में इस पक्षी का पता चला। उन्होंने इसे बड़ी तादाद में मारकर खाना शुरू कर दिया। साथ ही, बिल्लियां, कुत्ते, सूअर और चूहे भी इनके अंडों तथा चूजों का सफाया करने में जुट गए। अतः कुछ दशकों के भीतर ही मॉरिशस से डोडो का

चित्र 8.7 : डोडो (बाएं) और यात्री कबूतर (दाएं)

पूर्ण लोप हो गया; आखिरी जीवित डोडो 1681 ई. में देखा गया था। उसके बाद अंग्रेजी में कहावत ही चल पड़ी–'डेड ऐज डोडो' (ऐसा खत्म जैसे कि डोडो)।

पता चलता है कि ईस्ट इंडिया कंपनी के जरिए दो-तीन डोडो भारत में भी पहुंच गए थे। उनमें से एक डोडो संभवतः बादशाह जहांगीर (1605-27 ई.) को भेंट किया गया था। पशु-पक्षियों के अध्ययन में गहरी रुचि रखनेवाले जहांगीर ने अपने चित्रकार (शायद उस्ताद मंसूर) से डोडो का चित्र भी बनवाया था।

अभी कोई डेढ़ सौ साल पहले अमरीका में 200 करोड़ से भी अधिक यात्री कबूतर मौजूद थे। ये लाखों की तादाद में जब आकाश में एकसाथ उड़ते थे, तो भरी दोपहरी में सूर्य-ग्रहण जैसा नजारा पैदा हो जाता था। मगर इन पक्षियों का सफाया इतनी तेजी से हुआ कि 1896 ई. में ढाई लाख यात्री कबूतर ही शेष बचे थे। आखिरी यात्री कबूतरी, जिसका नाम 'मार्था' था, अमरीका के सिनसिनाटी चिड़ियाघर (ओहियो राज्य) में 1 सितंबर, 1914 को मरी।

पिछले करीब डेढ़ सौ साल में भारत के भी कई पक्षी या तो लुप्त हो गए हैं या विनाश के कगार पर पहुंच गए हैं। भारतीय पक्षियों की कम-से-कम दस प्रतिशत प्रजातियां आज लुप्त होने की स्थिति में हैं। पहाड़ी बटेर (ओफीसिआ सुपेरचिल्लिओसा) आखिरी बार नैनीताल के पास 1876 ई. में देखा गया था। इसे पुनः खोज निकालने के कई प्रयास हुए, मगर निराशा ही हाथ लगी। अब इस पक्षी को विलुप्त माना जा रहा है।

पीलासर या लालसिर बतख (रोडोनेस्सा कारिओफिलासिआ) को भी अब लुप्त हुई माना जा रहा है। नेपाल की तराई से लेकर पूर्वोत्तर भारत तक के दलदली क्षेत्रों में पाई जाने वाली इन बतखों की संख्या पहले भी ज्यादा नहीं थी। सन् 1878 में ही पता चल गया था कि इनकी संख्या काफी घट गई है। फिर भी 1890 ई. तक पांच-छह पीलासर बतखें हर मौसम में कोलकाता के पक्षी-बाजार में पहुंचती रहीं। यह दुर्लभ बतख पिछली बार बिहार के दरभंगा जिले में जून 1935 में देखी गई थी। हालांकि 1956 से पीलासर बतख को मारने या पकड़ने पर कानूनी प्रतिबंध लगा दिया गया, मगर अब इस पक्षी को भारत से लुप्त हुआ माना जा रहा है।

चित्र 8.8 : पीलासर बतख़

खूबसूरत छोटा चरत पक्षी (साइफेओटिडेस इंडिका) केवल भारत में ही पाया जाता है। आधे मीटर से भी कुछ अधिक ऊंचाई वाले ये पक्षी भारत के कई प्रदेशों की घासों व झाड़ियों में पाए जाते थे। ये अपने पंखों की अपेक्षा लंबी टांगों का ज्यादा उपयोग करते हैं। इनके मांस के लिए अंग्रेजों ने इन्हें बड़ी संख्या में मारा। कृषि-विस्तार के कारण घासों और झाड़ियों वाले इनके आवास-क्षेत्र काफी घट गए हैं, जिससे ये सुंदर पक्षी अब भारी संकट की स्थिति में हैं।

चित्र 8.9 : छोटा चरत

सोन चिरैया (आर्डेओटिस निग्रीसेप्स) पर भी लुप्त होने का खतरा मंडरा रहा है। कोई 60-72 सेंटीमीटर ऊंचा, कुछ-कुछ शुतुरमुर्ग की तरह दिखने वाला यह शर्मीला पक्षी अपनी सुंदरता के कारण 'सोन चिरैया' और 'हुकहुका' आवाज के कारण 'हुकना' और कहीं-कहीं 'तुकदर' भी कहलाता है। राजस्थानी में इसका नाम 'गोंणवन' व 'गोंडावल' है, गुजराती में 'ग्रोहड' और सिंधी में 'गुरहाना' है। अंग्रेजी में इसे 'ग्रेट

इंडियन बस्टर्ड' कहते हैं। किसी समय असम व बंगाल को छोड़कर सारे भारत में पाया जाने वाला यह पक्षी अब प्रमुखतः राजस्थान, गुजरात, मध्यप्रदेश और महाराष्ट्र के अहमदनगर जिले तक सीमित रह गया है। लोगों को यह भ्रम है कि सोन चिरैया के मांस के सेवन से शरीर को गरमी मिलती है और पौरुषत्व बढ़ता है। घटते आवास-क्षेत्र और शिकार में वृद्धि के कारण अब यह पक्षी विलुप्त होने की स्थिति में पहुंच गया है। अब सोन चिरैया को कानूनी संरक्षण मिल गया है। फिर भी इनकी संख्या घटती जा रही है। पूरे देश में सोन चिरैया की संख्या लगभग डेढ़ हजार है।

चित्र 8.10 : सोन चिरैया

ग्रेट हॉर्नबिल यानी होमराय अथवा बनराग (बुसेरोस बाइकोरनिस) गिद्ध के आकार का एक भारी-भरकम, टेढ़ी चोंच और सिर पर 'टोपी' जैसे सींग वाला भारत का एक अनोखा पक्षी है। काले-सफेद रंग का यह पक्षी पश्चिमी घाट और हिमालय के निचले भागों में पाया जाता है। यह बहुत शोर करता है और उड़ते समय इसके पंखों से काफी आवाज निकलती है। होमराय फल, कीट और छिपकली-जैसे छोटे-छोटे प्राणी खाता है। ये पक्षी अपने घोंसले ऊंचे पेड़ों के खोडरों में बनाते हैं। आवास-क्षेत्रों के घट जाने और घोंसले बनाने योग्य पेड़ों के नष्ट हो जाने से होमराय संकटावस्था में पहुंच गए हैं। अब ये केरल तथा अरुणाचल प्रदेश के राज्यपक्षी हैं और इन्हें कानूनी संरक्षण प्राप्त है।

चित्र 8.11 : हॉर्नबिल या होमराय

काली गरदन का सारस (ग्रुस निग्रहकोल्लिम) जम्मू-कश्मीर का राज्यपक्षी है। करीब एक मीटर ऊंचे इस पक्षी की टांगें, गरदन और पूंछ काले रंग की होती हैं। सारस की 15 प्रजातियों में इनकी संख्या सबसे कम है। अप्रैल-अक्तूबर के बीच लद्दाख में प्रजनन करने वाले ये पक्षी सितंबर-मार्च में भूटान और अरुणाचल प्रदेश में रहते हैं। लद्दाख में इन सारसों को शुभ माना जाता है। फिर भी, आवास क्षेत्र के घटने और आदमी तथा कुत्तों द्वारा शिकार किए जाने के कारण इनका अस्तित्व अब खतरे में पड़ गया है। लोगों में इनके प्रति जागरूकता पैदा करने के लिए भूटान में हर साल 'काली गरदन सारस मेला' आयोजित किया जाता है।

चित्र 8.12 : काली गरदन का सारस

मोनाल (लोफोफोरस इंपेयानस) हिमालय के ऊंचे जंगली प्रदेशों में निवास करने वाली एक प्रसिद्ध पहाड़ी मुरगी (फेजेंट) है। मादा से नर कुछ बड़ा और भड़कीला होता है। नर के सिर पर मोर-जैसी सुंदर, चमकीली चोटी होती है। इसके पंख काले, दुम कत्थई और नीचे का भाग काला होता है। यह 'नौरंगी' पक्षी नेपाल का राष्ट्रीय पक्षी और हिमाचल प्रदेश तथा उत्तरांचल का राज्यपक्षी है। फिर भी सुंदर कलगी और मांस के लिए मोनाल को मारा जाता है, जिससे यह खूबसूरत पक्षी अब संकटावस्था में पहुंच गया है।

चित्र 8.13 : मोनाल

यहां तक कि अब हमारे देश का पहाड़ी मैना (ग्राकुला रिलिजिओसा) जैसा प्रसिद्ध परिंदा भी सुरक्षित नहीं है; इधर के वर्षों में इनकी संख्या काफी घटी है। यह पक्षी दूसरे पक्षियों की और मनुष्य की बोली की बढ़िया नकल उतारता है,

इसलिए इसे सदियों से पिंजड़े में कैद करके पाला जाता रहा है। मैना की समझदारी के बहुत-से किस्से बताए जाते हैं। 'तोता-मैना के किस्से' प्रसिद्ध ही हैं। पहाड़ी मैना अब छत्तीसगढ़ का राज्यपक्षी है।

चित्र 8.14 : पहाड़ी मैना

दुनिया में आज जो तमाम पालतू मुरगियां हैं वे सब भारत की लाल जंगली मुरगी (गाल्लुस गाल्लुस) की वंशज हैं। यह पक्षी मानव-जाति के लिए सबसे अधिक उपयोगी साबित हुआ है। लाल जंगली मुरगी की जो पांच उपप्रजातियां हैं, उन्हीं से आज की सारी घरेलू मुरगियां विकसित हुई हैं, दुनिया भर में फैल गई हैं। पता चलता है कि आज से करीब 5000 साल पहले भारत में पहली बार जंगली मुरगी को पालतू बनाया गया था। आज से 3500 साल पहले भारतीय जंगली मुरगी यूरोप में पहुंच चुकी थी और रोमन काल में यह वहां भलीभांति पालतू बन चुकी थी। फिर धीरे-धीरे इसका सारी दुनिया में फैलाव हुआ।

आज मुरगी-पालन एक बहुत बड़ा व्यवसाय बन गया है। मुरगी कुछ अन्य रूपों में भी मनुष्य के स्वास्थ्य की रक्षा में सहायता दे रही है। करीब सत्तर साल पहले इसके सहयोग से 'पेलाड्राइन' नामक एक दवाई बनाई गई थी। इधर के वर्षों में लाल जंगली मुरगी पर किए गए परीक्षणों से मनुष्य में एड्स के वायरस का पता लगाना संभव हुआ है।

किसी समय लाल जंगली मुरगी सिंधु नदी के दक्षिण में समूचे भारत में पाई जाती थी। परंतु अब यह पक्षी उत्तरी, पूर्वी और मध्य भारत के कुछ भागों तक ही सीमित रह गया है। मानव-जाति के लिए महान कल्याणकारी सिद्ध हुए इस पक्षी की जंगली प्रजाति को बचाने के लिए सभी तरह के प्रयास किए जाने चाहिए।

चित्र 8.15 : लाल जंगली मुरगी

3. दिल्ली का राज्य पक्षी गौरैया

चित्र 8.16 : पक्षी गौरैया

घर के आंगन, घरेलू बागीचे, रोशनदान और खपरैल के कोनों में मिलने वाली गौरैया घरेलू चिड़िया के नाम से मशहूर है। संस्कृत में इसे गृह चटक, अंग्रेजी में इसे हाउस स्पैरो तथा लैटिन में पास्सेर दोमेस्मिलकुस कहते हैं। 14 से 16 सेंटीमीटर लंबी होती है। गौरैया एशिया के अलावा मध्य यूरोप, दक्षिणी अमरीका, दक्षिणी अफ्रीका, ऑस्ट्रेलिया, न्यूजीलैंड, पाकिस्तान, बांग्लादेश, श्रीलंका तथा म्यांमार में पाई जाती है। लेकिन ब्रिटेन की रॉयल सोसायटी ऑफ प्रोटेक्शन ऑफ बर्डस ने गौरैया को रेड लिस्ट में डाला है।

एक बार में तीन से पांच तक अंडे देती है ये आनाज के दाने, घासों के बीज, चावल, चीनी, रोटी और फल खाती हैं। इसके मांस को खाने से बूढ़े लोगों को शक्ति मिलती है। और कई बिमारियों में काम आता है।

मशहूर पर्यावरणविद् दिलावर की पहल पर 20 मार्च को विश्व गौरैया दिवस मनाया जाता है। राजधानी दिल्ली में भी गौरैया दिवस मनाया गया। इन्हीं की पहल पर राजधानी में राइज फॉर द स्पैरोज अभियान की शुरुआत हुई है। अध्ययन बताते हैं ग्रामीण और शहरी क्षेत्रों में गौरैया की आबादी में 60-80 फीसदी की कमी आई है और इसे विलुप्त प्रजाति की सूची में शामिल कर दिया गया है।

प्रकृति का अंधाधुंध दोहन और जहरीला वातावरण गौरैया को रास नहीं आ रहा। घर के आंगन, बागीचे या हरियाली रही नहीं, इसलिए इनका आहार छिन गया। मोबाइल फोन और मोबाइल टावरों से निकलने वाला रेडियेशन इनकी प्रजनन क्षमता घटा रहा है। ये टेलीफोन और बिजली के फैले तारों में भी अक्सर कट कर मर जाती हैं।

स्कूलों में भी पढ़ाया जाएगा गौरैया का पाठ : दिल्ली के स्कूलों के पाठ्यक्रम में गौरैया को शामिल किया जाएगा। कॉमन बर्ड मॉनीटरिंग प्रोग्राम तैयार करेगी। इसकी मदद से दिल्ली व एनसीआर के पक्षियों की विस्तृत जानकारियां इकट्ठा की जा सकेंगी।

4. एक दुर्लभ नुकरी की दुबारा खोज

भारत पर अपनी हुकूमत स्थापित करने वाले अंग्रेजों में कई प्रकृति-प्रेमी भी थे। उन्होंने वैज्ञानिक पद्धति से भारतीय जीव-जंतुओं का अध्ययन आरंभ किया। शुरू के दौर में भारतीय पक्षियों के बारे में खोजबीन करने वालों में प्रमुख थे—जेरडन और ब्लिथ। डा. जेरडन ने 1864 ई. में 'भारत के पक्षी' नामक एक उपयोगी पुस्तक प्रकाशित की थी।

सन् 1848 के एक दिन की बात। डा. जेरडन पूर्वी घाट के जंगल में अनजाने पक्षियों की तलाश कर रहे थे। अचानक उन्होंने कटीली झाड़ियों के बीच एक अनूठे पक्षी को देखा। आकार-प्रकार तीतर-जैसा, परंतु पैर कुछ लंबे। रंग पीला-भूरा, परंतु गले के नीचे छाती पर दो सफेद पट्टे। यह टिटहरी-जैसा नुकरी (कॉर्सर) प्रजाति का एक पक्षी था, परंतु पहले कभी नहीं पहचाना गया था। डा. जेरडन ने उसी साल उस नए पक्षी का विवरण प्रकाशित किया। चूंकि डा. जेरडन ने इस पक्षी की खोज की थी, इसलिए इसे 'जेरडन की नुकरी' (या 'दोहरे पट्टेवाली नुकरी') के नाम से जाना जाता है। इस पक्षी का वैज्ञानिक नाम है—कर्सोरियस बाइटोर्क्याटस।

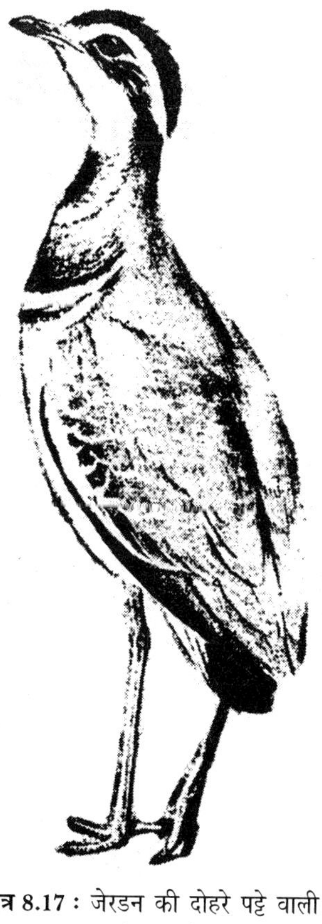

चित्र 8.17 : जेरडन की दोहरे पट्टे वाली नुकरी (कॉर्सर)

नुकरी पक्षियों की कुल नौ प्रजातियां हैं। ये पक्षी खतरा निकट देखकर उड़ने की अपेक्षा भागना पसंद करते हैं और तेजी से दौड़कर किसी झाड़ी में छिप जाते हैं। छिपने की जगह न मिलने पर ही ये मजबूर होकर उड़ते हैं और थोड़ी दूर जाकर फिर जमीन पर उतरकर दौड़ने लगते हैं। अधिकतर नुकरियां प्रायः रात को ही सक्रिय रहती हैं, परंतु जेरडन की नुकरी की खोज होने के पहले केवल एक ही अन्य नुकरी

को पूर्णतः रात्रिचर समझा गया था। अब डा. जेरडन ने भारत में एक और रात्रिचर नुकरी की खोज की। इस अनोखी नुकरी के सबसे नजदीक के सगे-संबंधी सुदूर अफ्रीका में ही पाए जाते हैं।

जेरडन की नुकरी संसार का एक बहुत ही दुर्लभ पक्षी है। इसका निवास पूर्वी घाट के घनी झाड़ियों वाले जंगल में ही सीमित रहा है। जानकारी मिली थी यह पक्षी छह-सात के झुंड में रहता है और ज्यादा आवाज नहीं करता। परंतु देखा गया था कि यह कभी-कभी काफी दुख भरी आवाज निकालता है। डा. जेरडन के बाद कुछ ही पक्षिविज्ञानी इसे देख पाए थे। आखिरी बार सन् 1900 में हॉवर्ड कैम्पबेल ने इस पक्षी के बारे में प्रामाणिक जानकारी दी थी। उसके बाद छाती पर दोहरे पट्टेवाली यह सुंदर नुकरी भारत से जैसे एकदम गायब ही हो गई!

सन् 1900 ई. के बाद जेरडन की नुकरी को पुनः खोज निकालने के अनेक प्रयास हुए। मुंबई की 'बॉम्बे नेचुरल हिस्ट्री सोसायटी' (बीएनएचएस) ने भी 1975-76 ई. में इसकी खोज के लिए अभियान आयोजित किए, जिनमें प्रख्यात पक्षिविज्ञानी डा. सालिम अली ने भी भाग लिया। इन अभियानों में कुछ विदेशी वैज्ञानिक संस्थाओं ने भी सहयोग दिया, मगर सफलता हाथ नहीं लगी। समझा जाने लगा था कि जेरडन की नुकरी का सदा के लिए लोप हो गया है!

बीएनएचएस ने सन् 1985 में जेरडन की नुकरी की खोज के लिए पुनः एक अभियान आयोजित किया। इस बार लक्ष्य था—इस पक्षी को दक्षिणी आंध्र प्रदेश में पेन्नार नदी की घाटी में खोजना। इसके लिए काफी सोच-समझकर तैयारी की गई। ऐसे पोस्टर तैयार किए जिनमें जेरडन की और अन्य भारतीय नुकरियों के रंगीन चित्र थे। साथ ही, उन चित्रों के नीचे उन पक्षियों के बारे में अंग्रेजी में जानकारी दी गई थी।

बाद में स्पष्ट हुआ कि अंग्रेजी से काम नहीं चलेगा। आवश्यक समझा गया कि पेन्नार नदी-घाटी में लगाए जाने वाले पोस्टर तेलुगु भाषा में और गोदावरी नदी-घाटी के पोस्टर तेलुगु, मराठी, उड़िया और उर्दू भाषाओं में होने चाहिए। ये पोस्टर वन-संरक्षकों, स्थानीय शिकारियों और पक्षियों को पकड़ने में कुशल आदिवासियों में वितरित किए गए। साथ ही, सूचना देने वाले प्रत्येक व्यक्ति के पक्षि-ज्ञान की परीक्षा करने के लिए सालिम अली और डिल्लन रिप्ले की पुस्तक 'भारतीय उपमहाद्वीप के पक्षियों की सचित्र गाइड' का उपयोग किया गया।

कुछ दिन बाद तीन शिकारियों ने ऐसे पक्षियों के बारे में जानकारी दी जो जेरडन की नुकरी हो सकती थीं। एक शिकारी ने पोस्टर से उस पक्षी को पहचानकर कहा कि यह 'कालिवी-कोड़ी' है। तेलुगु में 'कालिवी' एक झाड़ी

(कारिस्सा) का नाम है और 'कोड़ी' मुरगी को कहते हैं। जेरडन की नुकरी के लिए 'कालिवी-कोड़ी' एक उपयुक्त स्थानीय नाम था।

उसी शिकारी ने आगे बताया कि किस तरह वह पक्षी थोड़ी दूरी तक चला, पीछा करने वाले को देखने के लिए क्षणभर रुका और फिर उड़ गया। उन नुकरियों को उसने हमेशा सात-आठ के झुंड में पाया, परंतु खेतों और नदी-नालों के नजदीक कभी नहीं। उसने कहा कि वह पक्षी हलकी, दुःखभरी आवाज निकालता है। उसने यह भी बताया कि वह पक्षी रात के समय ही अपना भोजन तलाशता है। यह एक महत्वपूर्ण खोज थी, क्योंकि नुकरियों को पूर्णतः रात्रिचर नहीं माना गया था। दिन के समय ये पक्षी किसी कंटीली झाड़ी की छाया में विश्राम करते हैं।

एक और शिकारी ने रात के वक्त 'काविली-कोड़ी' को देखने का दावा किया। फिर 12 जनवरी, 1986 की रात को उसने अपने टॉर्च का तेज प्रकाश एक 'काविली-कोड़ी' पर डाला, तो उस पक्षी को चकराया हुआ और एकदम स्थिर रहते पाया। इसके पहले कि पक्षी संभलकर भाग जाए, उसने लपककर उसे पकड़ लिया। घर लाकर उसने उसके लिए चावल के चूरे और कीड़े-मकौड़ों के भोजन की व्यवस्था की और उसे दो दिन जीवित रखा। 14 जनवरी को वह पक्षी (जेरडन की नुकरी) बीएनएचएस के वैज्ञानिक भारत भूषण को दिखाया गया, तो वह अभी जीवित था। लेकिन 19 जनवरी को उसे डा. सालिम अली के पास ले जाया गया, तो उसके कुछ घंटे पहले ही उसकी मौत हो चुकी थी!

जनवरी 1986 में जेरडन की नुकरी की दुबारा खोज आंध्र प्रदेश के कड़पा क्षेत्र में हुई थी। उसके बाद उस क्षेत्र में भारत भूषण ने इस पक्षी को कई बार देखा। आंध्र प्रदेश के वन-विभाग ने नुकरी प्रजाति के इस दुर्लभ पक्षी की सुरक्षा के लिए उस क्षेत्र में एक अभयारण्य स्थापित करने का निर्णय लिया है। आशा रखनी चाहिए कि जेरडन की नुकरी की दुबारा खोज होने की इस दिलचस्प दास्तान से विलुप्त माने गए दूसरे भारतीय पक्षियों को भी खोज निकालने की प्रेरणा मिलेगी।

5. पहाड़ी बटेर

विलुप्त माना गया ऐसा ही एक भारतीय पक्षी है–पहाड़ी बटेर (वैज्ञानिक नाम : ओफीसिआ सुपेरचिल्लिओसा)। हमारे सामान्य बटेरों से कुछ बड़े आकार के इस पक्षी का शरीर जैतूनी भूरे रंग का रहता है और परों के किनारे काले होते हैं, जिससे यह चितला नजर आता है। नर के सिर का बगली हिस्सा, ठोड़ी और गला काला रहता है। आंख के आसपास दो-तीन सफेद चित्ते होते हैं। माथा भी सफेद होता है। दुम के नीचे का भाग काला, जिसमें सफेद चित्तियां होती हैं। मादा के माथे और आंख पर की पट्टी सलेटी गुलाबी और उसके ऊपर कुछ छोटी एक काली पट्टी होती है।

हमारे देश में पहाड़ी बटेर बहुत कम देखी गई हैं, इसलिए इनके बारे में ज्यादा जानकारी नहीं मिल पाई है। सर्वप्रथम ये बटेर दो-ढाई हजार मीटर तक की ऊंचाई पर मसूरी और नैनीताल के नजदीक देखी गई थीं। एक अंग्रेज ने 1836 ई. में इस बटेर का एक जोड़ा मसूरी के पास से हासिल किया था। इस पहाड़ी बटेर की मौजूदगी की यह पहली प्रामाणिक सूचना थी। फिर आगे के चालीस साल तक मसूरी और नैनीताल के आसपास कुल 11 पहाड़ी बटेर पकड़ी गईं। इनमें से नौ संसार के विभिन्न देशों के संग्रहालयों में रखी हुई हैं, लेकिन भारत में एक भी नहीं है! आखिरी पहाड़ी बटेर (एक मादा) 1876 ई. में नैनीताल की एक झील के पास की पहाड़ी पर शूट की गई थी। उसके बाद, सवा सौ वर्षों का लंबा समय गुजर जाने पर भी, पहाड़ी बटेर को पुनः कहीं नहीं देखा गया!

चित्र 8.18 : पहाड़ी बटेर

लेकिन जेरडन की नुकरी की पुनः खोज होने पर पक्षिविदों को आशा है कि एक दिन मसूरी या नैनीताल के आसपास पहाड़ी बटेर भी मिल जाएगी। बीएनएचएस इसके लिए प्रयत्नशील है। यह एक बेहद शर्मीला पक्षी है और जल्दी अपनी जगह से नहीं हिलता। अतः यदि पहाड़ी बटेर अब भी जिंदा है, तो उसे पकड़ पाने में विशेष कठिनाई नहीं होगी।

6. जंगली चितला खूसटिया या लघु उल्लू

भारत से विलुप्त समझा गया एक और पक्षी है—जंगली चितला खूसटिया (वैज्ञानिक नाम : अथेनी ब्लेविट), जो लगभग मैना के आकार का होता है। इसे उल्लू का छोटा भाई समझना चाहिए। भारत में प्राचीन काल से ही उल्लू को मनहूस और अनिष्ट-सूचक पक्षी माना जाता रहा है। परंतु इस निशाचर पक्षी के कई लाभ भी हैं। जैसे, यह खेतों के चूहों को खाकर फसल की रक्षा करता है। हालांकि उल्लू को धन की देवी लक्ष्मी का वाहन समझा जाता है, फिर भी मनुष्य द्वारा इसका बड़ा तिरस्कार हुआ है, इसकी बड़ी क्षति हुई है।

भारत में उल्लू की जो प्रजातियां पाई जाती हैं, उनमें चितले उल्लू की भी कुछ जातियां हैं। इन्हीं में एक दुर्लभ जाति है—जंगली चितला लघु उल्लू या खूसटिया, जिसे इसके जर्मन खोजकर्ता के नाम पर 'ब्लेविट का उल्लू' के नाम से भी जाना जाता है। इसे महाराष्ट्र के सतपुड़ा पर्वत-क्षेत्र में खोजा गया था। सन् 1914 में इसे शूट करने के बाद फिर यह कहीं दिखाई नहीं दिया। जेरडन की नुकरी की तरह इसे भी पुनः खोज निकालने के प्रयास होने चाहिए।

चित्र 8.19 : जंगली चितला लघु उल्लू

7. सफेद पीठ वाला गिद्ध

हिंदी में गिद्ध और संस्कृत में गृध कहते हैं। यह भारत में सब जगह, बांग्लादेश, पाकिस्तान और म्यांमार में पाया जाता है। यह सड़क के बाजू या गांव के नजदीक बरगद, इमली, शीशम आदि के पेड़ पर अक्टूबर से मार्च तक घोंसला बनाता है। यह एक बार में एक ही अण्डा देता है।

भद्दे, गंदे और बदशक्ल होने पर भी गिद्ध हमारे लिए बड़े उपयोगी पक्षी साबित हुए हैं। प्रकृति ने इन्हें सफाई का काम सौंपा है। ये मरे हुए जानवरों का मांस खाते हैं। हमारे यहां जो गिद्ध पाए जाते हैं उनमें एक जाति का नाम है—सफेद पीठ वाला गिद्ध या बंगाल गिद्ध। इसकी पीठ पर एक सफेद पट्टी होती है, इसीलिए इसका यह नाम पड़ा। इसका आकार पूंछ रहित मोर के बराबर होता है। यह भारी शरीर, काला-भूरा रंग, पतली नंगी गरदन और नंगे शरीर वाला पक्षी है।

पिछले कुछ वर्षों से देश से विभिन्न भागों में इस जाति के गिद्धों की संख्या तेजी से घटती जा रही है। कारण ठीक से समझ में नहीं आ रहा है। पेड़ों के ऊपर बने इनके घोंसलों में इन्हें अक्सर गरदन गिराए देखा गया है। फिर कुछ दिन बाद ये मरकर नीचे जमीन पर आ गिरते हैं या पेड़ की डालियों में अटक जाते हैं।

चित्र 8.20 : सफेद पीठ वाला गिद्ध

लेकिन दस साल पहले पक्षिविज्ञानियों को यह खुशखबरी मिली कि धौलपुर (पूर्वी राजस्थान) के आसपास के पीपल और खजूर के पेड़ों पर सफेद पीठ वाले गिद्धों की एक छोटी बस्ती फल-फूल रही है। यह खोज केंद्रीय आबकारी व सीमा-शुल्क अधिकारी निरंजन सिंह ने की। लुप्त हो रहे हमारे पक्षियों के बारे में कोई भी ऐसी सूचना बड़ी उपयोगी साबित हो सकती है।

अध्याय-9

1. राष्ट्रीय उद्यान

प्राकृति तथा वन्य जीवों की सुरक्षा के लिए हमारी सरकार ने राज्यों और संघ क्षेत्रों में अनेकों राष्ट्रीय उद्यान और अभयारण की स्थापना की है। हमारे देश में 89 राष्ट्रीय उद्यानों और 490 अभयारणों की स्थापना की गई है। जिससे विलुप्त प्रायः प्राणी सुरक्षित रह सके।

अब हम देश में स्थापित राष्ट्रीय उद्यानों का वर्णन राज्यों के अनुसार कर रहे हैं:—

अंडमान और निकोबार

सैंडलपिक राष्ट्रीय उद्यान अंडमान जिले में 32.54 वर्ग किलोमीटर क्षेत्र में स्थित है। इसकी स्थापना सन् 1979 में की गई थी। इस उद्यान में जंगली सुअर, चीतल वन्य पशु हैं। इसमें डुंगोग, डाल्फिन, मगरमच्छ, घड़ियाल, जल गोह, औलिव रिडले कछुवा पाए जाते हैं। पक्षियों में मैना, शाही कबूतर।

नार्थ बटन द्वीप उद्यान की स्थापना सन् 1979 में की गई और यह 0.44 वर्ग किलोमीटर में अंडमान जिले के नार्थ वाटन द्वीप में फैला है। इस उद्यान में अंडमानी सुअर, डुंगोग, डॉल्फिन, जलगोह, सर्प, सरीसृप, कछुवे, घड़ियाल, हाथी चीतल, काकड़ और पांडा को बसाया गया है। पक्षियों में कोयल तोते, पहाड़ी मैना, कबूतर, हरियल फाख्ते, बाज और किलकिला देखने को मिलती हैं। इस उद्यान को देखने के लिए दिसंबर से अप्रैल तक जाया जा सकता है।

मिडिल बटन द्वीप उद्यान

इसकी स्थापना सन् 1979 में हुई थी। यह 0.64 किलोमीटर मे फैला हुआ है। यहां सदाबहार वृक्षों की भरमाल है। यहां भी डुंगोग, डॉल्फिन, मगरमच्छ, घड़ियाल, जलगोह, औलिव रिडले कछुवे, जंगली सुअर, चीतल, समुद्री चील, कबूतर, चैती आदि पक्षियों व जानवरों का वास स्थल है।

साउथ वन द्वीप राष्ट्रीय उद्यान की स्थापना सन् 1977 में अंडमान जिले में हुई। यह 0.03 वर्ग किलोमीटर क्षेत्र में फैला है। यहां लगभग पूरे वर्ष वर्षा होती है। यहां सदाहरित तथा पर्णपाती वन हैं। यहां पर अंडमान निकोवार द्वीपों वाले उद्यान की भांति वन्य जीव-जन्तु पक्षी पाए जाते हैं।

माउंट हेरियर राष्ट्रीय उद्यान

इस उद्यान की स्थापना सन् 1979 में हुई और यह 0.46 वर्ग किलोमीटर में की गई है। यहां साल तथा सदाबहार वृक्ष हैं। इस उद्यान में वडौक, गरजन, बादाम, दालचीनी, धूप आदि के पेड़-पौधे हैं। यहां पर जंगली सुअर और अन्य उद्यानों की भांति पशु-पक्षी मिलते हैं।

मेरीन राष्ट्रीय उद्यान

अंडमान जिले में स्थित है। यह 281.50 वर्ग किलोमीटर क्षेत्र में फैला हुआ है। यहां के वन सदाहरित और पर्णपाती हैं। इस उद्यान में पांच जातिओं के कछुवे, जंगली सुअर, जलगोह, डॉल्फिन, कई तरह के सांप और अन्य प्राणी भी हैं। सफेद वक्षस्थल की समुद्री चील, अंडमानी वन, कबूतर, चैती, हरियल, मोर, तोते, किलकिला और मूंगें की चट्टाने, मछलियां आकर्षण का केन्द्र हैं।

नमदफा राष्ट्रीय उद्यान

यह उद्यान उत्तर-पूर्वी हिमालय में अरूणाचल प्रदेश के तीरप जिले में 1985 में स्थापित किया गया था। यह 23 वर्ग मिलोमीटर में फैला है। यहां सदाबहार बन हैं। वृक्ष बहुत ऊंचे और घने होते हैं। यहां चीड़, देवदार, जूलीपर आदि के अलावा बांस, बैंत भी मिलते हैं।

चित्र 9.1 : जंगली भैंस

यहां वन्य पशु बाघ, तेंदुआ, हिम तेंदुआ, जंगली भैंस, गौर, हाथी, भालू, सांभर, काकड, हुलाक, गिब्बन, लाल पंडा, भालू, बिल्ली, कस्तूरी मृग, गोरल और ताकिन जैसे दुर्लभ पशु हैं। यहां मोनाल, कलीज, मोर, धनेश पक्षियों का वासस्थल है। बाघ परियोजना के अंतर्गत यहां बाघ रिजर्व भी हैं। इसलिए बाघों को यहां विशेष संरक्षण प्राप्त है।

मानस राष्ट्रीय उद्यान

यह उद्यान कामरूप गोलपाड़ा जिले में 500 वर्ग किलोमीटर क्षेत्र में फैला है। यह दक्षिण में ब्रह्मपुत्र और उत्तर में मानस नदियों के बीच में यह उद्यान शांत प्राकृतिक सौंदर्य से भरपूर और मनमोहक है। यहां साल, खैर, शीशम के पेड़ हैं।

यहां हाथी, बाघ, तेंदुआ, बादली, तेंदुआ, गौर, जंगली मोर, गैंडा, सांभर, बारहसिंगा, पांडा, भालू, गिलहरी, वन्य सुअर, सुनहरा लंगूर, टोपी युक्त बंदर, घडियाल, गोह और उदविलाव आदि हैं। उद्यान के उत्तर-पूर्व में हाथियों का वासस्थल है। पक्षियों में धनेश, उल्लू, माइरा, पन कौवा और बगुला होते हैं। इस उद्यान में खरगोश और बौना सुअर भी मिलते हैं।

आंध्र प्रदेश

श्री वेंकटेश्वर राष्ट्रीय उद्यान

यह उद्यान आंध्र प्रदेश राज्य के चित्तूर और कुडप्पा जिलों में 352.62 वर्ग किलोमीटर क्षेत्र में फैला है। यहां सागोन, साल व रेड सैडर्स के वृक्ष पाए जाते हैं। रेड सैडर्स बहुमूल्य पेड़ हैं।

इस उद्यान में बाघ, तेंदुआ, भालू, जंगली सुअर, सांभर, चौसिंगा, जंगली कुत्ते, भेड़िया, गीदड़, लोमड़ी, लंगूर, बंदर, साल, गिलहरी वन्य प्राणी पाए जाते हैं। पक्षियों में तीतर, बटेर, मोर, जंगली मुर्गा व कबूतर मिलते हैं।

उत्तर प्रदेश

फूलों की घाटी राष्ट्रीय उद्यान

इस उद्यान की स्थापना 1981 में की गई थी। यह चमोली जिले में 87.50 वर्ग किलोमीटर क्षेत्र में फैला हुआ है। इस घाटी को फ्रैंक स्माइथ और होल्डसबथे पर्वातारोहियों में हिम शिखर यात्रा से लौटते हुए खोजा था। इस उद्यान के मुख्य पशु सफेद भालू, काला भालू, हिम तेंदुआ, भरल और कस्तूरी मृग हैं।

इस घाटी में जुलाई और अगस्त में विविध प्रकार के फूल खिल उठते हैं जिनकी छटा लोगों को मंत्रमुग्ध कर देती है।

नंदादेवी राष्ट्रीय उद्यान

जिले में 630 वर्ग किलोमीटर क्षेत्र में फैला हुआ है। यहां बांझ और देवदार पाए जाते हैं। यहां सफेद पानी के झरने हैं। यहां हिम तेंदुआ, जंगली सुअर, भूरा और काला हिमालयी थार, भरल थार, सेराव, गोरल, सांभर, कस्तूरी मृग, वन्य प्राणी और मोनाल फ़ैजेंट, हिम कबूतर, चीर फीजैट आदि पक्षी पाए जाते हैं।

गोविंद पशु बिहार

यह उद्यान उत्तराकाशी जिले में 472 वर्ग किलोमीटर में फैला हुआ है। यहां बांझ और चीड़ के वन पाए जाते हैं।

यहां के वन्य पशु हिम तेंदुआ, भूरा व काला भालू, कस्तूरी मृग, हिमालयी थार, भरल, सेराब है। पक्षियों में सफेद मुर्गी, चकोर, मोनाल, ट्रेगोपन, चील, कोकलास और कलीज आदि हैं।

गंगोत्री राष्ट्रीय उद्यान

यह उद्यान उत्तराकाशी जिले में 2390 वर्ग किलोमीटर में फैला हुआ है। यह उद्यान शंकुधारी नुकीली पत्तियों वाले वृक्षों के वनों की छटा और हिमानी पर्यावरण के सौंदर्य से परिपूर्ण है।

यहां के वल्य पशु भूरा भालू, भरल सेराव है। मोनाल, चील, चकीर, फैजेंट आदि पक्षी हैं।

कार्बेट राष्ट्रीय उद्यान

यह उद्यान पहले हेली नेशनल के नाम से जाना जाता था। भारत के स्वतंत्र होने के बाद इसको राम गंगा राष्ट्रीय उद्यान नाम दिया गया फिर प्रकृति प्रेमी जिम कार्बेट के नाम पर कार्बेट राष्ट्रीय उद्यान रखा गया। सन् 1973 से बाघ परियोजना के अंतर्गत यहां बाघ रिजर्व हैं। यह उद्यान 521 वर्ग किलो मीटर गढ़वाल और नैनीताल जिलों में, कालागढ़ और रामनगर वन खंडों में स्थित है। यहां पर साल, खैर, शीशम तथा अन्य वनस्पतियों से संपन्न हैं।

यहां बाघों की संख्या 250 से अधिक है। इसके अलावा हाथी, तेंदुआ, जंगली सुअर, भालू, चित्ता बिल्ली, जंगली बिल्ली, नील गाय, सांभर, चीतल, पांडा, काकड़ा,

बारहसिंगा, साही बंदर, लंगूर आदि। राम गंगा नदी में मगरमच्छ, उद-बिलाव, जलगोह, और भांति-भांति की मछलियां निवास करती हैं। उल्लू, बया, बाज, मोर, तीतर, वन मुर्गी, अबाबील, बगुला, हरियल, सफेद खंजल, लटोरा, फुदकी, गरुड, हरगिला आदि पक्षी हैं।

दुधवा राष्ट्रीय उद्यान

इस उद्यान की स्थापना 1968 में की गई थी। यह 488 वर्ग किलोमीटर में जिला खेरी में फैला हुआ है। 80 प्रतिशत भाग में साल के पेड़ और बाकी भूमि में घास के मैदान, झील, तलाब तथा नदियां हैं।

यहां अनेकों पक्षी वास करते हैं। बारहसिंगों की यह संरक्षण स्थली हैं। एक समय यहां गैंडा भी था।

विलुप्त होने पर 1985 में गैंडों को लाकर पुनः बसाया गया। इस उद्यान में गैंडे, काकड़, साही, अजगर, लोमड़ी, गीदड़ हैं। यहां पर 400 प्रजातियों के पक्षी पाए जाते हैं जिनमें गोर जंगली मुर्गी और तीतर हैं।

राजाजी राष्ट्रीय उद्यान

यह उद्यान हरिद्वार, देहरादून और गौढ़ी-गढ़वाल जिलों की शिवलिंग पहाड़ियों में 820 वर्ग किलोमीटर क्षेत्र में फैला हुआ है। यहां सागौन के वन हैं। उद्यान की ऊंची भूमि पर चीड़ और नीची भूमि पर साल के पेड़ और नदियों का पाट पर खैर व शीशम के पेड़ हैं।

इस उद्यान में हाथी, बाघ, तेंदुआ, तेंदुआ बिल्ली, मच्छीमार बिल्ली, जंगली सुअर, सांभर, चीतल, नील गाय, गोरल, कांकड़, अजगर आदि और पक्षियों में मुर्गी, मोर, तीतर और बटेर हैं।

चीला पावर स्टेशन भी इस उद्यान के भीतर है। गूजर, टोंगिया और गोठियां लोगों का निवास भी है।

उड़ीसा

उत्तर सिमलीपाल राष्ट्रीय उद्यान

यह राष्ट्रीय उद्यान मयूरध्वज जिले में 845.70 वर्ग किलोमीटर भूमि में स्थित है। यहां पानी के झरने, सोते और नदियां हैं। घास के मैदानों के अलावा साल, चंपक, कदंब और गेसुवा के वृक्ष हैं।

चित्र 9.2 : गौर

यह उद्यान हाथियों और मैना के लिए प्रसिद्ध हैं। बाघ, तेंदुआ, साल, भालू, भेड़िया, जंगली कुत्ते, गौर, सांभर, चीतल, पांडा, चौसिंगा, जंगली सुअर, उड़न गिलहरी, मगर, अजगर, लंगूर और लघु पूंछ वानर हैं। मुरदार खोर जंगलों में लकड़बग्घा, लोमड़ी और गिद्ध हैं। धनेश, मोर और बन मुर्गी भी हैं।

भित्तरकनिका राष्ट्रीय उद्यान

यह कटक जिले में 367 वर्ग किलोमीटर क्षेत्र में फैला हुआ है। यहां सबसे बड़ा मानग्रोव वन है। जिसमें मानग्रोव की 62 प्रजातियां पाई जाती हैं।

यहां विभिन्न जातियों के सरीसृप, गोह, कछुआ और घड़ियाल मिलते हैं। तेंदुआ, जंगली सुअर, जंगली बिल्ली, मच्छीमार बिल्ली, नेवला, विशाल गिलहरी, सांभर, चीतल, नमकीन पानी में रहने वाला घड़ियाल, जलगोह, समुद्री कछुए, अजगर और किंग कोबरा। समुद्र तट पर विश्व का सबसे बड़ा औलिव रिडले कछुओं का प्रजनन स्थल है। बाज, बगुले, बत्तखें और जलगोह भी हैं।

कर्नाटक

बंदीपुर राष्ट्रीय उद्यान

इस राष्ट्रीय उद्यान की स्थापना 1974 में मैसूर जिले में हुई थी। यह 874 वर्ग किलोमीटर क्षेत्र में फैला हुआ है। जगह-जगह घाटियां और मध्य में नुगू कही और कप्पीनी नदी बहती है। सागवान व चंदन के वृक्ष हैं और दूर-दूर तक मोटी घास फैली रहती है।

1973 में यह उद्यान बाघ परियोजना का अंग बना। यहां तेंदुआ, तेंदुआ बिल्ली, जंगली कुत्ते, बिल्लियां, नेवले, भालू, सांभर, चीतल, चौसिंघा, हिरण, उड़न गिलहरी, लंगूर, सिंह तथा वानर पाए जाते हैं। नदियों में घड़ियाल और मगरमच्छ मिलते हैं। चम चावाज, मुर्गावी, तीतर, बटेर, चैती आरी, धनेश, कठफोड़वा, सारस, हरियल और भीम राज हैं।

बनेरघहा राष्ट्रीय उद्यान

यह उद्यान 1974 में बंगलौर जिले में 743 हैक्टेर क्षेत्र में फैला हुआ है। यहां कंटीले व सागवान के वन हैं। हाथी, भालू, चीतल, काकड़, गिलहरियां, जंगली कुत्ते, बंदर, पक्षियों में तीतर, बटेर, कबूतर, पीले गले की बुलबुल और हरी चोच वाली मलखोवा है।

नगरहोल राष्ट्रीय उद्यान

कोदागू और मसूर जिलों में स्थित उद्यान का क्षेत्र फल 644 वर्ग किलोमीटर है। इस उद्यान में सागवान के वृक्ष हैं। इसमें मौरागी नादिया और जोते बहते हैं। तथा जल-स्रोत भी हैं। नगरहोल नदी उद्यान में घूमती हुई बहती हैं। इसलिए इसका नाम सर्प नादी रख दिया है।

इस उद्यान के वन्य बाघ, तेंदुआ, जंगली, कुत्ते, भालू, साही, साल, हाथी, सांभर चीतल, पिसुस, गौर, नेवला, विशाल गिलहरी, ऊदबिलावे, लंगूर, शर्मीली बिल्ली आदि हैं। पक्षियों में जंगली मुर्गी, तीतर, बाज, चील, धनेश, मैना, तोते, तीतर आदि। अजगर, नाग, मगर, गोह, मछली और कछुए भी हैं।

कुदेमुख राष्ट्रीय उद्यान

यह दक्षिणी कनादा और चिकमंगलूर जिलों में 600 वर्ग किलोमीटर क्षेत्र में स्थित है। यहां के वन सदाहरित और नम पर्णपाती हैं। बाघ, तेंदुआ, भालू, गौर,

सिंह, पुच्छ बंदर, सांभर, पिसुरा वन्य पशु हैं। पक्षियों में जंगली मुर्गी कबूतर, बटेर, तीतर, मैना, तोते आदि शामिल हैं।

अंशी राष्ट्रीय उद्यान

यह उद्यान उत्तर कनादा जिले में 250 वर्ग भी किलोमीटर क्षेत्र में स्थित हैं। यहां के वन नम पर्णपाती हैं और सागान के वृक्ष मिलते हैं, इस उद्यान के वन्य पशुओं में, बाघ, काला तेंदुआ, हाथी, गौर, सांभर, अजगर, नाग, गोह, चील, कबूतर, बटेर, तीतर, बाज, धनेश, मैना, तोते आदि हैं।

केरल

एरविकुलम राष्ट्रीय उद्यान

इस उद्यान की स्थापना 1978 में इडुक्की जिले में की गई। यह 97 वर्ग किलोमीटर क्षेत्र में फैला है। यहां सागवान के वृक्ष हैं। यहां के प्रमुख वन्य जीव– हाथी, बाघ, मलावारी कहास, जंगली सुअर, नीलगिरी थार, सांभर, काकड़, जंगली कुत्ता, मलावारी, गिलहरी, अजगर हैं। पक्षियों में धनेश, मोर, शाही, कबूतर, भूरी जंगली मुर्गियां हैं।

शांत घाटी राष्ट्रीय उद्यान

यह उद्यान 1984 में पालघाट जिले में 89.52 वर्ग किलोमीटर क्षेत्र में फैला है। यहां के वन सदाहरित और पर्णपाती हैं और सागवान के वृक्ष हैं।

वन्य पशु-हाथी, बाघ, तेंदुआ, भालू, सिंह पूंछ बंदर लंगूर, मलावारी कहास, नीलगिरी थार, घड़ियाल, अजगर, जलगोह, जंगली सुअर, नीलगाय, सांभर आदि पक्षियों में धनेश, मोर, कबूतर, बटेर, तीतर, तोते, जंगली मुर्गी, कठफोड़वे आदि।

पेरियार राष्ट्रीय उद्यान

पेरियार राष्ट्रीय उद्यान 1950 में इडुक्की जिले में 350 वर्ग किलोमीटर क्षेत्र में स्थित है। पेरियार नदी इस उद्यान से होकर बहती है। इसीलिए इसका नाम पेरियार उद्यान रखा गया। यहां के वन सदा हरे-भरे रहते हैं। यह बाघ परियोजना के अंतर्गत बाघ रिजर्व हैं। यहां तेंदुआ, भालू, जंगली बिल्ली, कस्तूरा, काकड़, चीतल, नीलगिरि, लंगूर, बंदर, मलावारी गिलहरी, ऊदबिलाव आदि पशु हैं।

चित्र 9.3 : किंग कोबरा

महाधनेश, वन्वे, किलकिला, कालागरुड़, बगुला, कठफोड़वा, वानकर, कबूतर, बटेर, तीतर आदि पक्षी हैं।

गुजरात

गिर राष्ट्रीय उद्यान

यह उद्यान गुजरात के सौराष्ट्र में 1975 स्थापित किया गया था। यह उद्यान जूनागढ़ जिले में 258.71 वर्ग किलोमीटर में फैला है। यहां सागवान, बरगद, बबूल, कीकर, बेर आदि मिलते हैं।

यहां एशियाई शेर, बन्दर, शेर, तेंदुआ, लककड़बग्घा, जंगली सुअर, नीलगाय, सांभर, चीतल, चिंकारा, चौसिंगा, मगर, गोह पाए जाते हैं। पक्षियों में मोर व नुकड़ी हैं।

वेलावहार राष्ट्रीय उद्यान

यह भाव नगर जिले में 34 वर्ग मीटर क्षेत्र में फैला हुआ है। इसकी स्थापना 1969 में की गई थी।

यहां काला हिरन, भेड़िया और मोर मिलते हैं।

बंसदा राष्ट्रीय उद्यान

इस उद्यान की स्थापना बुलसर जिले में 1976 में 24 वर्ग किलोमीटर में की गई है। यहां सागवान के वृक्ष और कटीले पौधे होते हैं।

तेंदुआ, काला हिरन, मोर इत्यादि वन्य जीव हैं।

मेरीज राष्ट्रीय उद्यान

यह जाम नगर जिले में कच्छ की खाड़ी में 163 वर्ग किलोमीटर क्षेत्र में फैला हुआ है और इसकी स्थापना 1987 में हुई थी। यहां मानग्रोव के वृक्ष पाए जाते हैं।

यहां समुद्री गाय (ड्गोंग) हरी त्वचा वाले कछुए, मगरमच्छ, औलिव रिडले गोह, चमचाचोंच, जल मुर्गी, पीही आदि मिलते हैं।

गोवा

भगवान महावीर उद्यान

यह उद्यान 1978 में स्थापित किया गया। इसका क्षेत्रफल 107 वर्ग किलोमीटर हैं। यहां सदाहरित और पर्णपाती वन हैं।

वन्य पशु हाथी, तेंदुआ, भालू, उड़न गिलहरी, साही, कहस, अजगर आदि हैं। कई प्रकार के पक्षियों का वासस्थल हैं जिनमें मोर प्रमुख है।

जम्मू और कश्मीर

डाचीगाम राष्ट्रीय उद्यान

इस उद्यान की स्थापना 1981 में श्रीनगर जिले में 141 वर्ग किलोमीटर क्षेत्र में की गई। यहां पर्णपाती, झाड़दार, देवदार चीड़ और बाझ के पेड़ पाए जाते हैं।

कश्मीरी बारहसिंगा (हंगुल) मृगवंश पशु पाया जाता है। यह संकटग्रस्त स्थिति में हैं। इसके अलावा हिम तेंदुआ, भूरा और काला भालू, कस्तूरी मृग, सेराव, बबून, हिमालयी मरमोट, कोकलास, मोनाल, बुलबुल, सहेली, धारीदार गिद्ध और सुनहरा बाज पाए जाते हैं।

किश्तवार राष्ट्रीय उद्यान

यह उद्यान किश्तवार जिले में 310 वर्ग किलोमीटर क्षेत्र में फैला हुआ है। यहां देवदार, चीड़ के पेड़ होते हैं।

इस उद्यान में तेंदुआ, हिम तेंदुआ, काला भालू, कस्तूरी मृग, कश्मीरी बारहसिंगा, लंगूर, मरखोल, आइवेक्स, हिमालयी थार आदि और मोनाल कोकलास, सुनहरा पीलक, नयन और सुनहरा बाज पक्षी हैं।

डेमिस हाड़ आल्टीट्यूड राष्ट्रीय उद्यान

यह लेह जिले में 1981 में 3.350 किलोमीटर वर्ग में स्थापित किया गया था। यहां पर्वतीय (एल्पाइन) वन मिलते हैं।

यहां तेंदुआ, हिम तेंदुआ, शापू, भरल, लाल लोमड़ी, हनुमान लंगूर, भेड़िया, हिमालयी मरमोट, हिम मुर्गी, चकोर, मुटरी और कस्तूरा आदि वन्य पशु और पक्षी मिलते हैं।

सिटी फोरेस्ट उद्यान

यह उद्यान श्रीनगर शहर के निकट 9 वर्ग किलो मीटर में फैला है। यहां पर हंगुल, सेराव, चकोर, मोनाल, हिममुर्गी पाए जाते हैं।

तमिलनाडू

गुइंडी राष्ट्रीय उद्यान

गुइंडी राष्ट्रीय उद्यान 2.82 वर्ग किलो मीटर में चेन्नई जिले में स्थापित हैं। यहां सदाहरित बन हैं।

यहां चीतल, काले हिरन वास करते हैं। यहां सर्प उद्यान हैं, जिसमें विभिन्न प्रकार के सांप रखे हैं।

मेरीन राष्ट्रीय उद्यान

मेरीन उद्यान सामुद्रिक उद्यान हैं और मनार की खाड़ी में तिरूनेलवेली और रामानाथपुरम् जिले में 21 द्वीपों में 6.25 वर्ग किलो मीटर क्षेत्र में फैला है। यहां झाड़दार पौधे और बबूल के पेड़ होते हैं।

गिलहरी, खरगोश, डुगोंग, डाल्फिन कई तरह के कछुए पाए जाते हैं। इस उद्यान का उद्देश्य समुद्री जीवों, विशेषकर कछुओं को संरक्षण देता है।

इंदिरा गांधी राष्ट्रीय उद्यान

यह कोयम्बतूर जिले में 117 वर्ग किलोमीटर क्षेत्र में फैला हुआ है। यहां सागवान रोजउड के वृक्ष होते हैं।

हाथी, तेंदुआ, बाघ, सिंह, पुच्छ बंदर, नीलगिरि लंगूर, कहस, भालू, गौर, चीतल, घड़ियाल, अजगर आदि वन्य जीव हैं। कठफोड़वा, तोता, धनेश, कबूतर, मोर, उल्लू पक्षी पाए जाते हैं।

मूदुमलय राष्ट्रीय उद्यान

नीलगिरि जिले में यह उद्यान 103 वर्ग किलोमीटर में स्थित हैं। कर्नाटक का बंदीपुर उद्यान इससे मिला हुआ है। मोयर नदी इन दोनों उद्यानों के बीच में बहती है। यहां सागवान, चंदन, रोजवुड, यूकेलिप्टस के वृक्ष हैं।

यहां तेंदुआ, भालू, जंगली कुत्ते, हाथी, गौर, बंदर, लंगूर, हिरन, चीतल, सांभर, पांडा, जंगली सुअर, मालावारी, गिलहरी आदि वन्य जीव हैं। कठफोड़वे, वसंता, मालावारी धनेश, सहेली, उल्लू, तोता, मुर्गी, हरियल, मोर, कबूतर, बाज, भीमराज, कोयल पंडुक पक्षी हें।

मुखुर्थी राष्ट्रीय उद्यान

यह नीलगिरि जिले में 78 वर्ग किलोमीटर क्षेत्र में फैला हुआ है। यहां सदाहरित और नम पर्णपाती और घने हरे पेड़ों का समूह है।

बाघ, तेंदुआ, भालू, चीतल, सांभर, जंगली कुत्ता, नीलगिरि थार, नीलगिरी लंगूर, सिंह, पूंछ बंदर, भूरा नेवला और मलावारी कहस पशु पाए जाते हैं।

कठफोड़वा, पहाड़ी बुलाल, सहेली, महाधनेश, कोतवाल, भीमराज, लटोरा, हरियल, उल्लू, चील व गिद्ध आदि पाए जाते हैं।

पश्चिम बंगाल

सुंदरवन राष्ट्रीय उद्यान

सुंदरवन राष्ट्रीय उद्यान चौबीस परगना जिले में 1330 वर्ग किलोमीटर क्षेत्र में फैला है। यह गंगा और ब्रह्मपुत्र नदियों के नद-मुख पर बने डेल्टा पर स्थित हैं। यहां मानग्रोव के वृक्ष हैं।

सुंदरवन बाघ परियोजना के अंतर्गत बाघ रिजर्व बनाया गया है। यहां के बाघ नर-भक्षी होते हैं।

मच्छीमार बिल्ली, जंगली सुअर, लघु पुच्छ वानर, घड़ियाल, मगरमच्छ, चीतल, दलदली बारहसिंगा, जलगोह, विशाल डालफिन, औलिव रिडले कछुआ, केकड़े आदि पाए जाते हैं।

नेओरा घटी राष्ट्रीय उद्यान

यह उद्यान दार्जिलिंग जिले के कालिंपोंग उपखंड में 1986 में 88 वर्ग किलो मीटर क्षेत्र में स्थापित है। यहां के बनों में मिश्रित प्रजातियां हैं। घाटी में आरकिडे के पेड़ हैं।

बाघ, तेंदुआ, काला भालू, कई जातियों के कहस, रीछ, सुनहरी बिल्ली, गोरल, सेराव, काकड़, सांभर, हिमालयी उडन गिलहरी तथा गिद्ध, चील, कबूतर, धनेश तथा कई प्रकार के पशु-पक्षी भी हैं। कई प्रकार के सांप – कोबरा, क्रेट, ग्रीन पिट वाइपर, ब्लाईंड स्नेक, लिजर्ड भी मिलते हैं।

सिंहलीला राष्ट्रीय उद्यान

यह भी दार्जिलिंग जिले में 78 वर्ग किलो मीटर क्षेत्र में स्थापित हैं। यहां शंकुल वृक्ष हैं।

हिम तेंदुआ, बकरियां– मिश्नी और टकीन का वास स्थल है। तेंदुआ, साल, हाथी, सेराव, चिंकारा तथा चील, धनेश, कबूतर, वन मुर्गी आदि पशु-पक्षी हैं।

वुक्षा राष्ट्रीय उद्यान

वुक्षा राष्ट्रीय उद्यान जलपाइगुड़ी जिले में 117 वर्ग किलो मीटर क्षेत्र में फैला हुआ है। यहां शुष्क पर्णपाती वन हैं। जिनमें साल तथा मिश्रित प्रजाति के वृक्ष हैं। संकोस, जैती, वाला, दीमा और पना नदियां इस उद्यान से होकर बहती हैं।

यहां हाथी, गैंडा, बाघ, तेंदुआ, जंगली सुअर, गौर, काकड़, पांडा, सांभर बारहसिंगा, बंदर, लंगूर, कहस, तेंदुआ बिल्ली, हरियल, शाही, कबूतर, मोर, जंगली मुर्गी, धनेश पशु-पक्षी हैं।

गोरुमारा राष्ट्रीय उद्यान

यह उद्यान भी जलपाइगुड़ी जिले में 79 वर्ग किलो मीटर क्षेत्र में स्थापित है। यहां साल और बांस के वृक्ष हैं।

यहां के पशु-पक्षी, हाथी, गैंडा, बाघ, तेंदुआ, गौर, सांभर, पांडा, जंगली सुअर, जंगली मुर्गी, मोर, धनेश, बुलबुल, पहाड़ी मैना, तोते, तीतर आदि मिलते हैं।

बिहार

बैटला राष्ट्रीय उद्यान

यह उद्यान पालमू जिले में 232 वर्ग किलोमीटर क्षेत्र में स्थित हैं। यहां साल, मिश्रित वृक्ष तथा बांस पाए जाते हैं। यह उद्यान बाघ परियोजना के अंतर्गत बाघ सुरक्षा के प्रयास कर रही है। यहां तेंदुआ, जंगली सुअर, नीलगाय, सांभर, काकड़, चीतल, पांडा, भालू, गौर, साही पशु तथा लोमड़ी और लकड़बग्घा यहां के मुरदाखोर जानवर हैं। धनेश, मोर, तीतर, बटेर, वन मुर्गियां और बत्तखें पक्षी हैं।

बाल्मीकि राष्ट्रीय उद्यान

यह उद्यान पश्चिमी चंपारन जिले में 325 वर्ग किलोमीटर क्षेत्र में स्थित हैं। यहां साल के वन तथा मिश्रित पतझड़ वाले पेड़-पौधे हैं।

यहां बाघ, भालू, भेड़िया, सेराव, अजगर आदि मिलते हैं। मोर, जंगली मुर्गी, तोता, मैना, किलकिला, पीलक पक्षी हैं।

मध्य प्रदेश

कान्हा राष्ट्रीय उद्यान

इस उद्यान में प्रकृति का अनुपम् सौंदर्य है। यह बालाघाट और मांडला जिलों में 940 वर्ग किलोमीटर क्षेत्र में फैला हुआ है। इसकी स्थापना सन् 1955 में की गई थी, यहां जबलपुर अथवा रायपुर से जाया जा सकता है। डलानों और घाटियों में साल के अति प्राचीन वृक्ष, बासों के झुरमुट और ऊंची-ऊंची घास के मैदान हैं।

बारहसिंगा कान्हां की प्रसिद्धि का बड़ा कारण है। यहां चीतल, सांभर, काकड़, गौर, पिसुरा, पांडा, चौसिंगा, बाघ, तेंदुआ, जंगली सुअर, लकड़बग्घा, जंगली कुत्ता, नीलगाय, काला मृग आदि पशु पाए जाते हैं। बाघ परियोजना के अंतर्गत यहां 'बाघ रिजर्व' बनाया गया है। चैती, सोखपर, फाख्ता, मोर, कबूतर, बटेर, चील, गरुड, बगुला व सारस आदि पशु-पक्षी हैं।

बांधवगढ़ राष्ट्रीय उद्यान

बांधवगढ़ उद्यान की स्थापना 1968 में शहडोल और जबलपुर जिलों में 185 वर्ग किलो मीटर क्षेत्र में की गई थी। यहां साल व मिश्रित वन हैं। जंगलों के बीच में घास के मैदान हैं। बांधवगढ़ टाइगर रिजर्व है। यहां बाघ, तेंदुआ, भालू, गौर, चौसिंगा, सांभर, काकड़, नीलगाय और चिंकारा मिलते हैं। यहां 225 प्रजातियों के पक्षी पाए जाते हैं। जिनमें तीतर, कबूतर, मोर, बटेर, पीलक और शक्करखोरा आदि पक्षी हैं।

माधवगढ़ राष्ट्रीय उद्यान

यह उद्यान 1959 में शिवपुरी जिले में 337 वर्ग किलोमीटर क्षेत्र में स्थापित किया गया था। यहां झांसी से जाया जा सकता है। यहां धौरी के वृक्ष पाए जाते हैं।

यहां बाघ, तेंदुआ, सांभर, चीतल, चौसिंगा, कृष्णमृग, नीलगाय, चिंकारा, लंगूर, मगरमच्छ और अजगर। राजहंस, चमचावाज, सारस, मोर, तीतर, बटेर आदि पशु-पक्षी हैं।

इंद्रावती राष्ट्रीय उद्यान

इस उद्यान को इंद्रावती नदी के किनारे, बस्तर जिले में सन् 1928 में 1258 वर्ग किलोमीटर क्षेत्र में स्थापित किया गया। यहां सागवान, अमलतास, अनजान, अर्जुन, आमला, बहेडा और पलास जैसे वृक्ष हैं। यहां बांस भी मिलते हैं।

इस उद्यान में चीतल, सांभर, चौसिंगा, नीलगाय, हिरण, चिंकारा, काकड़, बारहसिंगा, जंगली भैंसा, गौर, भालू, बाघ, तेंदुआ, भेड़िया, लोमड़ी, लक्कड़बग्घा और अजगर पशु हैं। यहां कई प्रजातियों के पक्षियों का वास स्थल है जिनमें पहाड़ी मैना चिड़िया प्रमुख हैं।

पन्ना राष्ट्रीय उद्यान

इस उद्यान की स्थापना 1981 में हुई थी। यह पन्ना और छतरपुर जिले में 543 वर्ग किलोमीटर क्षेत्र में फैला हुआ है। वनों में साल और अन्य प्रकार के वृक्ष हैं।

यहां बाघ, तेंदुआ, सांभर, चीतल, नीलगाय, भालू, भेड़िया, घड़ियाल और मगर पशु पाए जाते हैं। मोर, जंगली मुर्गी, तीतर, कबूतर, चील आदि पक्षी पाए जाते हैं।

सतपुड़ा राष्ट्रीय उद्यान

यह उद्यान होशंगाबाद जिले में 524 वर्ग किलोमीटर क्षेत्र में फैला हुआ है। यह पंचमढ़ी शहर के पास है। यहां सागवान और साल के वृक्ष हैं। कई तरह की वनस्पति पाई जाती हैं।

यहां बाघ, तेंदुआ, चिकारा, नीलगाय, सांभर, चीतल, काकड़ और आदि पशु पाए जाते हैं। धनेश, मोर, कबूतर, तीतर और मुर्गियां पाए जाने वाले पक्षी हैं।

संजय गांधी उद्यान

यह उद्यान 1981 में सरगुज़ा जिले में 1938 वर्ग किलोमीटर क्षेत्र में स्थापित है। डुबरी रेलवे स्टेशन के पास है। यहां साल और विभिन्न प्रकार के वृक्ष पाए जाते हैं।

यहां पर भी, तेंदुआ, बाघ, चिंकारा, नीलगाय, सांभर, भेड़िया, चौसिंगा और भालू आदि जानवर और धनेश, मोर, कबूतर, चील, तीतर, तोते पक्षी पाए जाते हैं।

वन-विहार राष्ट्रीय उद्यान

यह उद्यान 1929 में भोपाल जिले में 4.45 वर्ग किलोमीटर में फैला है। भोपाल रेलवे स्टेशन के पास है। साल और मिश्रित पेड़ हैं। इस उद्यान में बाघ, तेंदुआ, भालू, विज्जू, सांभर व कृष्ण मृग हैं। यहां विभिन्न प्रकार के पक्षी हैं। जिनमें धनेश, चमचावाज, राजहंस, मोर, कबूतर, तीतर, बटेर आदि हैं।

चित्र 9.4 : कृष्ण मृग

महाराष्ट्र

तडोवा राष्ट्रीय उद्यान

इस राष्ट्रीय उद्यान को 1955 में चंद्रपुर जिले में 116.55 वर्ग किलोमीटर क्षेत्र में स्थापित किया गया था। चंद्रपुर स्टेशन से तडोवा राष्ट्रीय उद्यान जाया जा सकता है। यहां के वनों में सागवान के वृक्ष हैं। यहां तडोवा झील भी है जिसके चारों ओर पेड़-पौधे हैं।

बाघ, तेंदुआ, चित्ता बिल्ली, भालू, साल, गौर, सांभर, चीतल, नीलगाय, चिंकारा, मगर, अजगर और गोह वन्य पशु हैं। बुलबुल, कलचुरी, भीमराज, कोतवाल, मुर्गावी, कबूतर, सोंखपर, तीतर आदि पक्षी हैं।

पंच राष्ट्रीय उद्यान

यह उद्यान नागपुर जिले में 1975 में 275 वर्ग किलोमीटर क्षेत्र में स्थापित किया गया था। यहां के वनों में सागवान के अलावा दूसरे वृक्ष भी हैं। इस उद्यान में बाघ, तेंदुआ, भालू, गौर, सांभर, चीतल, चौसिंगा, चिंकारा, नीलगाय, काकड़, चीत्ता बिल्ली आदि वन्य पशु हैं तथा मोर जंगली मुर्गी, बुलबुल, दयार, भुजंग पक्षी हैं।

नवेगांव राष्ट्रीय उद्यान

यह उद्यान 1975 में भंडारा जिले में 134 वर्ग किलोमीटर क्षेत्र में स्थापित किया गया था। यहां मिश्रित पर्णपाती वृक्ष तथा सागवान के वृक्षों के जंगल हैं।

इनमें तेंदुआ, बाघ, भालू, मछीमार बिल्ली, नीलगाय, चौसिंगा, सांभर, चीतल, कृष्ण मृग और अजगर वन्य पशु हैं। जंगली मुर्गी, मोर, भुजंग, बगुले, पनकोवा, चमचावाज, सारस, कबूतर, तीतर और चील आदि पक्षी हैं।

संजय गांधी राष्ट्रीय उद्यान

यह उद्यान ठाणे और मुंबई जिलों में 1983 में लगभग 97 वर्ग किलो मीटर क्षेत्र में स्थापित हैं। यह उद्यान महानगरपालिका के अंदर है। इस उद्यान का बड़ी मात्रा में अतिक्रमण होने से, उसके अन्दर मानव बस्तियां भी हैं। इसी कारण पशु-मानव का संघर्ष प्रायः देखने को मिलता है। यहां मानग्रोव, सागवान और जांबुल के पेड़ हैं। यहां फूलवाले पौधे भी हैं।

यहां तेंदुआ, चित्ता बिल्ली, जंगली सुअर, लंगूर, चौसिंगा, सांभर, पांडा, मगर, घड़ियाल और बंदर हैं।

यहां नाना प्रकार के जल-पक्षी, शिकारी चिड़ियां, गिद्ध, बटेर, किलकिला, तोते, उल्लू, कबूतर आदि पक्षी हैं। कछुए, मछलियां, अजगर, सांप, तितलियां और तिलये पाए जाते हैं।

गुगामल राष्ट्रीय उद्यान

यह उद्यान अमरावती जिले में 361 वर्ग किलोमीटर क्षेत्र में फैला हुआ है। यहां के वनों में सागवान और मिश्रित पेड़ मिलते हैं। यहां बाघ, तेंदुआ, भालू, जंगली सुअर, मच्छीमार बिल्ली, काकड़, चीतल, चौसिंगा और गौर वन्य पशु हैं। यहां पंच नदी बहती है। इसके आस-पास के क्षेत्र में भूरे बगुले, पनकौवे, शिकारी श्वानों ओर बाज, गारूड़, धनेश, शाहबाज और सर्प हैं।

जीवाश्म राष्ट्रीय उद्यान

यह उद्यान मांडली जिले में 0.24 वर्ग किलो मीटर क्षेत्र में स्थापित किया गया है। इसकी स्थापना 1982 में की गई थी। यहां वनस्पति जीवाश्म हैं।

कांगेर घाटी राष्ट्रीय उद्यान

यह उद्यान बस्तर जिले में 200 वर्ग किलोमीटर क्षेत्रफल में फैला हुआ है। यह 1982 में स्थापित किया गया था। यहां पर सागवान साल और अन्य प्रकार के वन हैं। यहां पर बाघ, तेंदुआ, स्याहगोरा, भेड़िया, चौसिंगा, गौर, मगरमच्छ, घड़ियाल और अजगर भी हैं।

धनेश, मोर, कबूतर, कोतवाल, भीमराज, सोंखपर, अनजान, चील, किलकिला, मैना लालपर, जंगली मुर्गी मिलती हैं।

पेंच राष्ट्रीय उद्यान

इस उद्यान को 1979 में जिला सिवनी में 293 वर्ग किलोमीटर क्षेत्र में स्थापित किया गया था। यहां के वन शुष्क पर्णपाती वृक्षों से बने हैं।

यहां पाए जाने वाले पशुओं में बाघ, तेंदुआ, जंगली सुअर, जंगली कुत्ता, भालू, नीलगाय, कृष्ण मृग, गौर, काकड़, चीतल, चौसिंगा आदि पशु हैं।

जंगली मुर्गी, बटेर, धनेश, तीतर, कबूतर, चील, मैना, किलकिला, सारस और चमचावाज जैसे पक्षी हैं।

हिमाचल प्रदेश

ग्रेट हिमालयन राष्ट्रीय उद्यान

यह उद्यान कुल्लू जिले में 765 वर्ग किलोमीटर क्षेत्र में। 1954 में इस उद्यान की स्थापना की गई थी। इस उद्यान में चीड़ और देवदार के वृक्ष हैं।

इस उद्यान में तेंदुआ, हिमालयी थार, सेराव, भेड़िया, कस्तूरी मृग, भरल तथा गिलहरी होती हैं। कौजैंट, ट्रैगोपन, बाज, चील, मोनाल आदि पक्षी हैं।

पिन घाटी राष्ट्रीय उद्यान

यह उद्यान लाहौल और स्पीत्ति जिले में 675 वर्ग किलो मीटर क्षेत्र में फैला हुआ है। यहां झाड़ वनस्पति, जंगली गुलाब, हिपोचिया तथा एफ्रेड़ा है।

यहां तेंदुआ, भूरी लोमड़ी, हिम भालू, सफेद खरगोश, लोमड़ी और ऊद-बिलाव मिलते हैं। पक्षियों में हिम मुर्गा, चकोर, आरी, चैती कबूतर और लालपर हैं।

हरियाणा

सुल्तानपुर राष्ट्रीय उद्यान

यह उद्यान गुड़गांव जिले में 1.47 वर्ग किलोमीटर क्षेत्र में फैला हुआ है। यहां बबूल और घास के मैदान हैं। इस उद्यान में एक बड़ी झील है। पानी के

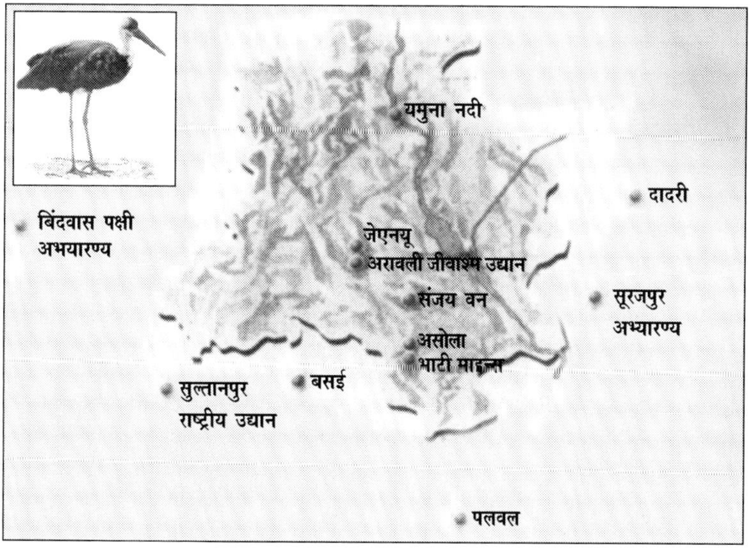

चित्र 9.5 : जंगली गधा

होने के समय यहां पक्षी दिखाई देते हैं। झील के सूखने पर पक्षी कहीं चले जाते हैं।

यहां चीतल, नीलगाय हैं। यहां बत्तख, सारस, गरूड़, बगुला, हरियल, तीतर, बटेर, नीलसर, चैनी, लटोरा, धनेश, किलकिला, घोघिल और जलपीही पक्षी होते हैं।

सिक्किम

कंचनजंगा राष्ट्रीय उद्यान

इस उद्यान की स्थापना 1977 में सिक्किम के उत्तरी जिले के 850 वर्ग किलोमीटर क्षेत्र में की गई थी। यहां शकुल वृक्ष, फर और बांस के पेड़ हैं।

यहां हिम तेंदुआ, बादली तेंदुआ, भालू, सेराव, भरल, कस्तूरी मृग, हिमालयी थार, गोरल, जंगली गधा और टेकीन पशु हैं।

पक्षियों में टेगोपन फीजैंट, हरियल, मोनाल और हिम-मुर्गा हैं।

राजस्थान

रणथंभौर राष्ट्रीय उद्यान

इस उद्यान को 1955 में बनाया गया था। यह सवाई माधोपुर जिले के अरावली और विंध्याचल पर्वत मालाओं के संगम पर 392 वर्ग किलोमीटर क्षेत्र में फैला हुआ है। यहां के वृक्ष पर्णपाती और मरूस्थली कंटीले पेड़ों वाले हैं और ढाक और बेंत के वृक्ष भी हैं। यहां रणथंभौर किला है। इस उद्यान में तालाब और जलस्रोत भी हैं। यह उद्यान पहले जयपुर के राजाओं के आखेट के लिए सुरक्षित था।

यह बाघ परियोजना के अंतर्गत बाघ रिजर्व हैं। यहां बाघ, तेंदुआ, स्याहगोह, बिज्जू, जंगली भालू, मूसंग, जंगली बिल्ली, लककड़बग्घा, चीतल, सांभर, चिंकारा, नीलगाय, अजगर, नाग, मगरमच्छ, कछुए और घड़ियाल, मोर, तोते, हरियल, जलमुर्गी, बटेर, बालू तीतर, चैती, टिटहरी तथा किलकिला जैसे पशु-पक्षी पाए जाते हैं

सरिसका राष्ट्रीय उद्यान

यह अलवर जिले में 274 वर्ग किलो मीटर क्षेत्र में 1982 में स्थापित किया गया था। यहां ऐतिहासिक मंदिरों और किलों के भग्नावशेष हैं। यहां टांक, सलाई, जामुन, बेर-बहेड़ा, अर्जुन आदि के पेड़ हैं।

सरिसका भी बाघ परियोजना के अंतर्गत 'बाघ रिजर्व' हैं। यहां बाघ, जंगली सुअर, लक्कड़बग्घा, तेंदुआ, मुसंग, बिज्जू, स्याहगोह, जंगली बिल्ली, नीलगाय, सांभर, चौसिंगा, चिंकारा और चीतल जैसे पशु हें। सुनहरी पीठ वाला कठफोड़वा, चील, मोर, उल्लू, बटेर, तोता, किलकिला जैसे पक्षी देखने को मिलते हैं।

केवलदेव घाना राष्ट्रीय उद्यान

भरतपुर जिले में 1981 गें 29 वर्ग किलोमीटर क्षेत्र में स्थापना की गई थी। उद्यान के वनों में सैकड़ों प्रकार की जड़ी-बुटियां, आरोही लताएं हैं और बबूल, बेर, कदम के पेड़ हैं। बाण गंगा तथा गंभीरी नदी इस उद्यान से बहती हैं।

इस उद्यान में 320 किस्म के पक्षी हैं। इस उद्यान को पक्षियों के स्वर्ग के नाम से जाना जाता है। यहां लोहागढ़ किला भी है। जिसमें डीज महल देखने योग्य है। जिसमें, घोघिल, चमरचेंच, जांधिल, दाविल, सारस, बुज्जा, जलकौआ, पंडक, चैती, नीलसर, बगुले, हवासिल, जलपीही आदि। यह पक्षी वृक्षों पर घोंसले बनाकर रहते हैं। जंगली सुअर, सांभर, चीतल, कृष्णमृग, कहस, नीलगाय, पशु हैं। घोंघे, मछलियां ओर मेंढ़क खूब मिलते हैं।

नवंबर-दिसंबर में साइबेरिया से सारस आते हैं और मार्च में साइबेरिया वापस चले जाते हैं।

यहां मार्श हैरियट तथा चील होते हैं। इस उद्यान में चमरचेंच जांधिल, दाविल, घोंघिल, सारस, बुज्जा, हवासिल, जल कौवे, बगुले, पंडके, नीलसर, नीलपीही और चैती पक्षी हैं। जंगली सुअर, सांभर, चीतेल, कहास, कृष्णमृग, नीलगाय पशु हैं। यहां घोंघे, मछलियां और मैंढक खूब मिलते हैं।

मरुस्थल राष्ट्रीय उद्यान

यह जैसेलमेर जिले में 3162 वर्ग किलोमीटर क्षेत्र में फैला हुआ है। यहां सिर्फ कटीली झाड़ियां और घास मिलती हैं। यहां कृष्णमृग, चिंकारा, पाए जाते हैं। तुकदार हुकना यहां का आम पक्षी है।

नोएडा (उत्तर प्रदेश) राष्ट्रीय उद्यान

तेजी से पांव पसार रहे शहर और कंक्रीट के जंगल पक्षियों की रंगीन दुनिया के दुश्मन बने हुए हैं। नतीजा पक्षियों की कई देशी प्रजातियां विलुप्त होने के कगार पर हैं। ऐसे में नोएडा इन विलुप्त हो रहे भारतीय पक्षियों के लिए बेहतरीन आशियाना साबित होने जा रहा है। इसके लिए स्वतंत्र भारत के पहले बॉटनिकल गार्डन में विशेष योजना पर काम शुरू कर दिया गया है। बॉटनिकल गार्डन में करीब दर्जन भर विलुप्त हो रहे पक्षियों के संरक्षण और उनकी तादात बढ़ाने के लिए विशेष पर्यावरणीय माहौल और वन क्षेत्र-विकसित किया जा रहा है। पार्क के उत्तरी हिस्से में 90 मीटर चौड़ी पट्टी पर विशेष किस्म के फल वाले पेड़ लगाने की योजना है, जो इन विलुप्त प्राय पक्षियों को आकर्षित करेंगे। इसके लिए बॉटनिकल गार्डन प्रबंधन ने 50 एकड़ में 150 देशी प्रजाति के पेड़ लगाने की योजना बनाई है।

पार्क में विकसित की जा रही पांच झीलें भी इसी अभियान का हिस्सा होंगी। बॉटनिकल गार्डन में इन पक्षियों के प्रजनन और आशियाने के लिए पूरा ईको सिस्टम विकसित किया जाएगा। इस दिशा में काम शुरू किया जा चुका है, जिसके परिणाम अगले एक वर्ष में दिखने लगेंगे।

बॉटनिकल गार्डन में फिलहाल पक्षियों की 50 से ज्यादा प्रजातियां देखी गई हैं। इनमें कुछ अप्रवासी प्रजातियां भी हैं, जो सर्दी के मौसम में यहां प्रजनन के लिए आते हैं। इसके अलावा गार्डन में एक साल पहले गौरेया को बचाने के लिए विशेष प्रयास शुरू किए गए थे, जिस वजह से बॉटनिकल गार्डन में गौरेया की संख्या लगातार बढ़ रही है। बॉटनिकल गार्डन ने यह परियोजना दिल्ली की मुख्यमंत्री शीला दीक्षित के आवास में गौरेया के संरक्षण के लिए शुरू की गई पहल से प्रेरित हो तैयार की थी। इसके अलावा यहां तैयार की जा रही झील मे बगुला, सफेद पेट वाली जल मुर्गी, चित्तीदार भारतीय बत्तख जैसे पानी के करीब रहने वाले पक्षी भी एक वर्ष में यहां दिखेंगे।

2. राष्ट्रीय अभयारण्य

अभयारण दो शब्दों के मेल से बना है अभय और अरण्य से। अभयारण से मतलब है जहां जीव-जन्तु अपना जीवन सुरक्षित वनों में बिता सकें और विचरण कर सकें। जिन वनों में पशु-पक्षियों को साफ-सुथरा वातावरण मिल सके और उनका विकास हो सके। जानवरों को आस-पास की आबादी और अन्य खतरों से भलि-भांति सुरक्षित रखा जा सके। ऐसे उन वनों को अभयारण कहते हैं। अभयारणों को बनाने का एक मकसद यह है कि पृथ्वी पर हरियाली रहे और वहां पशु-पक्षी स्वतंत्रता पूर्वक जीवन यापन कर सकें। प्रकृति की इस अमूल्य धरोहर, वन्य प्राणियों को समय रहते अभयारण्यों, राष्ट्रीय उद्यानों, पशु-विहारों, पक्षियों के आश्रय स्थलों को बना कर संकटग्रस्त प्राणियों की जातियों को समय रहते लुप्त होने से बचाया जा सके।

कार्बेट राष्ट्रीय अभयारण्य

कार्बेट अभयारण्य हिमालय की तलहटी उत्तर प्रदेश के पौड़ी तथा नैनीताल जिलों में 525 वर्ग किलोमीटर क्षेत्र में, 1935 में स्थापित किया गया। इस अभयारण्य का नाम प्रसिद्ध शिकारी तथा लेखक कार्बेट के नाम पर रखा गया। जिसने पहले अंधाधुंध वन्य प्राणियों का शिकार किया। बाद में वह वन्य प्राणियों के संरक्षण में जुट गया और वन्य जीवन से संबंधित अच्छा साहित्य भी लिखा।

कार्बेट अभयारण्य बहुत सुंदर हैं। साल के हरे-भरे पेड़ हैं। यहां शांत वातावरण, स्वच्छ वायु, मृदु जल की नदी, जहां स्वच्छंद प्रकार के पशु-पक्षी प्रवास करते हैं। यह वन आरक्षित हैं।

कार्बेट अभयारण्य ऐसा लगता है जैसे प्रकृति ने इसे बनाया हो। वृक्ष और वनस्पति यहां उगते हैं, बढ़ते हैं और स्वाभाविक रूप से नष्ट भी होते रहते हैं। यहां वन्य जीवों और वनस्पति की जीवन-क्रिया एक-दूसरे से अभिन्न रूप से जुड़ी रहती हैं।

यहां हाथी पर बैठकर अभयारण्य में घूमा जा सकता है और हाथी, बंदर, मोर, लोमड़ी, गिलहरी, हरिण, सांभर, चीतल, तेंदुए, भालू देख सकते हैं। राम गंगा नदी में मगरमच्छ, ऊदबिलाव और तरह-तरह की मछलियां भी देखी जा सकती हैं।

यहां अजगर, किंग कोबरा प्रमुख हैं। कार्बेट अभयारण्य में बाघ सबसे आकर्षण पशु हैं। कार्बेट अभयारण्य में सैकड़ों जाति के पक्षी भी रहते हैं। जाड़े में दूर देशों

चित्र 9.6 : गैंडा

से पक्षी भी यहां पहुंचते और गर्मी आते ही वापिस चले जाते हैं। इस अभयारण्य को देखते हुए ऐसा प्रतीत होता है जैसे वन्य-प्राणी हमारे मित्र हो।

कान्हा अभयारण्य

मध्य प्रदेश के पूर्वी-दक्षिणी भागों में लगभग 2500 वर्ग किलोमीटर क्षेत्र में फैला हुआ है। यहां का प्राकृतिक सौंदर्य बहुत अनोखा है। यहां साल के अति प्राचीन वृक्ष, बासों के पेड़ तथा घास के मैदान हैं। यहां निर्मल जल के स्रोत, निर्भीक घूमते हुए पशु तथा कलख करते पक्षियों का नजारा देखने योग्य होता है। यह अभयारण्य बाघ परियोजना के अंतर्गत आता है।

यहां बारहसिंगा, हरिण, सांभर, चीतल, मोर, काला मृग, पशु फल-फूल रहे हैं। तरह-तरह के सांप मिलते हैं। खास तौर से अजगर विशेष रूप से। यहां हाथी पर बैठकर कान्हा अभयारण्य के प्राणियों को काफी समीप से देखा जा सकता है।

मेलघाट अभयारण्य

महाराष्ट्र के पश्चिमी घाट की ऊंची पहाड़ियों पर 1500 वर्ग किलोमीटर क्षेत्र में फैला हुआ है। यहां सागवान के बहुत वृक्ष हैं। यह क्षेत्र वर्षा ऋतु में बहुत

हरा-भरा रहता है और गर्मी में हर तरफ सूखापन दिखाई देता है। मेलघाट अभयारण्य में अनेकों झरनें और जल-स्रोत हैं।

यहां गौर, चिंकारा, सांभर, काकड़, तेंदुआ और जंगली कुत्ते पाए जाते हैं। मेलघाट बाघ परियोजना के अंतर्गत होने के कारण, यहां वन्य-जीवन और पेड़-पौधे का सामान विकास हुआ है।

पलायू अभयारण्य

यह बिहार के दक्षिणी छोटा नागपुर अंचल में 930 वर्ग किलोमीटर क्षेत्र में फैला हुआ है। यहां साल और बारा के वृक्ष हैं। इस अभयारण्य के उत्तर में कोयल नदी बहती है। जिससे पशुओं को पानी मिलता है।

यहां हाथी, सांभर, चीतल, लंगूर, खरहा, साही, लघु पुच्छ बन्दर, काकड़, हरिण, जंगली सुअर और नील गाय, बाघ, तेंदुआ, भेड़िया, जंगली कुत्ते, जंगली बिल्ली, गीदड़, लकड़बग्घा पशु मिलते हैं।

मोर, लाल मुर्गियां, बटेर और अनेकों प्रकार के पक्षी होते हैं।

पलायू अभयारण्य को हर प्रकार की सुरक्षा दी गई है और वन जीवन तथा वन संपदा का विकास भी हो रहा है।

रणथंम्भौर अभयारण्य

यह अभयारण्य राजस्थान में 400 किलोमीटर क्षेत्र में फैला हुआ है। यहां अराबली और विंध्य पर्वत के संगम पर रणथम्भौर का प्राचीन किला है जिसका ऐतिहासिक महत्व है।

यहां ढाक के वृक्ष हैं और घास के खुले मैदान भी। यहां पानी के स्रोत हैं जिनमें गर्मी में भी पानी रहता है। यहां ढाक और बेर के पत्तों की भरमार है। इसलिए पशुओं को चारे की समस्या नहीं होती है।

यहां बाघ, तेंदुआ, सांभर, चीतल, नीलगाय, चिंकारा, जंगली सुअर, भालू मिलते

चित्र 9.7 : मोर

चित्र 9.8 : चीतल

हैं। अजगर, सांप, कछुए और मगरमच्छ भी मिलते हैं। मोर, कबूतर, तोता, गरूड़ कूकने वाली चैती, जल मुर्गी, जल मोर, बटेर तथा तीतर मिलते हैं। रणथंभौर अभयारण्य में जैविक और वानस्पतिक विकास का क्रम तेजी से हुआ है।

सिमतीपाल अभयारण्य

यहां सदा नीरा नदियां, झरनें, जल प्रपात, सोते अपनी ध्वनियों से मनोहारी संगीत सुनाते हैं। यहां चारों ओर हरियाली ही हरियाली है। यहां सदाबहार के पेड़, चंपक, कदम्ब और आर्किड फूलों से लदे रहते हैं।

यहां गाने वाली पहाड़ी मैना इस अभयारण्य की खास पहचान है। बाघ, तेंदुआ, जंगली कुत्ता, सांभर, गौर, बनेरा, जंगली सुअर, चौसिंगा, लंगूर, धनेश, मोर, मगरमच्छ, अजगर, गीद्ध, लकड़बग्घे और चील जैसे पशु-पक्षी पाए जाते हैं।

यहां की रोचक घटना है जो 1974 में घटी। एक बाघिन ने अपने मादा शिशु को अकेला छोड़ दिया। तब सिमली पाल के अभयारण्य के निदेशक ने उसे पाल-पोस कर बड़ा किया। उसका नाम खैरी रखा गया। वह उस परिवार में खूब घुल-मिल गई। पालतू पशु के समान घर में निर्बोध घूमती-फिरती, खाना-पीना, खेल-आराम मर्जी से करती। देखते-देखते वह बड़ी हो गइ। लेकिन उससे कोई डरता नहीं था।

खैरी को एक दिन पागल कुत्ते नें काट लिया तो वह मर गई, उसके कुछ दिन बाद उसके संरक्षक भी चल बसे। इससे पता चलता है–पशुओं को भी पालतू बनाया जा सकता है।

मृदुमलय अभयारण्य

मृदुमलय तमिलनाडु का मुख्य अभयारण्य है। यह नीलगिरि पर्वत के उत्तरी-पूर्वी ढलानों पर 520 वर्ग किलोमीटर क्षेत्र में फैला है। यहां काले कठफोड़वे, बसंता, बाज, तोता, कोयल, हरा कबूतर और पंडूक मुख्य पक्षी हैं। गर्मी के दिनों में तेंदुआ, बड़ी गिलहरी, हाथी, सांभर, चीतल, हरिण और सुअर दिखाई देते हैं। इस वन में गौर और हाथियों के झुंड भी दिखाई देते हैं।

पेरियार अभयारण्य

केरल में स्थित पेरियार अभयारण्य प्रमुख है। यह 700 वर्ग किलो मीटर क्षेत्र में फैला हुआ है। यहां सौ वर्ष पहले की झील भी है। यहां के हाथी जल-विहार

और तरह-तरह की क्रीड़ाएं करते हैं। यहां गौर, सांभर सुबह और शाम दिखाई देते हैं। कछुए, उदबिलाव, बगुले और धनेश दिखाई देते हैं।

सुंदर वन अभयारण्य

गंगा और ब्रह्ममपुत्र नदी के डेल्टा पर 2600 वर्ग किलो मीटर क्षेत्र में फैला है। भारत में सबसे अधिक बाघ सुंदरवन में हैं। यहां मैंग्रोव के वन है। सुंदरवन मछलियों की खान हैं, जो समाप्त नहीं हो सकती। यह अभयारण्य 'रायल बंगाल टाइगर' के आवास के रूप में विश्व में विख्यात हैं। चीतल, लघु पुच्छ बंदर, मच्छीमार बिल्ली, चंदन, गौह, समुद्री घड़ियाल, गेंडे, जंगली भैंसे, हरिण, काकड़ मिलते हैं। जो अब प्रायः विलुप्त हो रहे हैं। सुंदरवन में 320 वर्ग किलोमीटर क्षेत्र में एक पक्षी विहार भी है। यहां प्रवासी पक्षी समय-समय पर आते रहते हैं। पेलीकन, बत्तख, सारस, हंस, टिकरी, बगुला, लालसर, सीखपर, शोमलर और चैती प्रमुख पक्षी हैं।

सुंदरवन अभयारण्य के बाघ नर-भक्षी और खूंखार भी हैं। यहां समुद्री कछुआ भी पाया जाता है।

सरिसका अभयारण्य

प्राकृतिक इतिहास और पुरातत्व का संगम स्थल है। यहां नवीं-दसवीं शताब्दी के शिव मंदिरों के भग्नावशेष हैं। यहां रणथंभौर का किला भी है। यहां ढाक, सलाई, चीड़ के वृक्ष हैं। यह अभयारण्य 800 वर्ग किलोमीटर में फैला हुआ है। यहां जामुन, अर्जुन, बेर, बहेड़ा के वृक्ष भी हैं।

यहां सांभर, चीतल, चौसिंगा, चिंकारा, स्याह गोह, नीलगाय, लककड़बग्घा, लंगूर प्रमुख पशु हैं। लहटौरा, तोते, बटेर और मोर उल्लेखनीय पक्षी हैं। यहां बाघों के संरक्षण के लिए उचित व्यवस्था की गई और बाघों की संख्या लगातार बढ़ रही है।

नागार्जुन सागर

यह अभयारण्य आंध्रप्रदेश में कृष्णा नदी के अपवाद क्षेत्र में 3500 वर्ग किलोमीटर क्षेत्र में फैला हुआ है। यहां सागवान, बबूल और बांस पाए जाते हैं। नदी पर एक बहुत बड़ा बांध बना है और इसके जलाशय को नागार्जुन सागर कहते हैं।

यहां बाघ, तेंदुआ, जंगली बिल्ली, धारीदार लकड़बग्घा, भालू, बन बिलाव और ऊद बिलाव, चौसिंगा, चिंकारा, सांभर, चीतल, काकड़, हरिण, नीलगाय, वन-सुअर, लंगूर, लघु पुच्छ बन्दर पाए जाते हैं। नागार्जुन सागर अभयारण्य के संरक्षण और विकास के लिए आवश्यक उपाय किए जाते हैं।

इंद्रावती अभयारण्य

मध्य प्रदेश और उड़ीसा में लगभग 300 वर्ग किलोमीटर क्षेत्र में स्थित है। जंगली भैंसों का वासस्थल है। यह अभयारण्य इंदावती नदी के समानांतर है। यहां सागवान, अमलतास, आंवला, अंजन, अर्जुन बहेड़ा और पलाश के वृक्ष हैं।

यहां चीतल, सांभर, चौसिंगा, चिंकारा, काला मृग, काकड़, हरिण, गौर, रीछ, बाघ, तेंदुआ, भेड़िया, सियार, लकड़बग्घा और अजगर सांप मिलते हैं।

गिर अभयारण्य

गुजरात के सौराष्ट्र क्षेत्र में यही वह एकमात्र स्थान है जहां सिंह रहते हैं। विडाल वंशीय प्राणियों में सिंह ही अति विरल है, क्योंकि यह गिर के अलावा कहीं और नहीं है। जबकि उत्तर भारत में सिंह, सब जगह पाया जाता था। सिंह भोजन की तलाश में दिन में निकलता है जबकि बाघ रात में। सिंह स्वभाव से भोला-भाला होता है।

गिर अभयारण्य में तेंदुआ, चिंकारा, सांभर, चीतल, चौसिंगा, हरिण और नीलगाय आदि पशु हैं। भारतीय इस हरिण के चार सींग होते हैं। किंतु मादाएं सींग विहीन होती हैं।

चित्र 9.9 : मादा बंदर अपने बच्चे के साथ

दाचीगाम अभयारण्य

यह जम्मू-कश्मीर की राजधानी श्रीनगर के पास मृग-वन हैं। हंगुल जाति के हरिणों का यहां स्थायी वास-स्थल है। यहां कस्तुरी मृग भी होते हैं।

यहां भालू, तेंदुआ, सेराव, लंबी पूंछ वाला मर्मोट मोनाल, सेहली, बुलबुल आदि पक्षी हैं।

केवलादेव घाना अभयारण्य

यह अभयारण्य 29 वर्ग किलो मीटर में राजस्थान के भरतपुर क्षेत्र में फैला हुआ है। यहां देश-विदेश के पक्षियों का वास-स्थल है। घाना के हर ओर पानी ही पानी दिखाई देता है। झील के किनारे पर पेड़-पौधे तथा झाड़ियां हैं। कदंब के ऊंचे-ऊंचे वृक्ष, बबूल तथा जलीय वनस्पति है जहां पक्षी-विहार है। यहां बत्तख, चैती, नीलसर, जलपीही, सारस, चमरचोंच, घोंघिल, जांघिल, बुज्जा, जल कौवे, बगुले, पंडुक पक्षी हैं। यहां रंग-बिरंगी हवासिल भी बहुत है। यहां सांभर, चीतल, जंगली सुअर और नीलगाय भी हैं।

महाराष्ट्र में तडोबा अभयारण्य, नवे गांव तथा पेच अभयारण्य हैं। जहां तेंदुआ, बाघ, भालू, चौसिंगा, चिंकारा, अजगर, सांप, मगरमच्छ, सोहन चिड़ियां, हुकना आदि पशु-पक्षी हैं।

राजगढ़ में करनाला अभयारण्य मुख्यतः बाजों के लिए बनाया गया है।

सिक्किम में कंचन जंगा एक मात्र अभयारण्य है। इसमें लमचित्ते, हिमालयी थार, रीछ, कस्तुरी मृग, तेंदुआ, भरल और सिराव भी दिखते हैं। यहां फेजेंट तथा तिब्बती हिम कुक्करों की प्रधानता है।

तमिलनाडु में अन्नामलडू, कालकड़, मुंदनथुरई तथा नीलगिरि अभयारण्य प्रसिद्ध हैं। यहां के सभी अभयारण्य में बाघ, तेंदुआ, भालू, सिंह, पूंछ वानर, वन बिलाव, पिसुरी हरिण, नीलगिरि थार देखे जाते हैं। यहां वेदन बांगल, किरकिली, पुलिकेट, बेहढंगुडी, चमचाचोंचों तथा समुद्री पक्षियों का वास स्थल है।

गोआ में भी एक अभयारण्य स्थल है। इसकी स्थापना 1978 में भगवान महावीर अभयारण्य के नाम से 10500 हेक्टेयर क्षेत्र में की गई थी।

यहां हाथी, तेंदुआ, भालू, उड़ने वाली गिलहरियां तथा अजगर सांप वास करते हैं। यहां धनेश और पिसूरी हरिण भी दिखाई देते हैं।

वन्य जीवन की शिक्षा के लिए 1982 में देहरादून में 'वाइल्ड लाइफ इंस्टीटयूट ऑफ इंडिया' की स्थापना की गई। इसका उद्देश्य अभयारण्यों तथा राष्ट्रीय उद्यानों

और वन्य जीवन की व्यवस्था से संबद्ध लोगों को वैज्ञानिक ढंग से व्यावसाहिक प्रशिक्षण देना है। भारत के अतिरिक्त अन्य देशों के विद्यार्थी भी यहां प्रशिक्षण लेने आते हैं। वन्य जीवन संरक्षण को बढ़ावा देने के लिए यहां वन जीवन सप्ताह भी मनाया जाता है।

केन्द्र सरकार ने वन और पर्यावरण के लिए एक मंत्रालय भी बनाया है। जिससे पता चलता है कि सरकार भी वन्य जीवन तथा वन्य संरक्षण को सर्वोपरि मानती है। वनों तथा वन्य जंतुओं को बचाने के लिए भी भारत सरकार ने कई अंतर्राष्ट्रीय संधिया भी की हैं।

परिशिष्ट

1. पक्षिविज्ञानी डा. सालिम अली
2. लुप्तप्राय पक्षी व लुप्तप्राय पशु (रंगीन चित्र)
3. पूर्वोत्तर भारत के अभयारण्य
4. वन्य जीव (संरक्षण) अधिनियम, 1972
5. शब्दावली : हिंदी-अंग्रेजी
6. सहायक ग्रंथ सूची

परिशिष्ट-1

प्रख्यात पक्षिविज्ञानी डा. सालिम अली

बारह साल का एक बालक एक दिन सायंकाल को अपने कुछ साथियों को लेकर मुंबई के पास के खेतों में पक्षियों का शिकार करने गया। दो साल पहले उसके शिकारी मामा ने उसे एक हवाई बंदूक ला दी थी। रात होने से पहले बहुत सारे गौरैया पक्षी पुआल में बनाए अपने घोंसलों में लौट रहे थे। उस बालक को केवल गौरा (नर गौरैया) को ही निशाना बनाना था।

आम तौर पर घरेलू गौरा-गौरैया के गले का नीचे का भाग काला रहता है। लेकिन उस दिन उस बालक ने एक ऐसे गौरा (चिड़ा) का शिकार किया जिसके गले पर पीला धब्बा था। बालक का कुतूहल जागा। वह उस अनोखे पक्षी को घर ले आया और उसे अपने शिकारी मामा को दिखाया। मामा ने भी पहले वैसा गौरा नहीं देखा था। वे सन् 1883 ई. में स्थापित बॉम्बे नेचुरल हिस्ट्री सोसायटी (बीएनएचएस) के एक आरंभिक सदस्य थे। उन्होंने भांजे को बीएनएचएस के सचिव श्रीमान मिलार्ड से मिलने की सलाह दी और एक परिचय-पत्र भी दिया।

चित्र : परि.-1.1 : सालिम अली (1896-1987 ई.)

बालक डरते-डरते बीएनएचएस पहुंचा। मिलार्ड महाशय एक सहृदय अंग्रेज निकले। उन्होंने पीले गले वाले गौरा को देखते ही पहचान लिया और सोसायटी के पक्षि-संग्रहालय में मौजूद सभी तरह के गौरैया तथा दूसरे पक्षियों को भी दिखाया। उन्होंने वहां के पुस्तकालय से पक्षियों से संबंधित कुछ पुस्तकें उस बालक को पढ़ने

को दीं। उसके बाद वह बालक बार-बार सोसायटी के संग्रहालय में जाने लगा, वहां से पक्षिविज्ञान की पुस्तकें लाकर पढ़ने लगा।

पीले गले वाले गौरा की उस आकस्मिक घटना ने बालक के लिए एक नई दुनिया के द्वार खोल दिए। वही बालक बड़ा होकर अपनी जीवनी (1985 ई.) में लिखता है : "इसमें संदेह नहीं कि पक्षियों में मेरी गहरी दिलचस्पी की शुरुआत उस अनोखे गौरा और उससे जुड़ी बाद की घटनाओं से हुई।"

बाद में जाकर वह बालक 'बीएनएचएस' का अध्यक्ष बना, उसने भारत और पड़ोसी देशों के पक्षियों का व्यापक, वैज्ञानिक अध्ययन किया और उनके बारे में कई पुस्तकें लिखीं; उसे कई विश्वविद्यालयों ने 'डाक्टरेट' उपाधि प्रदान की; भारत सरकार ने उसे 'पद्म विभूषण' से नवाजा, उसे अनेक सम्मान-पुरस्कार मिले, जिनमें प्रमुख है नोबेल पुरस्कार के बराबर समझा जाने वाला 'जे. पॉल गेट्टी वन्य जीवन संरक्षण पुरस्कार'। उसे बीसवीं सदी का सबसे श्रेष्ठ भारतीय पक्षिविज्ञानी माना जाता है।

उस महान पक्षिविज्ञानी का नाम है—सालिम मोइजुद्दीन अब्दुल अली (1896-1987 ई.)।

सालिम अली के तीन साल के होने के पहले ही उनके माता-पिता गुजर चुके थे। पांच भाइयों और चार बहनों वाले इस परिवार का पालन-पोषण मामा अमीरुद्दीन तय्यबजी और उनकी निस्संतान बेगम हमीदा ने किया।

भारतीय पक्षिविज्ञान के लिए यह बहुत अच्छा संयोग रहा कि सालिम अली की पैदाइश और परवरिश महान देशभक्त बदरुद्दीन तय्यबजी (1844-1906 ई.) के खानदान में हुई। खंबात के व्यापारी बोहरा परिवार में जन्मे बदरुद्दीन तय्यबजी लंदन से बैरिस्टर होकर लौटे और मुंबई में पहले वकीली करने के बाद अंत में हाईकोर्ट के जज बने। वे परदा-प्रथा के विरोधी और हिंदू-मुस्लिम एकता के पुरजोर समर्थक थे। वे भारतीय राष्ट्रीय कांग्रेस के संस्थापकों में से एक थे। उनके मित्र और भारतीय राष्ट्रीय कांग्रेस के संस्थापक एलन ऑक्टेवियन ह्यूम (1829-1912 ई.) एक नामी पक्षिविज्ञानी थे। ऐसे शिक्षित और प्रगतिशील परिवार का सालिम अली के जीवन पर गहरा असर पड़ना एक स्वाभाविक बात थी।

देखा गया है कि जिन विद्यार्थियों की किसी एक खास विषय में गहरी रुचि होती है वे दूसरे विषयों में कच्चे रहते हैं, अक्सर फेल हो जाते हैं। श्रीनिवास रामानुजन् (1887-1920 ई.) गणित में बहुत तेज थे, मगर अंग्रेजी आदि अन्य विषयों में कमजोर; इसलिए इंटर में दो बार फेल होने के बाद आगे उन्होंने पढ़ाई छोड़ दी और नौकरी की तलाश में जुट गए।

सालिम अली मैट्रिक में जैसे-तैसे ही पास हुए। मुंबई के सेंट जेवियर कालेज में प्रथम वर्ष में नाम लिखाया, मगर गणित से भयभीत होकर पढ़ाई बीच में ही छोड़ दी। उसके बाद म्यांमार (बर्मा) जाकर अपने एक रिश्तेदार के खान के व्यापार में तीन साल हाथ बंटाया। फिर लंबी छुट्टी लेकर मुंबई लौटे, तो सेंट जेवियर कालेज में प्राणि-विज्ञान का स्नातक कोर्स पूरा किया और साथ ही एक अन्य कालेज में वाणिज्य-व्यापार का कोर्स। उन्हीं दिनों 22 साल के सालिम अली का तेहमिना नामक युवती से विवाह हुआ। तेहमिना लंदन में पढ़ी एक धनी भारतीय बाप की बेटी थी। सालिम अली पत्नी को साथ लेकर पुनः म्यांमार गए, परंतु 1924 में मुंबई वापस लौटे।

रामानुजन् बेहद गरीब परिवार में पैदा हुए थे, इसलिए पढ़ाई छोड़कर नौकरी खोजना उनके लिए अत्यावश्यक हो गया था। सालिम अली के धनी रिश्तेदार उनकी हर संभव मदद के लिए तैयार थे, फिर भी उन्हें अपनी पसंद की नौकरी तो खोजनी ही थी। भारतीय प्राणी-सर्वेक्षण संस्थान में पक्षिविज्ञानी का एक पद विज्ञापित हुआ, तो सालिम अली ने उसके लिए अपना आवेदन-पत्र भेजा। परंतु कई उच्च पदवीधारियों (एम.एससी., पीएच.डी.) ने भी आवेदन भेजे थे। सालिम अली को वह पद नहीं मिला। सरकारी नौकरी चाहने वाले तरुणों के लिए उनकी सलाह रही : ''विश्वविद्यालय की उपाधि का भले ही कोई मूल्य न हो, मगर उसे अवश्य हासिल कर लो।'' लेकिन अपने बारे में लिखते हैं कि ''सरकारी नौकरी न मिलना मेरे लिए बहुत शुभ साबित हुआ, क्योंकि एक अश्मीभूत नौकरशाह बनने से मैं बच गया।''

सालिम अली को बड़ी मुश्किल से मुंबई के प्रिंस आफ वेल्स संग्रहालय के प्राकृतिक इतिहास विभाग में 'गाइड लेक्चरर' का काम मिला। मगर दो साल तक नौकरी करने के बाद वे ऊब गए। वे अपने प्रिय विषय पक्षिविज्ञान की ओर लौटना चाहते थे, यूरोप के किसी पक्षि-संग्रहालय में जाकर अध्ययन करना चाहते थे। उन्होंने लंदन के ब्रिटिश संग्रहालय और बर्लिन विश्वविद्याय के प्राणी-विज्ञान संग्रहालय को पत्र लिखे। जैसा कि उस समय के भारत-ब्रिटेन के बीच के कटु संबंधों में स्वाभाविक था, ब्रिटिश संग्रहालय से अनुकूल उत्तर नहीं मिला। मगर बर्लिन के प्रख्यात पक्षिविद् प्रो. एरविन स्ट्रेसेमान का स्नेहपूर्ण पत्र मिला, तो सालिम अली जर्मनी रवाना हो गए और वहां एक साल तक पक्षि-विज्ञान का गहन अध्ययन करके स्वदेश लौटे। वे स्ट्रेसेमान को हमेशा अपना 'गुरु' मानते रहे। रामानुजन् को भी ऐसे ही एक सहृदय 'गुरु' मिले थे—कैम्ब्रिज विश्वविद्यालय के महान गणितज्ञ प्रो. जी. एच. हार्डी।

सालिम अली का यह सौभाग्य रहा कि भारत के कई राजे-रजवाड़ों से तय्यबजी परिवार के अच्छे संबंध थे। उन्होंने विभिन्न देशी राज्यों में पक्षि-सर्वेक्षण का काम शुरू कर दिया। पहली बार 1931-32 में हैदराबाद राज्य में पक्षि-सर्वेक्षण करने के बाद आगे 1950 ई. तक यह सिलसिला लगातार जारी रहा—केरल (1933), देहरादून (1934-35), अफगानिस्तान (1937), भरतपुर (1937 व 1957-58), बहावलपुर (1939), कच्छ (1945), कैलाश-मानसरोवर (1945), बस्तर (1949) आदि। उन्होंने इन प्रदेशों के पक्षियों के बारे में पुस्तकें भी लिखीं। सन् 1950 से वे बीएनएचएस के साथ अधिक गहराई से जुड़े और 1960 में उसके अध्यक्ष भी बने।

सन् 1939 ई. में तरुणाई में ही तेहमिना का रक्तविष के रोग से देहांत हुआ। उस समय सालिम अली 43 साल के थे। उनके कोई संतान नहीं हुई थी, मगर उन्होंने फिर विवाह नहीं किया। आगे के 45 साल तक सालिम अली की देखभाल उनकी सबसे छोटी बहन कामू और बहनोई हसन अली ने की। उन दोनों की मृत्यु (1984 ई.) के बाद सालिम अली उनके अलीबाग (मुंबई के पास) स्थित मकान में उनकी बेटी लाइक और बेटे आमिर के साथ रहे। लाइक और उनके पति जफर फतेहल्ली, दोनों ही प्रकृति-प्रेमी हैं।

दूसरे महायुद्ध कि दौरान सिंगापुर से भारत भागकर आए एक चीनी तरुण व्यापारी लोके वान थो, जो पक्षिप्रेमी व अच्छे फोटोग्राफर भी थे, सालिम अली के सहयोगी बने और दोनों ने कई पक्षि-अभियानों में भाग लिया। बाद में सिंगापुर लौटकर लोके वान थो ने पक्षियों के अन्वेषण के लिए सालिम अली को काफी पैसा भेजा, जिससे दोनों के नाम से बीएनएचएस में एक शोध-फंड भी कायम हुआ।

प्रख्यात ब्रिटिश भारतीय वैज्ञानिक जे. बी. एस. हाल्डेन भी सालिम अली की सहायता के लिए सदैव तत्पर रहते थे। सन् 1961 में हाल्डेन ने सालिम अली को लिखा : ''मुझे एक इतालवी अकादमी ने 1,60,000 रुपयों का भारी-भरमक पुरस्कार दिया है। इस रकम की मुझसे अधिक आपको आवश्यकता है। आपके लिए जीव-विज्ञानी बनना कठिन था और मेरे लिए न बनना कठिन था, मेरे पिता के कारण।...आपको जीव-विज्ञान संबंधी किसी कार्य के लिए कुछ हजार रुपयों की आवश्यकता हो, तो मैं सहज भेज सकता हूं।''

सालिम अली को मोटर-साइकल का बेहद शौक था (सन् 1927 में पति-पत्नी ने 'बेबी ऑस्टिन' कार भी खरीदी थी)। सन् 1950 में उपसाला (स्वीडन) में अंतर्राष्ट्रीय पक्षि-विज्ञान कांग्रेस आयोजित हुई। उसमें भाग लेने के लिए सालिम

अली मुंबई से रवाना हुए, तो अपने साथ जहाज पर अपनी 'सनबीम' मोटर-साइकल भी ले गए। उसका उपयोग करके उन्होंने इंग्लैंड और यूरोप के कई देशों की यात्राएं कीं और वहां के पक्षियों और पक्षि-विज्ञानियों का परिचय प्राप्त किया।

चित्र : परि.-1.2 : एक पक्षी का परीक्षण करते हुए सालिम अली (बाएं)

सालिम अली ने कई पुस्तकें लिखीं। उनकी पहली सचित्र पुस्तक बर्ड्स आफ इंडिया (भारत के पक्षी) 1941 ई. में प्रकाशित हुई और बहुत प्रसिद्ध हुई। इस पुस्तक ने हजारों लाखों पाठकों को पक्षि-प्रेमी बनाया है। सन् 1942 में पं. जवाहरलाल नेहरू जब देहरादून जेल में थे, तब उन्होंने सालिम अली द्वारा हस्ताक्षरित इस पुस्तक की एक प्रति अपनी बेटी इंदिरा गांधी को भेजी, जो स्वयं उस समय नैनी जेल में बंद थीं। बाद में एक जगह इंदिरा गांधी ने इस पुस्तक के बारे में लिखा : "दूसरे अधिकतर भारतीयों की तरह पहले मैं भी पक्षियों को कोई विशेष महत्व नहीं देती थी। परंतु देहरादून जेल से मेरे पिता ने मुझे श्री सालिम अली की दिलचस्प पुस्तक भेजी, तो मेरे लिए एक नई दुनिया के द्वार खुल गए। उसके बाद ही मैंने अनुभव किया कि मैं इस अनोखी दुनिया से कितनी वंचित रही हूं।" इस पुस्तक से हुई आय से रिश्तेदारों के कर्ज से गले तक डूबे सालिम अली को काफी राहत भी मिली।

सालिम अली ने भारत के अलग-अलग प्रदेशों के पक्षियों के बारे में कई पुस्तकें लिखीं। मगर उनकी सबसे महान कृति है—दस खंडों में प्रकाशित हैंडबुक आफ द बर्ड्स आफ इंडिया एंड पाकिस्तान ग्रंथ। उन्होंने लाइक फतेहल्ली के साथ मिलकर नेशनल बुक ट्रस्ट के लिए भी भारतीय पक्षियों के बारे में एक रोचक पुस्तक लिखी, जो कई भाषाओं में अनूदित हुई। अंत में 1985 में सालिम अली

का आत्म-चरित्र प्रकाशित हुआ—द फॉल आफ ए स्पैरो (एक गौरैया का पतन), जो उनके जीवन व महान कार्य का एक दिलचस्प दस्तावेज है।

चरक-संहिता और सुश्रुत-संहिता जैसे आयुर्वेद के पुराने ग्रंथों में पशु-पक्षियों के बारे में काफी जानकारी मिल जाती है, क्योंकि उस समय तक इनकी चीर-फाड़ पर प्रतिबंध नहीं लगा था। मगर बाद में आयुर्वेदाचार्यों ने पशु-पक्षियों की शरीर-रचना और उनकी आदतों के अध्ययन की उपेक्षा की। मुगल शासकों के समय में स्थिति कुछ बदली। उन्होंने पशु-पक्षियों के बारे में काफी उपयोगी जानकारी दी है। बाबर ने सिंध में एक गैंडे से हुई अपनी झड़प का वर्णन लिख छोड़ा है। जहांगीर (1569-1627 ई.) ने सारस और अन्य कई पशु-पक्षियों की आदतों का स्वयं अध्ययन किया और उनके चित्र बनवाए।

वन्य-जीवन के बारे में भारत दुनिया का एक बहुत सम्पन्न देश है। अंग्रेज शासकों में विद्या और प्रकृति के अनेक प्रेमी भी थे। अठारहवीं सदी के मध्य से कई अंग्रेजों ने भारतीय पक्षियों का अध्ययन शुरू किया और उनके बारे में कुछ पुस्तकें भी लिखीं। परंतु सालिम अली पहले भारतीय हैं जिन्होंने पक्षि-विज्ञान को श्रेष्ठता के शिखर पर पहुंचा दिया और भारत में प्रकृति-विज्ञानियों की एक नई पीढ़ी पैदा की।

परिशिष्ट-2

1. लुप्तप्राय पक्षी

पहाड़ी बटेर (ओफीसिआ सुपेरचिल्लिओसा)

पहली बार 1836 ई. में मसूरी के पास और अंतिम बार 1876 ई. में नैनीताल के पास खोजी गई इस पहाड़ी बटेर को अब लुप्त हुआ माना जा रहा है। डा. सालिम अली इसकी खोज के लिए एक अभियान आयोजित करना चाहते थे, पर नहीं कर पाए।

चित्र : परि.-2.1 : पहाड़ी बटेर

पीलासर बतख़ (रोडोनेस्सा कारिओफिलासिआ)

उत्तर और पूर्वोत्तर भारत के दलदली क्षेत्रों में पहले भी बहुत कम नजर आने वाली यह दुर्लभ बतख़ पिछली बार 1935 ई. में बिहार में दिखाई दी थी।

अब इसे लुप्त हुई माना जा रहा है।

चित्र : परि.-2.1 : पीलासर बतख़

जेरडन की नुकरी (कर्सोरियस बाइटोर्क्याटस)

पहली बार 1848 ई. में पूर्वी घाट की झाड़ियों में खोजी गई यह सुंदर नुकरी (कॉर्सर) 1900 ई. तक दिखाई देने के बाद लंबे समय तक गायब रही। बड़े प्रयास के बाद जनवरी 1986 में इसे पुनः खोज निकाला गया।

चित्र : परि.-2.1 : जेरडन की नुकरी

हिमालयी मोनाल (लोफोफोरस इंपेयानस)

मोर-जैसी कलगी वाली यह खूबसूरत पहाड़ी मुरगी (फेजेंट) नेपाल का राष्ट्रीय पक्षी और हिमाचल प्रदेश तथा उत्तरांचल का राज्यपक्षी है। यह 'नौरंगी' पक्षी अपनी सुंदर कलगी और पंखों के कारण अब संकटावस्था में पहुंच गया है।

चित्र : परि.-2.1 : हिमालयी मोनाल

चेड़ या चिर फेजेंट (काट्रेयस वालिची)

हिमालय में पश्चिमोत्तर पाकिस्तान से लेकर मध्य नेपाल तक पाई जाने वाली यह एक पहाड़ी मुरगी है। आवास-क्षेत्र के घटने और चोरी-छिपे शिकार किए जाने के कारण यह सुंदर पक्षी भी मोनाल की तरह संकटावस्था में पहुंच गया है।

चित्र : परि.-2.1 : चेड़

होबार (क्लामिडोटिस अंडुलाटा)

जाड़े में ईरान और अफगानिस्तान से पश्चिमोत्तर भारत (पंजाब, राजस्थान व गुजरात) में पहुंचने वाले ये पक्षी मुख्यतः बीज और उनके अंकुर खाते हैं। ज्यादा शिकार के कारण इन 'मूक' पक्षियों की संख्या काफी घटी है।

चित्र : परि.-2.1 : होबार

सोहन चिड़िया या हुकना (आर्डेओटिस निग्रीसेप्स)

भारत के पश्चिमी प्रदेशों के मैदानों और नीचे पठारों में पाया जाने वाला यह पक्षी अपनी 'हुक-हुका' आवाज के कारण 'हुकना' और अपनी सुंदरता के कारण 'सोहन चिड़िया' कहलाता है। बेहद शिकार के कारण अब यह संकटावस्था में है।

चित्र : परि.-2.1 : सोहन चिड़िया

काली गरदन का सारस (ग्रुस निग्रीकोल्लिस)

अप्रैल-अक्तूबर के बीच लद्दाख में प्रजनन करने वाला यह पक्षी सितंबर-मार्च में भूटान और अरुणाचल प्रदेश में रहता है। सारस की 15 प्रजातियों में इनकी संख्या सबसे कम है। शुभ माने जाने पर भी आदमी तथा जंगली कुत्तों ने इन पक्षियों का अस्तित्व खतरे में डाल दिया है।

चित्र : परि.-2.1 : काली गरदन का सारस

जोवार या पश्चिमी ट्रेगोपान (ट्रेगोपान मेलानोसेफालय)

चमकीले लाल रंग और सफेद गोल धब्बों वाला यह सुंदर मुरगा (मुरगी के भूरे बदन पर सिर्फ काले सफेद धब्बे) किसी समय पूरे पश्चिमी हिमालय में पाया जाता था। आवास-क्षेत्र के विनाश से अब यह कश्मीर व हिमाचल प्रदेश के कुछ ही भागों में पाया जाता है।

चित्र : परि.-2.1 : जोवार या पश्चिमी ट्रेगोपान

खरमोर या छोटा चरत (साइफेओटिडेस इंडिका)

यह सुंदर पक्षी केवल भारत में ही पाया जाता है। लगातार स्थान बदलने वाले ये पक्षी पश्चिमी घाट, गोदावरी क्षेत्र, गुजरात, राजस्थान व मध्य प्रदेश की घासों व झाड़ियों में देखे जा सकते थे। आवास-क्षेत्र के घटने और मांस के लिए मारे जाने से अब ये दुर्लभ हो गए हैं।

चित्र : परि.-2.1 : खरमोर या छोटा चरत

निकोबारी कबूतर (कालोएनस निकोबारीका)

मानव-सभ्यता का शिकार हुआ निकोबार द्वीप का यह कबूतर अपने आवास-क्षेत्र के जंगल नष्ट होते जाने के कारण अब लुप्त होने की स्थिति में पहुंच गया है।

चित्र : परि.-2.1 : निकोबारी कबूतर

साइबेरियाई सारस (ग्रुस ल्यूकोजेरानस)

साइबेरिया (रूस) के ये सफेद बदन व लाल मुंह वाले सारस नवंबर-दिसंबर में भरतपुर पक्षी अभयारण्य-जैसे दलदली क्षेत्रों में भारत पहुंचते हैं और मार्च-अप्रैल में लौट जाते हैं। खास तरह के खाद्य की कमी और मनमौजी मानसून के कारण इनकी संख्या अब बहुत घट गई है।

चित्र : परि.-2.1 : साइबेरियाई सारस

2. लुप्तप्राय पशु

बाघ

भारत का राष्ट्रीय पशु बाघ सर्वाधिक संकटग्रस्त प्रजातियों में से एक है। खाल और विभिन्न अंगों की भारी कीमत के चलते, इनका शिकार किया जाता है। देश में अब केवल 1,411 बाघ ही बचे हैं।

चित्र : परि.-2.1 : बाघ

एशियाई शेर

गुजरात के गिर वन में अब करीब 411 शेर बचे हैं। पर्यावास क्षरण, जल प्रदूषण और शिकार के लिए जानवरों की कमी के कारण यह प्रजाति संकट में है।

चित्र : परि.-2.1 : एशियाई शेर

एशियाई या भारतीय हाथी

राष्ट्रीय विरासत पशु। हाथी दांत के लिए चोरी-छिपे शिकार और पर्यावास के नष्ट होने के कारण संकटग्रस्त। जंगलों में केवल 26,000 हाथी बचे हैं।

चित्र : परि.-2.1 : एशियाई या भारतीय हाथी

एक सींग वाला एशियाई गेंडा

कभी गंगा के मैदानी इलाकों में बहुतायत में था, लेकिन सींग की वजह से इसके अत्यधिक शिकार और प्राकृतिक पर्यावास में कमी के चलते आज जंगलों में करीब 2,100 गेंडे ही बचे हैं।

चित्र : परि.-2.1 : एक सींग वाला एशियाई गेंडा

दलदली क्षेत्र में पाए जाने वाला हिरण

यह हिरण मूल रूप से भारत और नेपाल में पाया जाता है; पर्यावास क्षरण और अन्य नृविज्ञानी दबावों के चलते इनकी संख्या घटी है।

चित्र : परि.-2.1 : हिरण

ओलिव रिडले कछुआ

भारत के पूर्वी तट पर जाने वाला सबसे छोटा कछुआ उड़ीसा तट पर ही भारी संख्या में अंडे देता है। प्रजनन स्थलों की संख्या में कमी, मछलियों के जालों में फंस जाने और समुद्री जल के बढ़ते प्रदूषण के कारण इनकी आबादी को खतरा पैदा हो गया है।

चित्र : परि.-2.1 : ओलिव रिडले कछुआ

सुनहरा लंगूर

ब्रह्मपुत्र नदी के आस-पास पाया जाता है अब इनकी संख्या तेज़ी से घटती जा रही है।

चित्र : परि.-2.1 : सुनहरा लंगूर

हिम तेंदुआ

हिमालय की ऊंचाइयों में पाई जाने वाली बिल्ली की अत्यंत फुर्तीली प्रजाति। चोरी-छिपे इसके शिकार और शिकार के लिए जानवरों की कमी के कारण इसकी संख्या में भारी कमी आई है।

चित्र : परि.-2.1 : हिम तेंदुआ

लाल पांडा

वृक्षों पर रहने वाला पूर्वी हिमालय का स्तनपायी जीव। वनों का सफाया होने से इसके पर्यावास में हुई कमी के कारण आबादी में ज़बरदस्त कमी आई है।

चित्र : परि.-2.1 : लाल पांडा

परिशिष्ट-3

पूर्वोत्तर भारत के अभयारण्य

वन्य जीवों की रक्षा के लिए कुंजों अथवा उपवनों की स्थापना भारत की एक बहुत पुरानी परंपरा है। भगवान बुद्ध ने अपना प्रथम उपदेश सारनाथ (वाराणसी) के पास के जिस 'मिगदाव' (मृगोद्यान) में दिया था, वह हिरनों की सुरक्षा के लिए स्थापित एक अभयारण्य ही था। सम्राट अशोक (ईसा पूर्व तीसरी सदी) ने अभयारण्यों की स्थापना और पशुओं के प्रति अच्छा व्यवहार करने के लिए राज्यादेश जारी किए थे।

मध्य युग में शिकार के लिए कुछ खास वनों में वन्य-जीवों को सुरक्षित रखा जाने लगा। मुगल शासकों ने शिकार के लिए कुछ जंगल अपने लिए अलग सुरक्षित रखे थे। बाद में उनका अनुकरण राजे-रजवाड़ों ने भी किया। अंग्रेजों के शासनकाल में बंदूक के इस्तेमाल से बड़ी संख्या में वन्य जीवों का संहार हुआ। मगर कुछ ब्रिटिश अधिकारी वन्य जीवन के अच्छे संरक्षक भी साबित हुए। भारत के वन्य जीवन को सबसे ज्यादा क्षति पहुंची दूसरे महायुद्ध के दौरान और उसके तुरंत बाद के दो-तीन दशकों में।

चित्र : परि.-3.1 : भारत का एकमात्र बनमानुषहूलॉक गिबन

चित्र : परि.-3.2 : काज़ीरंगा का एक सींग वाला गैंडा

फिर वन्य जीवों की सुरक्षा के लिए सारे देश में अभयारण्य और राष्ट्रीय उद्यान स्थापित करने का सिलसिला शुरू हुआ। अब देश में लगभग 89 राष्ट्रीय उद्यान और लगभग 490 अभयारण्य हैं। इनके जरिए कई दुर्लभ और विनाश के कगार पर पहुंचे वन्य प्राणियों को बचाना संभव हुआ है। इसमें पूर्वोत्तर भारत के अभयारण्यों और राष्ट्रीय उद्यानों ने बड़ी महत्वपूर्ण भूमिका अदा की है।

भारत के पूर्वोत्तर राज्यअरुणाचल प्रदेश, असम, मेघालय, नागालैंड, मणिपुर, त्रिपुरा और मिजोरम'सात बहनों' के नाम से भी जाने जाते हैं। इन सातों भगिनी-राज्यों को प्रकृति ने पहाड़ों, पेड़-पौधों और नदी-निर्झरों से खूब सजाया है। विपुल वन-संपदा और जैव-विविधता के मामले में पूर्वोत्तर भारत बहुत ही संपन्न है। यही वजह है कि पूर्वोत्तर के इन राज्यों में स्थापित अभयारण्यों और राष्ट्रीय उद्यानों का बड़ा महत्व है। भारत के कुछ विशिष्ट जीव-जंतु, जिनमें से कई अब भी संकटावस्था में हैं, पूर्वोत्तर भारत के अभयारण्यों और राष्ट्रीय उद्यानों में ही देखने को मिलते हैं।

असम

असम अपनी चाय के साथ-साथ अपने अनूठे वन्य जीवन के लिए भी प्रसिद्ध है। ब्रह्मपुत्र के तटक्षेत्र का काजीरंगा, जिसे सन् 1974 में राष्ट्रीय उद्यान घोषित किया गया, अपने एक सींग वाले गैंडों के लिए दुनिया भर में मशहूर है। भारत में शेष बचे करीब 2000 गैंडों में से करीब 1250 काजीरंगा में हैं। गैंडों के अलावा यहां हाथी,

चित्र : परि.-3.3 : बदली तेंदुआ

जंगली भैंसे, पाढ़ा व बारहसिंगे हिरन, बाघ और जंगली सूअर भी देखने को मिल जाते हैं। भारत में मिलने वाला एकमात्र बनमानुष हूलॉक गिबन, जिसे असम में 'उलुक' कहते हैं, यहां पाया जाता है। काजीरंगा का यह पशु उद्यान न देखा जाए, तो असम की यात्रा अधूरी ही समझी जाती है। उद्यान की सैर के लिए प्रशिक्षित हाथी भी उपलब्ध हैं। गुवाहाटी से जोरहट जाने वाले राजमार्ग पर स्थित बोकाखट स्थान से 23 किलोमीटर की दूरी पर काजीरंगा उद्यान में पहुंचा जा सकता है।

भूटान की सीमा से सटा हुआ असम का मनास अभयारण्य अब बाघों की भी सुरक्षा-स्थली बन गया है। इस अभयारण्य में से दो नदियां (मनास और उसकी सहायक नदी हकुआ) बहती हैं। यहां ऐसे करीब बीस पक्षी और पशु हैं जिन्हें संकटग्रस्त घोषित किया गया है। यहां हाथियों के बड़े-बड़े झुंड देखने को मिलते हैं। मनास अभयारण्य का विशिष्ट आकर्षण हैलंबी पूंछ वाला सुनहरा लंगूर। प्रमुखतः पेड़ों पर रहने वाले इस लंगूर की पीठ तेज रोशनी में सुनहरी नजर आती है। असम के बारपेट स्थान से मनास अभयारण्य 40 किलोमीटर उत्तर की ओर है।

सन् 1952 में स्थापित गरमपानी अभयारण्य काजीरंगा के दक्षिण-पूर्व में गोलाघाट से 25 किलोमीटर दूर है। यहां बाघ, तेंदुए और हाथी पाए जाते हैं, जो अक्सर रेंगमा पहाड़ियों को पार करके नागा पहाड़ियों के निचले क्षेत्रों में पहुंच जाते हैं। असम का ही एक और छोटा किंतु महत्वपूर्ण अभयारण्य हैबरनाडी वन्य जीव अभयारण्य, जो 26 वर्ग-किलोमीटर क्षेत्र में फैला हुआ है। यहां पाए जाने वाले अत्यंत दुर्लभ दृढलोमी खरगोश और सानो बनैल (बौने सूअर) की रक्षा के लिए सन् 1980 में इस अभयारण्य की स्थापना हुई थी। तेंदुए, बाघ और हाथी भी यहां पाए जाते हैं।

अरुणाचल प्रदेश

असम के उत्तर में स्थित यह प्रदेश अपने सदाबहार वनों और वन्य-जीवों की विविधता के लिए प्रसिद्ध है। पूर्वोत्तर प्रदेशों के सबसे ज्यादा अभयारण्य यहीं पर हैं। एक अभयारण्य तो राजधानी इटानगर के पास ही है। सन् 1978 में स्थापित यह इटानगर अभयारण्य हरे-भरे 140 वर्ग-किलोमीटर पहाड़ी क्षेत्र में फैला हुआ है। यहां बाघों और प्रवासी हाथियों के झुंडों को देखा जा सकता है।

सन् 1978 में पूर्वी हिमालय के पादतल में स्थापित लाली अभयारण्य 190 वर्ग-किलोमीटर में फैला हुआ है। यहां प्रमुख रूप से बारहसिंगे और जंगली भैंसे पाए जाते हैं। यह अभयारण्य ब्रह्मपुत्र तट के पासीघाट से 16 किलोमीटर उत्तर-पूर्व में है।

लाली अभयारण्य के पूर्व में दिबांग या सिबांग नदी तट के पास मेघो या मेहाओ अभयारण्य है। मिशिमा पहाड़ियों में स्थित इस क्षेत्र में भारी वर्षा होती है। इस अभयारण्य में बदली तेंदुए, हूलॉक गिबन, चीता बिल्ली, चितला लिनसांग, कस्तूरी मृग और बारहसिंगे पाए जाते हैं। सन् 1972 में स्थापित नामदाफा राष्ट्रीय उद्यान अरुणाचल के पूर्वी भाग में 200 मीटर की ऊंचाई पर बना है। दक्षिण एशिया का संभवतः यही एक रक्षित क्षेत्र है जहां विभिन्न किस्म के सबसे अधिक वन्य जीव-जंतु पाए जाते हैं। यहां एक साथ बाघ, तेंदुए और बदली तेंदुए जैसे शिकारी वन्य प्राणी देखे जा सकते हैं।

असम के तेजपुर शहर से करीब 60 किलोमीटर उत्तर की ओर अरुणाचल का पाखुई अभयारण्य है। इसके जंगलों में हाथी, बाघ, तेंदुए, रीछ, लजीला लॉरिस बंदर और होमराय (ग्रेट हॉर्नबिल) पक्षी पाए जाते हैं। संकटाग्रस्त होमराय अरुणाचल का राज्यपक्षी है और जंगली भैंसा राज्यपशु है।

चित्र : परि.-3.4 : चश्मा बंदर

त्रिपुरा

त्रिपुरा (राजधानी अगरतला) की प्राकृतिक संपदा मंत्रमुग्ध कर देने वाली है। राज्य में चार अभयारण्य हैं। ये हैंउत्तरी त्रिपुरा का रोवा अभयारण्य, पश्चिमी त्रिपुरा का सेपाहीजाला अभयारण्य, त्रिपुरा अभयारण्य और दक्षिण त्रिपुरा का गुमटी अभयारण्य। अगरतला से 33 किलोमीटर दूर का सेपाहीजाला अभयारण्य, जो करीब 19 वर्ग-किलोमीटर क्षेत्र में फैला हुआ है, पक्षियों और वानरों की विविध प्रजातियों के लिए प्रसिद्ध है। यहां एक चिड़ियाघर और वनस्पति उद्यान भी है। विशिष्ट प्रजाति का चश्मा बंदर केवल त्रिपुरा में ही पाया जाता है और यह यहां का राज्यपशु है।

मणिपुर

केईबुल लामजो राष्ट्रीय उद्यान मणिपुर की राजधानी इंफाल से 35 किलोमीटर दक्षिण में लोगटक झील के किनारे पर स्थित है। संगाई नामक हिरन केवल इसी संरक्षित उद्यान में पाए जाते हैं। इस हिरन को एशिया का सबसे संकटग्रस्त वन्य प्राणी माना जाता है। दूसरे महायुद्ध के दौरान इनका इतना अधिक सफाया हुआ कि इन्हें पूरी तरह लुप्त ही मान लिया गया था। सन् 1975 में हेलिकॉप्टर से मुआयना करने पर 14 संगाई नजर आए। अब इनकी संख्या कुछ बढ़ गई है, परंतु

चित्र : परि.-3.5 : संगाई हिरन

संगाई हिरन अब भी संकट की स्थिति में हैं। संगाई के पांवों की बनावट इस तरह की होती है कि ये झील पर तैरने वाली घासों की ढेरी में धंसते नहीं। ये हिरन दलदली भूमि पर आसानी से चल सकते हैं। इनके सींग बड़ी खूबसूरती से गोलाकार मुड़े होते हैं। संगाई हिरन मणिपुर का राज्यपशु है।

मेघालय

मेघालय, जैसा कि इसका नाम है, मेघों और प्रचुर वर्षा का प्रदेश है। झीलों, झरनों और हरे-भरे पहाड़ों वाले इस प्रदेश में तरह-तरह के पेड़-पौधे और पशु-पक्षी पाए जाते हैं। गुवाहटी से 60 किलोमीटर दूर के नोंगखिल्लेम अभयारण्य में बदली तेंदुए, सुनहली बिल्ली, चीता बिल्ली आदि अनोखे वन्य प्राणी पाए जाते हैं। पश्चिमी मेघालय में एक और छोटा-सा वन्यजीव अभयारण्य हैसिजु अभयारण्य, जिसकी स्थापना सन् 1979 में हुई थी। मेघालय का राज्यपशु बदली तेंदुआ और राज्यपक्षी पहाड़ी मैना है।

चित्र : परि.-3.6 : होमराय (ग्रेट हॉर्नबिल)

मिजोरम

पश्चिम की ओर बांग्ला देश से और दक्षिण-पूर्व की ओर म्यांमार देश से घिरे हुए मिजोरम में फिलहाल एक ही अभयारण्य है। यह हैमिजो पहाड़ियों के पश्चिमोत्तर भाग में 1976 में स्थापित दंपा अभयारण्य। अभयारण्य का पांचवां भाग बांसों के जंगल से व्याप्त है; शेष भाग ज्यादातर सदाबहार जंगल का है। इसके निचले भाग में बारहसिंगे पाए जाते हैं। इस अभयारण्य के अन्य प्रमुख वन्य प्राणी हैंबाघ, तेंदुए, हाथी और हूलॉक गिबन। हूलॉक गिबन मिजोरम का राष्ट्रीय पशु है।

नागालैंड

असम के पूर्व में स्थित नागालैंड राज्य का अधिकांश भाग पहाड़ी है। राजधानी शहर कोहिमा समुद्र-सतह से लगभग 1500 मीटर की ऊंचाई पर बसा हुआ है। यहां जो चिड़ियाघर है उसमें नागालैंड के विशिष्ट जीव-जंतु देखने को मिलते हैं। यहां का खास आकर्षण हैविश्व-प्रसिद्ध 'ब्लिथ्ज ट्रैगोपान' नामक दुर्लभ पहाड़ी मुरगी, जो केवल यहीं पर देखने को मिलती है। यह नागालैंड का राष्ट्रीय पक्षी है।

चित्र : परि.-3.7 : ब्लिथ्ज ट्रैगोपान

चित्र : परि.-3.8 : कालिज

नागालैंड की म्यांमार से लगी पूर्वी सीमा के पास छोटा फाकिम अभयारण्य है, जिसकी स्थापना 1983 में हुई थी। यह समुद्र-सतह से लगभग 3000 मीटर की ऊंचाई पर स्थित है और जून-जुलाई में यहां भारी वर्षा होती है। यहां बाघ और हूलॉक गिबन भी देखने को मिल जाते हैं।

नागालैंड के दक्षिण-पश्चिम में इतांकी अभयारण्य है। इसके पश्चिम में धनसिरी नदी है, जो असम और नागालैंड की सीमाएं निर्धारित करती

है। नागालैंड में हाथियों की संख्या 250 से अधिक है। उनमें से आधे हाथी, चार या पांच झुंडों में, इस अभयारण्य और इसके आसपास के क्षेत्र में पनाह लेते हैं।

राजधानी कोहिमा के नजदीक छोटा पुलिएबाझे अभयारण्य है। यहां के वन्य पक्षियों में ट्रैगोपैन और कालिज पक्षी भी देखने को मिल जाते हैं।

पूर्वोत्तर भारत का वन्य जीवन बहुत ही विविधतापूर्ण है। कई ऐसे दुर्लभ वन्य प्राणी हैं जो केवल पूर्वोत्तर भारत के इन राज्यों के अभयारण्यों और राष्ट्रीग उद्यानों में ही देखने को मिल सकते हैं। जैव-विविधता पूर्वोत्तर राज्यों की सबसे बड़ी संपदा है।

परिशिष्ट-4

वन्य जीव (संरक्षण) अधिनियम, 1972

मनुष्य ने अपनी सुख-सुविधा और ऐश्वर्य के लिए वन्य जीवों का अंधाधुंध शिकार किया। जानवरों की खालों, सींगों आदि को घरों की सजावट की सामग्री के रूप में इस्तेमाल किया। जिससे कई जीव-जंतु विलुप्त होने की कगार पर आ जाये। हमारी बढ़ती जनसंख्या के कारण वनों का क्षेत्रफल घटता गया, जिससे वन्य जीवों की संख्या और अनेकों प्रकार जानवरों तथा पक्षियों की संख्या भी घटती गई। भारत में चीत्ता तो प्रायः खत्म हो गया और शेर और बाघ भी अब संरक्षित राष्ट्रीय पार्कों और अभयरण्यों में ही दिखाई देते हैं।

भारत में वन्य जीवों के संरक्षण का प्रयास ईसापूर्व से ही शुरू हो गया था। अशोक के शिलालेखों पर पशुओं की हत्या करने की मनाही का उल्लेख मिलता है।

भारत की एक पुरानी परंपरा थी कि देश में वन्य जीवों की रक्षा के लिए उपवनों और उद्यानों की स्थापना की जाती थी। भगवान बुद्ध ने पहला उपदेश सारनाथ में हिरण की सुरक्षा के लिए स्थापित अभयारण में दिया था। ईसा पूर्व तीसरी सदी में सम्राट अशोक ने अभयारण की स्थापना की थी और पशु-पक्षियों के साथ अच्छा व्यवहार करने के लिए राज्यादेश जारी किए थे।

मध्यकाल में शिकार के लिए खास वनों में वन्य जीवों को सुरक्षित रखा गया। राजे-राजवाड़ों ने तथा मुगल शासकों ने शिकार के लिए कुछ जंगल सुरक्षित रखे थे।

अंग्रेजी शासनकाल में बड़ी संख्या में वन्य-जीवों का संहार किया गया। परन्तु, कुछ ब्रिटिश अधिकारी वन्य जीवों के अच्छे संरक्षक भी साबित हुए। दूसरे महायुद्ध में और उसके बाद वन्य जीवों को सबसे ज्यादा क्षति पहुंची।

अंग्रेजों के शासन काल में 1873 ई. में वनों तथा वन्य जीवों के संरक्षण के लिए कुछ अधिनियम बनाए गए थे। लेकिन उनका सफल प्रयोग नहीं हो सका। फिर 1912 ई. में अंग्रेजों ने दोबारा वन्य-जीव संरक्षण अधिनियम लागू किया गया।

लेकिन यह भी पक्षियों के संरक्षण और वर्तमान आवश्यकताओं के कारण अधिक उपयोगी सिद्ध नहीं हुआ।

आज़ादी के बाद हमारे संविधान में प्रकृति और वन्य जीवन को बचाने पर बल दिया गया। राज्य के नीति निर्देशक सिद्धांतों के अड़तालीसवें अनुच्छेद में लिखा हैः–

''राज्य पर्यावरण को सुधारने तथा देश के बनों और वन्य प्राणियों को बचाने के प्रयास करेगा।''

अनुच्छेद 51-अ में लिखा हैः–

''भारत के प्रत्येक नागरिक का कर्त्तव्य होगा कि वह अपने प्राकृतिक क्षेत्र जैसे वनों झीलों नदियों और वन्य-जीवों की रक्षा करें तथा जीवों के प्रति दया-भाव रखें।

फिर 1972 में वन्य जीव संरक्षण अधिनियम बनाकर केन्द्र सरकार ने पहली बार जंगली जीव-जंतुओं की रक्षा के लिए ठोस कदम उठाए। इसमें शिकार करने पर प्रतिबंध तो लगा ही, लोगों पर कड़े दंड का प्रावधान भी रखा, जो लोग चोरी-छुपे वन्य प्राणियों को मार कर उनके बहुमूल्य अंग-प्रत्यंग (चमड़ा, दांत, नख, मांस, सींग आदि) को बेचते थे।

वन्य जीव संरक्षण अधिनियम 1972 में कुल धारा में 66 हैं। धारा-9 अनुसूची में 1, 2, 3, और 4 में वन्य जन्तुओं का कोई भी शिकार अवैध है।

धारा 9 में वन्य जंतुओं से संबंधित अपराध में इस्तेमाल किया गया वाहन, हथियार और वन्य जन्तु को जब्त करके राज्य सरकार की संपत्ति बनाने का प्रावधान है।

धारा-49 ए, बी, सी, डी में वन्य जन्तुओं से बनी चीजें जैसे हाथी दांत से बनी चीजों के खरीद-फरोक पर प्रतिबंध लगाना। इस अधिनियम का पालन न करने पर धारा-51 की उप धारा 1 ए के अंतर्गत कड़े दण्ड की व्यवस्था है। धारा-50 में वनाधिकारियों, पुलिस को वन अपराधों की रोकथाम के लिए अपराधी को सजा देने का अधिकार प्राप्त है। धारा 50 की उपधारा 8 में वनाधिकारी को अपराधी के विरूद्ध वारंट जारी करने, अभिलेख, वस्तु को वरामद करने पर केश दर्ज करने का अधिकार दिए गए हैं। धारा-53 में अपराधी का दोष सिद्ध होने पर वनाधिकारी और पुलिस अधिकारी को दोषी पर 6 महीने की सजा, 500 रुपये का जुर्माना किया जा सकता है, धारा-54 में वनाधिकारियों तथा वन संरक्षक को ऐसे वन्य जंतुओं से संबंधित अपराधों को जो धारा-51 के अधीन आते हैं, उन्हें क्षमा करने, या कम से कम सजा देने का भी अधिकार है। धारा-55 में किसी भी न्यायलय के जो

सहायक वन संरक्षक से किसी अधिकारी द्वारा की गई शिकायत की जानकारी न लेने की व्यवस्था है।

वन्य संरक्षण अधिनियम 1972 में वन्य जन्तुओं, पक्षियों, वनस्पतियों को विभिन्न अनुसूची में रखा गया है। यह अनुसूची की संख्या 6 हैं।

अनुसूची 1 में भाग क बड़े स्तनपायी जानवरों से संबंधित हैं। इनमें सिंह, तेंदुआ, भालू, लेपर्ड, चीता, काला हिरण, भालू, लेपर्ड, चीता, काला हिरण, चिंकारा, सुनहरा लंगूर, हिमालयी थार आदि अनुसूची में विलुप्त प्राय जानवरों में रखा गया है। भाग 2 में सरीसृप प्राणियों को रखा गया है– जैसे– मगरमच्छ, घड़ियाल, ओडिशिया कछुआ, पीला गोह, घड़ियाल, अंडा भक्षी सांप, अजगर, चित्तीदार काला टेरापीन आदि।

भाग-2 क में विलुप्त प्राय मछलियां हैं, तो भाग-3 में पक्षियों को रखा गया है। जैसे–असमी बटेर, काली गरदन वाला सारस, हुकना, (सोहना चिड़िया) भारतीय धनेश जरहारी नुकरी आदि।

इसी तरह भाग 4 में कीट-पतंगे खरगोश, साही, नेवले अनुसूची 3 में बार्किंग भालू, चीतल, लकड़बग्घा, गधा, सांभर, जंगली सुअर, नीलगाय आदि को रखा गया है।

अनुसूची-4 में खरगोश, इंडियन साही और पक्षियों को रखा है। अनुसूची 5 में उन पक्षियों को रखा है। जिनके शिकार आदि पर प्रतिबंध नहीं है। जैसे कौआ, चमगादड़, चूहा, घूस आदि।

अनुसूची 6 में उन वनस्पतियों को रखा गया जो लुप्त होने के कगार पर हैं और जिनका संरक्षण होना आवश्यक है। जैसे रेड बैंडस, आर्किड, पीलर प्लांट आदि।

अनुसूची के जानवरों के शिकार पर पूर्ण प्रतिबंध लगा दिया गया है। जानवर यदि मानव के लिए खतरनाक व हिंसक हो गया है तो राज्य का मुख्य वन्य अधिकारी उनके मारने का आदेश दे सकता है।

भारतीय वन्य जीव, अधिनियम 1972 के बाद इसमें 2003 में संशोधन के अनुसार अनुसूची 1, 2 से संबंधित जानवरों को मारने और उनसे बनी वस्तुओं, राष्ट्रीय उद्यान और अभयारण्य में अपराध के लिए कम से कम तीन वर्ष का दण्ड और अधिक से अधिक सात वर्ष की केद और 10,000 रुपये का जुर्माना करने का प्रावधान है। अपराध की पुनरावृत्ति पर तीन से सात वर्ष की केद और 25,000 रुपये का जुर्माना का प्रावधान है। धारा 51 ए में अभियुक्त की जमानत के लिए भी कड़े प्रावधान किये हैं।

बाघ को बचाएं

सरकार ने बाघ को बचाने के लिए कई कानून बना रखे हैं। फिर भी देश में बाघों की मौत लगातार हो रही है, जिससे उनके खत्म होने का खतरा बना हुआ है। पिछले नौ महीनों में देश में 69 बाघों की मौत हुई। इनमें से अधिकांश मौतें दुर्घटना या शिकारियों की वजह से हुई हैं। अधिकारिक आकड़ों के अनुसार, देश में अब सिर्फ 1,706 बाघ बचे हैं। इसलिए बाघों को बचाना ही होगा।

वन्य जीवों का संरक्षण सिर्फ कानून के सहारे संभव नहीं। इसके लिए जनजागरण अभियान चलाकर जैव विविधता और पर्यावरण संरक्षण के प्रति जन सामान्य में अभिरुचि उत्पन्न करनी होगी जिससे वे जन्य जीवों के महत्व को समझ सकें और उनके संरक्षण में योगदान दे सकें। तभी हम वन्य जीव अधिनियम को सही और प्रभावी ढंग से कार्यान्वित कर पायेंगे। तभी वन्य जीवों के संरक्षण का हमारा प्रयास भी फलीभूत हो सकेगा।

परिशिष्ट-5

भारत के राज्यों के राज्य पशु व पक्षी

राज्य का नाम	राज्य पशु	राज्य पक्षी
आन्ध्र प्रदेश	काला हिरण	नीलकंठ
अरुणाचल प्रदेश	मिथुन	ग्रेट हार्न बिल
बिहार	गौर (इंडियन बाइसन)	नीलकंठ
छत्तीसगढ़	जंगली भैंस	पहाड़ी मैना
गोवा	गौर (इंडियन बाइसन)	ब्लैक क्रस्टेड
गुजरात	सिंह	हंसावर (ग्रेटर फ्लेमिंगो)
हरियाणा	काला हिरण	काला तीतर
हिमाचल प्रदेश	कस्तूरी मृग	हिमालयी मोनल
जम्मू एवं कश्मीर	हंगुल	काली गर्दन की सारस
झारखंड	हाथी	कोयल
कर्नाटक	हाथी	नीलकंठ
केरल	हाथी	ग्रेट हार्नबिल
मध्य प्रदेश	बारासिंगा	पैराडाइस
महाराष्ट्र	भारतीय (बड़ी) दैत्याकार गिलहरी	हरा इंपीरियल कबूतर
मणिपुर	संगाई	श्रीमती ह्यूम फीजेन्ट
मेघालय	बादली चीता	पहाड़ी मैना
मिजोरम	हुलूक गिब्बन	श्रीमती ह्यूम फीजेन्ट
नागालैण्ड	मिथुन	ब्लीथ ट्रेगोपान
उड़ीसा	हाथी	मोर
पंजाब	काला हिरण	उत्तरी गोशाक (बाज)
राजस्थान	चिंकारा	गोडावण

सिक्किम	लाल पांडा	ब्लड फीजेन्ट
तमिलनाडु	नीलगिरी तारह (थार)	एमरैल्ड फाख्ता
दिल्ली	नीलगाय (Blue Bull)	गौरैया
त्रिपुरा	फायरी लंगूर	हरा इंपीरियल कबूतर
उत्तरांचल	कस्तूरी मृग	सारस क्रेन
पश्चिमी बंगाल	मछुआ बिल्ली	श्वेत वक्ष किलकिला
लक्षद्वीप	बटरफ्लाई मछली	शूटी टर्न

परिशिष्ट-6

पारिभाषिक शब्दावली

हिंदी	अंग्रेजी
अफ्रीकी सिंह	African Lion
अफ्रीकी हाथी	African Elephant
अभयारण्य	Sanctuary
अरबी थार	Arabian Tahr
अवलोकन	Aggressive
आवास	Habitat
उड़नेवाली मछली	Flying Fish
एशियाई सिंह	Asiatic Lion
अंग	Organ
कस्तूरी मृग	Musk Deer
काला तेन्दुआ	Black Leopard
कृष्णमृग	Black Buck
गज दन्त	Tusk
गवय	Antelope
गर्भकाल	Gestation Period
गिद्ध	Vulture
गौर	Indian Bison
गन्ध	Small

घाटी	Valley
चमगादड़	Bat
चिड़ियाघर	Zoo
चिंकारा	Chinkara
चीतल	Spotted Deer
चीता	Cheetah
चौसिंगा	Four-Horned Antelope
जलवायु	Climate
जाति	Species
जीव	Animal
जीवन चक्र	Life-Cycle
जंगली भैंसा	Wild Buffalo
जंगली सूअर	Wild Boar
जुगाली करने वाला	Ruminant
जंगल	Forest
झुंड	Flock/Herd
तितली मछली	Butterfly Fish
डॉलफिन	Dolphin
तेन्दुआ	Leopard
तुन्दुआ	Leopard Cat
दहाड़ना	Roar
दैत्याकार गिलहरी	Giant Squirrel
दैत्याकार पांडा	Giant Panda
नरभक्षी	Man-Eater

नीलगाय	Blue Bull
नीलगिरि ताहर	Nilgiri Tahr
पर्यावरण	Environment
पर्वतीय	Hilly
प्रजनन काल	Breeding Season
प्रजनन क्षमता	Ferility
प्रवास	Migration
पालतू पशु	Momestic Animal/Cattle
पिसूरी मृग	Mouse Deer
फेरीज़ लंगूर	Phayre's Langur
बादली तेन्दुआ	Clouded Leopard
बारहसिंगा	Swamp Deer
भारतीय गौर	Indian Bison
भालू	Bear
भौंकन मृग	Barking Deer
मगर	Crocodile
मछुआ बिल्ली	Fishing Cat
मृगश्रृंग	Antlers
मादा	Female
मांसाहारी	Carnivorous
राज्य-पशु	State Animal
राष्ट्रीय उद्यान	National Park
राष्ट्रीय पशु	National Animal
रीड बक	Reed Buck

रेगिस्तानी बिल्ली	Desert Cat
रैकून	Racoon
लकड़बग्घा	Hyaena
लाल पांडा	Red Deer
वन्य जीव	Wild Animal
वन बिलाव	Wild Cat
वर्षा वन	Rain Forest
बिरल	Rare
विलुप्त	Vanished / Extinct
वंश	Genus
शाकाहारी	Herbivorous
बाघ	Tiger
बाघिन	Tigress
स्याहगोश	Caracal
सफ़ेद बाघ	White Tiger
सिकमार	Marbled Cat
सिंह	Lion
सुनहरी बिल्ली	Golden Cat
सेही	Porcupine
संकटग्रस्त	Endangered
संगाई	Brow-Antlered Deer
संरक्षण	Conservation
साँभर	Sambhar
सींग	Horns

सूकर मृग	Hog Deer
स्तनधारी जीव	Mammals
हाथी	Elephant
हांगुल	Hangul/Kashmir Stag
हिमयुग	Ice Age
हिम तेन्दुआ	Snow Leopard
हिमालयी थार	Himalayan Tahr
हिरन	Deer
हिंसक	Violent
हूलक गिब्बन	Hoolock Gibbon
क्षेत्रसीमा	Area/Territory

परिशिष्ट-7

सहायक ग्रंथ सूची

हिंदी

सुरेश सिंह : **भारतीय पक्षी**, हिन्दी समिति, उत्तर-प्रदेश

सुरेश सिंह : **हमारी चिड़िया**, नेशनल पब्लिशिंग हाउस

मनोहर वर्मा : **चिड़ियों के खत बच्चों के नाम**, 1965

पर्यावरण वन एवम् वन्य जीवन विभाग, राष्ट्रीय प्राकृतिक विज्ञान संग्रहालय, बाराखम्भा रोड, नई दिल्ली

राजेन्द्र सिंह बिष्ट : **भारत के राष्ट्रीय उद्यान**, प्रकाशन विभाग, सूचना एवं प्रसारण मंत्रालय, भारत सरकार

शैलेन्द्र मोहन कुमार : **अभयारण्य**, प्रकाशन विभाग, सूचना एवं प्रसारण मंत्रालय, भारत सरकार

वन्य जीव (संरक्षण) अधिनियम, 1972 : प्रबंधक, भारत सरकार मुद्रणालय; नीलोखेड़ी–132117 द्वारा मुद्रित तथा प्रकाशन नियंत्रक, भारत सरकार, सिविल लाइन्स, दिल्ली द्वारा प्रकाशित

राजेन्द्र सिंह बिष्ट : **भारत के राष्ट्रीय उद्यान**, प्रकाशन विभाग 2001

परशुराम शुक्ल : **भारत का राष्ट्रीय पशु**, राधाकृष्ण प्रकाशन, नई दिल्ली, 2006

रामेश बेदी : **चरक संहिता के जीव-जन्तु**, राजकमल प्रकाशन, 2002

पहाडी : **जिमकार्बेट राष्ट्रीय उद्यान**, हिमाचल प्रकाशन, 42, बलरामपुर हाउस, इलाहाबाद, 1992

ए.एच.हशमी : **विश्व के जीव-जन्तु**, पुस्तक महल, 1985

रवि नायडू : **हम जीव-जन्तु**, पुस्तक महल, 1982, 1984

रामबेदी : **शेर का नटखट बच्चा**, बेदी बुक्स, 1988

विज्ञान पत्रिका, विज्ञान परिषद प्रयाग

अशोक कुमार मल्होत्रा व श्याम सुंदर शर्मा : **देश विदेश के चिड़ियाघर**, प्रकाशन विभाग, 1991

राजेश्वर प्रसाद नारायण सिंह : **हमारे वन्य पशु**, प्रकाशन विभाग, सूचना व प्रसारण मंत्रालय, भारत सरकार

रमेश बेदी : **सिंह**, प्रकाशन विभाग, सूचना व प्रसारण मंत्रालय, भारत सरकार

जे. भारतदस की कहानी : **भारत के जानवर**, राजकमल प्रकाशन, 1990

राजेश्वर प्रसार नारायण सिंह : **हमारे पक्षी**, प्रकाशन विभाग, सूचना एवं प्रसारण मंत्रालय, भारत सरकार

रमेश बेदी : **आदमखोरों के बीच**, राजकमल प्रकाशन, 2001

व. शलायेव रीकोव : **प्राणी-शास्त्र**, विदेशी भाषा, प्रकाशन गृह, मास्को

रमेश बेदी : **आजादी के लिए छटपटाता गेण्डा**, किताब घर, दरियागंज, नई दिल्ली

रमेश बेदी : **अमर हो गया मगर**, किताब घर, दरियागंज, नई दिल्ली

आचार्य महावीर प्रसाद द्विवेदी : **विचित्र जीव-जन्तु**, भार्गव एण्ड कम्पनी, इलाहाबाद

रमेश बेदी : **जंगली हाथियों की शोक-सभा**, किताब घर, दरियागंज, नई दिल्ली

पर्यावरण एवं वन मंत्रालय : **हमारा पर्यावरण हमारा भविष्य**, नेशनल बुक ट्रस्ट, नई दिल्ली

जय राम रोम व्हिटेकर : **सांप और हम**, नेशनल बुक ट्रस्ट, नई दिल्ली

रमेश बेदी : **तेंदुआ और चीता**, प्रकाशन विभाग, प्रकाशन विभाग, सूचना एवं प्रसारण मंत्रालय, भारत सरकार

भानू शिरधनकर : **पाखरे गिरगिरती अंबरौ**, अभिनव प्रकाशन, गुरुनानक मार्केट, मुम्बई, 1971

मनोहरदास चतुर्वेदी : **मनोमावशोचा परिवार**, नेहरु बाल पुस्तकालय

अंग्रेजी

National Museum of Natural History, **Ministry of Environment and Forests**

Indraneil Das : **Liards**, National Book Trust, India

The Research of the Zoological Society of London, **Science for Conservation**, Annual Report of Zoological, 1995

E. Demartixi, O. Stepanek : **Birds of Field and Forest**, Spring Books

Andhra Pradesh Forest Department : **Annual Report of Nehru Zoological Park**, Hyderabad, 1999-2000

Natural Wholes Renguins Monitor Lizarads Hoolock Gibbon Deodhar, Talk sheet for children

Partsolio one a collection of the worlds best images : The Velvet Clow Top Dogs

Salim Ali : **The Book of India Birds**, Bombay National History Society, Oxford University Press

Brian P. Martin: **World Birds**, Cunness Book, 1987

S. Dhawan : **Bird Flight**, Raman Memories Lectures, 1988

S.M. Mathur: **Physical Geology of India**, National Book Trust, India, 2003

P.J. Deoras : **Snakes of India**, National Book Trust, India, 1990

Griffin Burnett and Eisnek : **Animal Structure and Function Animal A.D. Ptation**, Modern Biology Series Harvard University, 1962, 1964

S. M. Nair : **Endangered Animals of India and Their Conservation**, National Book Trust, India, 1999

National Geographic Society Washigton D.C. : **The National Geographic Magazine**, May 1952

K. Ullas Karanth : **Predatorsand Prey**, NC STC. Morvbill

Isaac Ke Himkak : **Moths of India**, Natural History Series

Ajay Desais : Indian Elephant, Natural History Series

Renee Borges : Evolution, Natural History Series

Madhav Gidgil: Diversity, Natural History Series

J.C. Daniel: Extinction, Natural History Series

Ministry of Environment and Forests Government of India: Annual Report, 2000-2001

Eastern Regional Station, Shillong : **Guide Book Museum of Zoological Survey of India**, 1988

V. F. Shalayev and N.A. Rykov : **Zoology Prosvesh Cheniye**, Publishing House, Moscow, 1966

Yuri Dmit Riyen : **Man and Animals**, Raduga Publishing House, Moscow, 1962

David Kaiz : **Animals and Men**, Pelican Psychology Series

Slim Ali and Laeeq Futehally : **Cammon Birds**, National Book Trust, India, 1991

परिशिष्ट-8

दुर्लभ परिंदों का आशियाना भी है राष्ट्रपति भवन

क्या आपने दिल्ली में भारतीय जलकुकरी को देखा है? ज्यादा उम्मीद यही है कि शायद नहीं देखा होगा। लेकिन यहां एक जगह ऐसी है जहां आप न सिर्फ इस पक्षी को, बल्कि उसके घोंसले को भी देख सकते हैं। वह हमेशा अपने घोंसले

चित्र 1.1

जमीन पर बनाता है। यह जगह है रायसिना हिल पर 320 एकड़ में फैला राष्ट्रपति भवन।

चित्र 1.2

बांबे नेचुरल हिस्ट्री सोसायटी के वर्ष 2002 के सर्वे के मुताबिक राष्ट्रपति भवन में 91 किस्म के पक्षी हैं। हालांकि पक्षी विशेषज्ञों का कहना है कि यह संख्या और ज्यादा हो सकती है, क्योंकि राष्ट्रपति भवन परिसर में काफी हरियाली है और बड़ी तादाद में फल वाले पेड़ हैं जो पक्षियों के रहने के लिए आदर्श हैं। दिल्ली में पेड़ों की 275 और पक्षियों की लगभग 500 प्रजातियां मौजूद हैं।

इनमें से 60 फीसदी पक्षी प्रवासी हैं। 'एटलस ऑफ बड्र्स ऑफ देहली एंड हरियाणा' पुस्तक के सहलेखक विक्रम ग्रेवाल के मुताबिक सबसे ज्यादा चिड़ियों का बेसरा होने के मामले में दिल्ली दुनिया में दूसरी राजधानी है। पहले स्थान पर

नैरोबी है। जाने माने पक्षी और छायाकार थॉमस मैथ्यू ने इस साल राष्ट्रपति भवन में रहने वाले पक्षियों के फोटोग्राफ लिए हैं। उन्होंने 45 प्रजातियों के फोटे उतारे। उन्होंने 'समर साइटिंग्स ऑफ बर्ड्स ऐट प्रसिडेंट्स इस्टेट' शीर्षक से पिछले महीने एक प्रदर्शनी लगाई थी। यह प्रदर्शनी राष्ट्रपति भवन के स्विमिंग पूल वाले क्षेत्र में लगाई गई थी, जो आम लोगों के लिए खुला नहीं था। मैथ्यू राष्ट्रपति भवन के पक्षियों पर अब एक किताब की योजना बना रहे हैं जिसमें राष्ट्रपति भवन के पक्षियों का पूरा ब्यौरा होगा। बांबे नेचुरल हिस्ट्री ऑफ सोसायटी का 2002 का सर्वे पुस्तक के रूप में आ चुका है, जिसका नाम है 'द बर्ड्स ऑफ राष्ट्रपति भवन'। मैथ्यू के मुताबिक उन्होंने तीन और प्रजातियां पाई हैंलाल गरदन वाले सारस, सफेद छाती वाली जलमुर्गी और आम यूरेशियाई दलदली मुर्ग।

मैथ्यू अब दूसरी प्रदर्शनी के लिए राष्ट्रपति भवन के पक्षियों के फोटो ले रहे हैं।

परिशिष्ट-9

एक साल में खोजी 133 नई प्रजातियां

कोई दावा नहीं कर सकता कि दुनिया में जीव-जंतुओं और वनस्पतियों की कितनी प्रजातियां निवास करती हैं। भारतीय प्राणी सर्वेक्षण की ताजा उपलब्धि उल्लेखनीय है जिसके वैज्ञानिकों ने वर्ष 2012 में 130 से अधिक नई जीव प्रजातियों का पता लगाया।

पहली-पहली बार

- मछलियों की इतनी प्रजातियां एक साथ पहली बार खोजी गईं दुनिया में सर्वेक्षण के दौरान।

चित्र 2.1

- 109 जीव प्रजातियां भारत में पहली बार खोजी गईं, जो पहले दुनिया के अन्य हिस्सों में पाई जाती थीं।
- 42 प्रजातियां प्रवाल की इनमें शामिल हैं, जिनमें से प्रायः अंडमान और निकोबार द्वीप समूह में मिलीं।
- आस्ट्रेलिया, न्यूजीलैंड, दक्षिण पूर्व एशिया, लाल सागर व भारत प्रशांत क्षेत्र में ये प्रवाल आम हैं।

अनदेखा संसार

- 18 प्रजातियां मछलियों की इनमें शामिल हैं।
- 66 प्रजातियां कीटों की खोजी गईं।

भारत, खासकर पूर्वोत्तर क्षेत्र और जैव विविधता के मामले में बेहद समृद्ध है। कई ऐसी प्रजातियां हैं जिनके बारे में पता लगाया जाना अभी बाकी है।

के. वेंकट रमण, निदेशक, भारतीय प्राणी सर्वेक्षण

19 श्रेणियों में खोजी गईं ये प्रजातियां

92,037 प्रजातियां हैं भारत में जीव-जंतुओं की इन नई प्रजातियों समेत।
12.2 लाख प्रजातियों की वैश्विक स्तर पर जानकारी है फिलहाल।

सबसे अहम खोज

- अंडमान के ग्रेट निकोबार द्वीप समूहों में उड़ने में एक पक्षी की खोज रही सबसे अहम।
- दरअसल अन्य जीवों की तुलना में किसी नए पक्षी की प्रजाति कभी-कभार ही मिलती है।
- खोजे गए पक्षी के बारे में शुरुआती अध्ययन से पता चला है कि यह उड़ने में है अहम।
- इसको राल्लिना क्रेक कहा जा रहा है, पर इसकी प्रजाति को नाम दिया जाना बाकी है।

❑❑❑